CINE Y MISTERIO HUMANO

JUAN JOSÉ MUÑOZ GARCÍA

CINE Y MISTERIO HUMANO

EDICIONES RIALP, S. A.
MADRID

© 2003 by Juan José Muñoz García
© 2003 by EDICIONES RIALP, S. A., Alcalá, 290, 28027 Madrid

No está permitida la reproducción total o parcial de este libro, ni su tratamiento informático, ni la transmisión de ninguna forma o por cualquier medio, ya sea electrónico, mecánico, por fotocopia, por registro u otros métodos, sin el permiso previo y por escrito de los titulares del Copyright.

Fotocomposición. M. T. S. L.

ISBN: 84-321-3438-4
Depósito legal: M. 19588-2003

Printed in Spain Impreso en España
Gráficas Rógar, S. A., Navalcarnero (Madrid)

A mi maestro Alfonso López Quintás

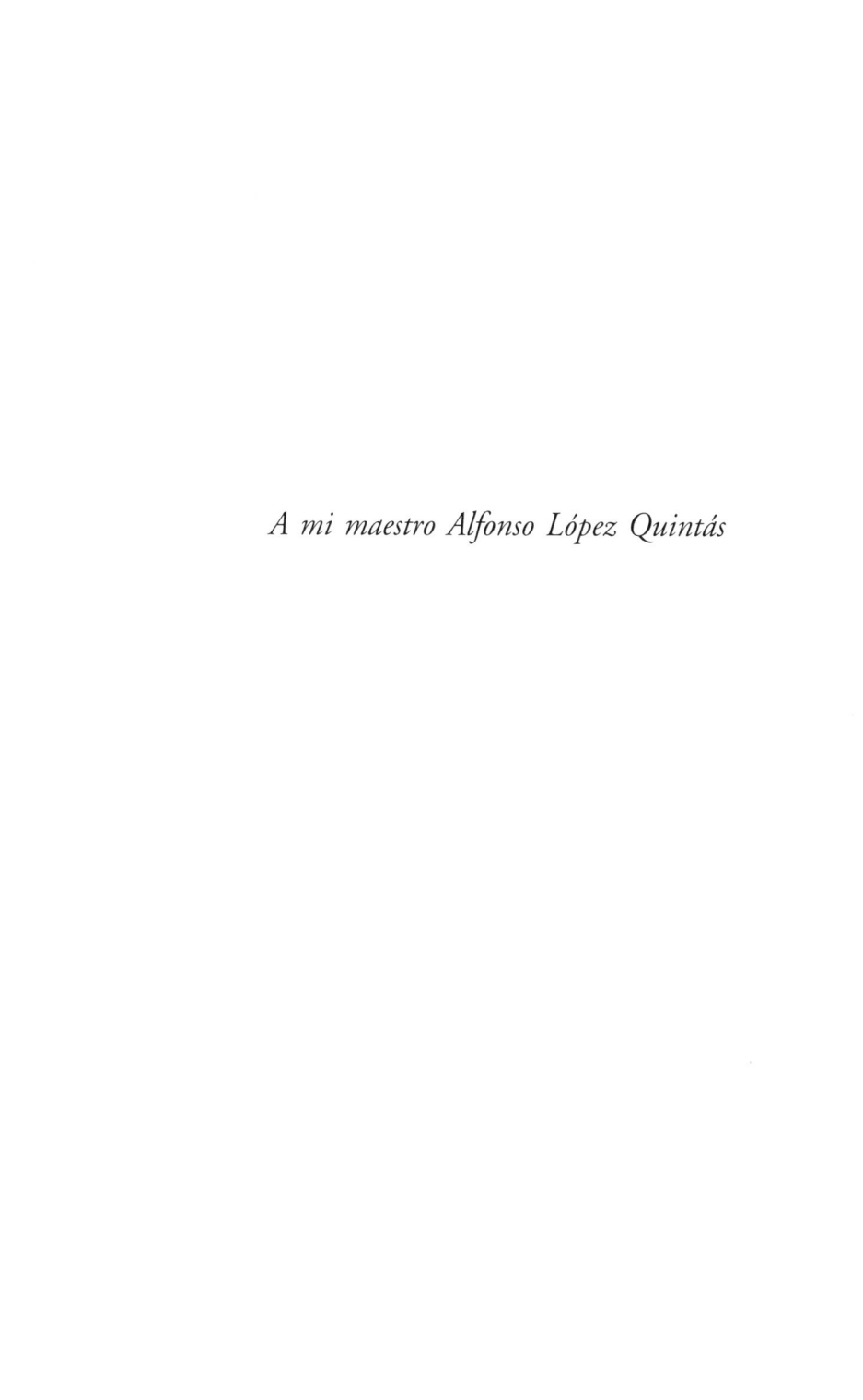

Índice

Introducción 13

1. LA PERSONA EN LA SOCIEDAD DE LA IMAGEN 19
   Un animal que cuenta historias 19
   La estructura narrativa de la vida humana 23
   El cine como potencia educadora 28
   La antropología implícita en el cine 30
   Una Filosofía del hombre 34

2. HUMANIDADES, CINE Y FELICIDAD.
   El valor antropológico de la Literatura.
   El Club de los Poetas Muertos 39
   El hombre posmoderno 39
   Defensa de las Humanidades 42
   La lectura como antídoto contra el vacío
      existencial 45
   Felicidad y libertad en *El Club de los Poetas
      Muertos* 46
      a) Una vida extraordinaria 48
      b) Autonomía, libertad y creatividad 51

3. **¿PODEMOS SABER QUÉ ES EL SER HUMANO? El mito científico.** *Parque Jurásico, Despertares* y *2001: Una odisea del espacio* 55

El reduccionismo cientifista 55
Despertares: Un canto a la dignidad humana 60
Problema y misterio 62
   a) Personas y cosas 64
   b) Intimidad y misterio: *El indomable Will Hunting* 67
   c) Los enigmas de la vida biológica: *Parque Jurásico* 70
La eterna pregunta: ¿qué es el hombre? 73
¿Habitantes del Planeta de los Simios? 78
   a) Azar y orden en el universo 79
   b) No todo proviene de la biología 81

4. **¿CON QUÉ SUEÑA UN ROBOT? Los androides y el animal de realidades.** *Blade Runner* e *Inteligencia Artificial* 85

Replicantes y *mecas* que buscan su identidad 85
   a) Prometeo y el Hada Azul 86
   b) Los *Nexus 6* coleccionan fotografías 88
La inteligencia artificial 91
   a) ¿Puede pensar un ordenador? 94
   b) Un simulador de procesos lógicos 96
Organismo y máquina 97
Cosas-reales y cosas-sentido 98
El hombre: animal de realidades 100
   a) Una habitación china 101
   b) Mismidad, circuitos y amor 103

5. **¿ES POSIBLE LA VERDAD?** Expresividad de
   las imágenes y manipulación. *Matrix* y *JFK* 107

   Matrix o la huida de la caverna 110
      a) Admiración y búsqueda 111
      b) El camino hacia la certeza 112
      c) Verdad e intersubjetividad 113
   Relativismo y subjetivismo 115
   La sabiduría práctica 119
   La lucha por la verdad: *JFK* 123
   Verdad, imagen y creatividad 129
      a) El resplandor de la belleza 129
      b) La mirada inteligente y los símbolos 131
      c) Imaginación y *mass-media* 135

6. **HABLEMOS DE INSTINTOS.** Las tendencias
   humanas: placer y poder. *Ciudadano Kane,
   Esencia de mujer, Tesis* y *Frankenstein* 139

   Un animal transbiológico 140
   Impulso y deseo 143
   El cine entre el vértigo y el éxtasis 145
      a) La soledad del poderoso: *Ciudadano Kane* . 147
      b) La seducción del vértigo: *Atrapado en el
         tiempo* 151
      c) Una espiral de violencia: *Un día de furia* y
         Seven 152
   Eros y thanatos 153
      a) Vacío existencial y tragedia: *Hamlet* y *Ana
         Karenina* 156
      b) La indecisa Generación X: *Beautiful Girls*
         y *Reality bites* 161
   El éxtasis como proceso creativo: *Los Misera-
   bles, El sudor de los ruiseñores...* 163

El juego como actitud creativa: *The Game y La vida es bella* 170
   a) La seriedad de la experiencia lúdica 174
   b) El sentido de las acciones humanas 176
   c) Juego, arte y compromiso vital 178

7. **CÓMO ORIENTARSE EN EL LABERINTO DE LOS SENTIMIENTOS. Inteligencia emocional y madurez personal.** *Sentido y sensibilidad* y *Lo que queda del día* 183

   Sensaciones y afectos 185
   Sentimientos de vértigo y de éxtasis 187
   La afectividad como fuente de conocimiento 190
   La educación sentimental 193
      a) Un refuerzo para las tendencias 193
      b) Síntomas de inmadurez 195
   El juicio sobre las pasiones: *Sentido y sensibilidad* 198
   Una prisión para los sentimientos: *Lo que queda del día* 201

8. **LA CORPORALIDAD. Intimidad y relaciones interpersonales.** *El Show de Truman* y *Cyrano de Bergerac* 205

   El cuerpo como manifestación de la persona: la intimidad 205
      a) El lenguaje del vestido 208
      b) La representación artística del cuerpo humano 212
      c) Corporalidad masculina y femenina 214
   Los descendientes de Truman 217
   La persona como ser dialógico y relacional 221
   El encuentro en la filosofía personalista 223

    a) El rostro como revelación 224
    b) Carácter narrativo del encuentro 227
    c) Creatividad y voluntad de dominio 230
  Un acceso poético a la intimidad del otro: *Cyrano de Bergerac* 232

9. **¿EN QUÉ SE BASAN LOS DERECHOS HUMANOS? Libertad y dignidad del hombre y la mujer.** *Náufrago, Solas* y *La Linterna Roja* ... 239

  Las diversas formas de libertad: *Náufrago* 239
  Los beneficios del encuentro 242
  Libertad y donación personal: *Solas* 244
  La persona como fin en sí misma: *La Linterna roja* 247
  El fundamento de la dignidad humana 249
    a) Los derechos humanos y la 'muerte de Dios' 249
    b) Símbolos artísticos, amor y religión 252

10. **EL SENTIDO DEL DOLOR. Felicidad y trascendencia.** *Tierras de penumbra* y *La habitación de Marvin* 259

  La adversidad como argumento narrativo 259
  El misterio del dolor: *Tierras de penumbra* 263
  Continuidad de la identidad personal y sufrimiento 269
  El amor desinteresado como sentido de la vida: *La habitación de Marvin* 272

Bibliografía 277

Índice de películas 281

Índice onomástico 285

Introducción

> «La gran potencia educadora de nuestro tiempo es, sin duda, el cine.» (Julián Marías)

Quienes aterrizamos en este planeta tras el *baby boom* de los sesenta hemos aprendido, en gran parte, qué es el hombre viendo cine y televisión. Desde pequeños se nos abrió esa ventana mágica que nos transportaba a nuevos mundos, a otras épocas, países y personajes. Hemos nacido inmersos en la máquina de los sueños. Nuestra imaginación es fundamentalmente cinematográfica. Nuestras poses, nuestros gestos tienen algo de inconsciente sabor a celuloide.

No supone mucho esfuerzo advertir que el cine nos ha ensanchado la realidad o, al menos, nuestra imagen de lo real, y ha ampliado nuestra experiencia virtual de la vida. Antes que en la realidad, hemos visto en una pantalla el primer beso, el primer llanto alegre o el primer arrebato de desesperación. Por suerte, también ha sucedido así con nuestra primera experiencia de cómo se dispara un arma, se estrella un automóvil o un avión, o de cómo se pasa de la vida a la muerte.

Gracias al séptimo arte, advierte Julián Marías, reparamos en los múltiples detalles que forman la trama de nuestra existencia: «cómo la lluvia resbala por el cristal de una ventana; cómo una pared blanca reverbera casi musicalmente». Y también «lo que es la espera, lo que es la amenaza, lo que es la ilusión; las mil maneras como puede abrirse una puerta, las incontables significaciones de una silla; lo que es una roca, la nieve, un hilo de agua; de cuántas maneras se puede encender un cigarrillo, o beber una copa, o sacar el dinero del bolsillo». El cine nos presenta ante los ojos las diversas perspectivas de la persona. Aprendemos qué distinto es «dar una bofetada y clavar un puñal, y abrazar, y salir después de que le han dicho a uno que no. Conocemos todas las horas del día y de la noche. Hemos visto el cuerpo humano en el esplendor de su belleza y en su decrepitud, lo hemos seguido en todas sus posibilidades: escondiéndose de un perseguidor o de las balas, hincándose en la tierra o pegado a una pared; dilatándose de poder o de orgullo; dentro de un coche; bajo el agua; o en una mina; fundido con un caballo al galope, o paralizado en un sillón de ruedas.» La pena de muerte deja de ser una mera orden judicial para convertirse en una inyección letal o unos electrodos que buscan la piel de una persona, un hombre de espaldas contra un paredón, «una cuerda que ciñe el cuello que otras veces se irguió o fue acariciado o llevó perlas. La guerra no es ya retórica o noticia: es fango, insomnio, risa, alegría de una carta, euforia del rancho, una mano que nunca volverá, la explosión que se anuncia como la evidencia de lo irremediable.»[1]

---

[1] MARÍAS, J.: *La educación sentimental*, Alianza, Madrid 1992, pp. 212-213.

Por todo esto se puede considerar el cine como el principal antropólogo de nuestros días. La gran pantalla, cuando no se diluye en la pura acción vacua e inconsistente, nos permite conocer, e incluso tratar virtualmente, a muchos *personajes*. Gracias al recurso del primer plano conocemos la expresividad del rostro —ese rostro que manifiesta y revela a la persona como irrepetible— hasta en sus mínimos detalles. Todos recordamos los variados matices expresivos de personajes inolvidables encarnados por Orson Welles, Robert De Niro, Dustin Hoffman, Katharine Hepburn, Diane Keaton, Julia Roberts y tantos otros.

Además, la reposición de títulos clásicos en televisión y salas de cine nos permite visitar diversas épocas y costumbres. Nos enriquecemos así con el pasado cultural, aprendemos de sus virtudes y defectos. De este modo logramos distinguir la intolerancia del respeto, el pudor y la finura de la tosquedad, y el egoísmo mezquino del sacrificio.

Se puede decir que una película es una visión condensada sobre la persona humana, un tratado de *antropología implícita*. El escritor, el guionista y el realizador no pueden eludir la eterna pregunta: ¿qué es el hombre? Ellos con sus creaciones nos están dando una respuesta a esta cuestión fundamental. Y para que esta respuesta se ajuste lo más posible a la realidad, es necesario que los creativos de cine y televisión tengan en cuenta la Psicología de la personalidad, la Antropología y la Ética.

Lo único que pretende este manual —destinado tanto a guionistas, estudiantes de comunicación y filósofos, como al amplio mundo de los amantes del cine— es intentar contestar a las siguientes cuestiones: ¿Cómo se manifiesta la persona a través de las narraciones cinematográficas? ¿Se puede saber quién es el ser humano a través del cine? ¿Tiene alguna relación lo que muestran las ficciones audiovisuales con lo que dice la Filosofía del hombre?

El método utilizado en este libro no es lineal sino más bien espiral[2]. Los conceptos utilizados van reapareciendo a lo largo de los capítulos en diferentes niveles de profundidad y aplicados a diferentes dimensiones del ser humano. Se requiere, por tanto, una lectura completa para hacerse una idea cabal de lo propuesto. Esta forma de exposición tiene una ventaja que sólo en apariencia se contradice con lo anterior: la de poder leer cada capítulo como una sección independiente. Tal lectura es posible porque cada unidad contiene de modo tácito las ideas centrales del libro. Se podría decir que el *todo* está contenido en cada una de las *partes*, pero de un modo implícito. No basta fijarse sólo en una de ellas, hay que tener una visión de conjunto. Es lo mismo que ocurre en el sencillo fenómeno de la sonrisa. Podemos conocer a alguien viendo cómo sonríe, pues quien sonríe es la persona, no sólo la cara. En la sonrisa se revela toda la persona con su contento, aunque no se nos muestran todos los recovecos de su carácter. Se trata de un conocimiento inicial y, por tanto, insuficiente, aunque certero. De ahí que necesitemos profundizar en el trato con nuestros semejantes para poder apreciar cómo se manifiestan en las diversas facetas de su existencia.

Hemos empleado este método porque así es como se desenvuelve el conocimiento de los misterios de la vida humana, en círculos cada vez más profundos. No hace falta más que echar un vistazo a la historia del pensamiento para comprobar esta afirmación. Los filósofos lle-

---

[2] Este método circular o en espiral es utilizado por M. Heidegger, K. Jaspers, H.G. Gadamer, A. López Quintás y otros autores contemporáneos.

van más de veinticinco siglos tratando de lo mismo (la verdad, la felicidad, el placer y el dolor, el amor, los sentimientos, etc.), pero en diversas cotas de radicalidad. En ello estriba la fascinación por el saber: se trata de una *historia interminable* en la que estamos implicados, como le sucedía a Bastián, el joven protagonista de la novela de Michael Ende. Este personaje no sale de su asombro al percatarse de que el libro que está leyendo trata sobre él. Apelado por la Emperatriz Infantil, Bastián debe introducirse en esa historia para salvar el reino de Fantasía. Del mismo modo, la realidad nos invita a comprenderla y rescatarla del olvido de la indiferencia.

Por último, conviene advertir que el visionado de los filmes que sirven de enunciado a cada tema, aunque no es absolutamente necesario, facilita la comprensión del texto. En cualquier caso, esta obra supone una invitación a bucear en el misterio humano deleitándose con el cine de calidad.

1. La persona en la sociedad de la imagen

> «El secreto de la vida humana no radica en el hecho de que uno vive, sino en *para qué* vive.» (F. Dostoievski. Frase pronunciada por Mikhail Gorbachov en *¡Tan lejos, tan cerca!* de Wim Wenders)

Un animal que cuenta historias

En la primera escena de *La princesa prometida*[1], un abuelo entra en la habitación de su nieto enfermo con un paquete bajo el brazo:

Abuelo: Te he traído un regalo especial.
Chico: ¿De qué se trata?
Abuelo: Ábrelo.
Chico: ¿Un libro?
Abuelo: Exacto. Cuando tenía tu edad, nuestros libros sustituían a la televisión. Y éste es uno muy especial. Es el libro que mi padre solía leerme cuando estaba enfermo, el mismo que yo solía leerle a tu padre. Y hoy te lo leeré a ti.
Chico: ¿Trata sobre deportes?
Abuelo: ¿Bromeas? Esgrima. Lucha. Tortura. Venganza.

---

[1] Guión del novelista William Goldman.

Gigantes. Monstruos. Persecuciones. Rescates. Amor verdadero. Milagros.

Desde la noche de los tiempos, el ser humano ha contado historias, relatos, mitos. Con ellos pretendía llegar a conocerse mejor y transmitir sus creencias, valores, miedos y proyectos. El séptimo arte, continuando esta antigua tradición, también pone de manifiesto el carácter narrativo de la persona humana. Narrar no es un privilegio de literatos o cineastas. Tras una detenida reflexión, podemos observar que la vida en sí misma es narrativa: tiene planteamiento, nudo y desenlace. Si el hombre es un animal que cuenta historias es porque su mismo existir es un argumento, una narración. Nuestros sueños, imaginaciones, recuerdos, esperanzas y convicciones son narrativas. Cuando queremos darnos a conocer, contamos una historia. Cuando deseamos conocer a alguien le pedimos que nos *cuente* su vida. Partiendo de esta realidad, el novelista, el dramaturgo y el guionista elaboran sus creaciones. Pero es la persona quien da sentido y unidad a las historias.

El animal humano es un ser relacional y dialógico, es decir, sólo se constituye en relación a los demás: no hay *yo* sin un *tú*. Una persona sola, absolutamente aislada, sin ninguna relación es un imposible metafísico. Tanto el origen como el desarrollo del individuo remiten a los otros. No podemos comprendernos, ni tener conciencia de nuestra personalidad si no es respecto a otros seres racionales. Por eso toda vida tiene un argumento, una trama, de la cual los otros forman parte ineludible.

Los argumentos cinematográficos nos muestran que la vida humana es relación, enlace de diversas tramas narrativas. Nadie vive en absoluta soledad. La vida de cada uno afecta —de un modo más o menos intenso— a la vida de quienes le rodean. De ahí que el auténtico cine sea un antídoto, como veremos luego, contra el utilitarismo solipsista y la superficialidad. Esto lo consigue mostrando la verdadera realidad del hombre, sin ocultar su misterio, presentándolo en su *acontecer*, y obligándolo así a ver, *imaginar y hacer proyectos*. Al tener ante la mirada la multiforme diversidad de la vida, el espectador advierte que debe elegir entre las diversas trayectorias que le ofrece la realidad (el mundo y los otros). El cine entusiasma cuando ensancha el horizonte vital del hombre, y deprime cuando lo encierra en la jaula de sus estímulos primarios. En esto consiste la auténtica función educadora del séptimo arte.[2]

A veces se afirma que el cine es un entretenimiento, una industria de la evasión o algo sencillamente emocionante y bonito. Sin negar totalmente estas afirmaciones, como mínimo se puede decir que son reduccionistas o parciales. Afirma el director alemán Wim Wenders que el cine «no ha sido creado para distraer del mundo, sino para referirse a él. *¿Cómo vivir?* y *¿para qué vivir?*, son preguntas que el cine ya no se atreve a hacer. Las películas evitan cada vez más plantear estas preguntas e intentan por todos los medios ahorrarse tener que contestarlas. Cuentan de hecho historias de vida y muerte. El cine huye cada vez más del auténtico cine. Sus raíces se adentran cada vez más en lo irreal, y no en la vida.»[3]

Esta huida de lo real es un signo de nuestra época posmoderna, en la que el hombre se conforma con un pensamiento débil: meras opiniones o simples datos.

---

[2] Cfr. MARÍAS, J.: *La educación sentimental*, o.c., p. 220
[3] Citado por CAPARRÓS, J.M.: *El cine de nuestros días (1994-1998)*, Rialp, Madrid 1999, p. 289

Poseemos más información que en muchas épocas de la historia, pero eso no implica que seamos más sabios, que conozcamos mejor lo que son las cosas y nuestro mundo. Parece que la duda nos aturde y sólo los hechos, o lo más inmediato y sensible, son ciertos. Hemos reducido el ámbito de la seguridad y la certeza a lo más próximo, a lo que podemos controlar o hace referencia a nuestros gustos.

Nos ocurre como a Cifra, el personaje de *Matrix* que a pesar de sus conocimientos prefiere quedarse anclado en las apariencias y abandonar la lucha por la verdad. Prefiere ser reinsertado en un mundo virtual sólo para satisfacer sus deseos. «Sabes, sé que este filete no existe —le dice al agente Smith—. Sé que cuando me lo meto en la boca es Matrix la que le está diciendo a mi cerebro: Es bueno. Después de nueve años, ¿sabes de qué me doy cuenta? La ignorancia es la felicidad.»

Unos versos de T.S. Eliot denuncian esta situación de escepticismo: «¿Dónde está la sabiduría que se ha perdido en conocimientos? / ¿Dónde los conocimientos que se han perdido en información?» En la sociedad de la imagen nos vemos aturdidos por ráfagas de información que nos dejan en un estupor absoluto. Se nos habla de la inteligencia de los animales, de la posible clonación de seres humanos o de máquinas pensantes. Jóvenes y adultos creen que deben regir su conducta ateniéndose sólo a la llamada de los instintos —considerados como norma infalible—, se pierden en el laberinto de los sentimientos, u ofrecen un auténtico culto al cuerpo. No se cesa de ensalzar los derechos humanos, aunque no sepamos bien en qué base se apoyan, hasta el punto de justificar cualquier elección cuando tratamos de la propia vida o de la identidad del hombre y la mujer.

Por otra parte, la ciencia nos ofrece más información sobre el hombre que en ninguna otra época de la historia. Poseemos el mapa del genoma humano, pero no sabemos lo que somos. La persona es una realidad en la que hay que ahondar sin quedarse en la superficie. Y el arte cinematográfico, cuando no se deja arrastrar por intereses ajenos a la verdad y la belleza que le llevan a traicionar su propia esencia, se convierte en una ayuda ineludible para ahondar en este fascinante misterio en que consiste el ser humano.

La estructura narrativa de la vida humana

La *fábrica de los sueños* apela en muchos casos a nuestras emociones, pero también nos permite, una vez superado el impacto inicial, reflexionar sobre las ideas vertidas en las imágenes. El espectador busca entretenimiento, pero también desea contenidos y se siente defraudado en su butaca cuando sólo se le ofrece un bombardeo luminoso de meras sensaciones. Emociones similares también se experimentan ante una vídeo-consola o en un parque temático. Pero el cinéfilo aspira a más, pues desea conjugar el deleite con la comprensión intelectual. No podemos, por tanto, quedar anclados en esta corriente frenética de impresiones. La actitud pasiva de quien se deja arrastrar por ese torrente incapacita para disfrutar del buen cine y salir de la perplejidad del escepticismo. El lector puede preguntarse qué tiene que ver una cosa con la otra. Y aquí se sitúa la propuesta que se ofrece en este libro: el séptimo arte puede ser una fuente espléndida de saber antropológico.

Si la vida humana es narrativa, nada mejor que ver el despliegue de esa vida para llegar a comprenderla. Oyendo narraciones «sobre madrastras malvadas, niños abandonados, reyes buenos pero mal aconsejados, lobas que amamantan gemelos, hijos menores que no reciben herencia y tienen que encontrar su propio camino en la vida» o hijos «que despilfarran su herencia en vidas licenciosas y marchan al destierro a vivir con los cerdos», los hombres han aprendido desde niños lo que es »un niño y un padre, el tipo de personajes que pueden existir en el drama en que han nacido y cuáles son los derroteros del mundo. Prívese a los niños de las narraciones y se les dejará sin guión, tartamudos angustiados en sus acciones y en sus palabras».[4]

El filósofo y dramaturgo Gabriel Marcel decía que cuando tenía un problema antropológico lo resolvía escribiendo una obra de teatro. De este modo podía observar la lógica que rige la trama de las relaciones interpersonales. En ello estriba la importancia de la literatura en general, y del cine en particular, como fuente de conocimiento antropológico y ético. Al ver tragedias como *Hamlet* y dramas como *Ana Karenina* o *Solas*, entendemos que sus desenlaces no obedecen únicamente al gusto popular por las emociones fuertes, más bien son consecuencia lógica de la libre actuación de los personajes.

Decía Sófocles en su tragedia *Antígona* que «muchas son las cosas misteriosas, pero nada tan misterioso como el hombre»[5]. *El ser humano es un misterio*: por mucho que lo conozcamos siempre nos *asombra*. Los acontecimientos humanos fundamentales siempre superan y desbordan nuestros elaborados esquemas, y nos agitan y sacan del consabido mundo hecho a nuestra medida. Aunque conozcamos de sobra el *mecanismo* que rige la constitu-

---

[4] MACINTYRE, A.: *Tras la virtud*. Editorial Crítica, Barcelona 1987, pp. 266-267
[5] Versos 332-333.

ción de un embrión humano, el nacimiento de una nueva persona no deja de admirarnos. Lo mismo ocurre con fenómenos tan habituales como el amor, la muerte o la búsqueda de la felicidad. Todos ellos son fuente eterna de asombro, y ese mismo deslumbramiento explica que el hombre se exprese pintando cuadros, haciendo cine, componiendo canciones, o escribiendo libros...

Así se advierte en varios estudios que se han realizado sobre los argumentos cinematográficos[6]. En ellos se exponen estudios antropológicos y filológicos que muestran cómo la religión, la literatura y los mitos son fuentes inagotables de creación de arquetipos dramáticos para el cine. Con independencia de épocas y culturas, en todas las historias aparecen figuras universales: La búsqueda de un tesoro en Jasón y los Argonautas reaparece en *El halcón maltés* o en *Indiana Jones y la última cruzada*; el regreso al hogar de Ulises en la *Odisea* se nos presenta de nuevo en *Los mejores años de nuestra vida* y *O Brother!*; el concepto de belleza interior que aparece en *La Bella y la Bestia* se vuelve a encontrar en *El jorobado de Notre-Dame*, *Eduardo Manostijeras* o *Shrek*. Y así sucede también con muchos otros temas como la venganza, el amor imposible, el individuo con personalidad desdoblada, el ansia de poder, etc.

Esto no quiere decir que toda creación narrativa se reduzca a la repetición de un arquetipo o esquema simple. Más bien implica que el hombre, al ser un misterio irreductible a un mero mecanismo biológico o psicológico, siempre da que pensar. La realidad siempre superará nues-

---

[6] Por ejemplo: J. BALLÓ y X. PÉREZ: *La semilla inmortal. Los argumentos universales en el cine*. Anagrama, Barcelona 1997 y SÁNCHEZ-ESCALONILLA, A.: *Guión de aventura y forja del héroe*. Ariel, Barcelona 2002.

tros pobres esquemas, permitiendo e impulsando la creatividad. No se pueden reducir los arquetipos dramáticos o la estructura narrativa de la vida humana a meras tendencias reprimidas o al inconsciente: este esquema reduccionista cae por tierra cuando contemplamos el amor y el sacrificio libre de Rick, Guido y John Coffey en *Casablanca*, *La vida es bella* o *La milla verde*. Afirmar que el origen de nuestras historias se reduce a nuestros deseos de placer o de poder sublimados es una simplificación. O habría que decir que nuestra psicología profunda es mucho más rica de lo que han pensado el psicoanálisis freudiano y sus seguidores: porque está abierta a la infinitud de lo real. No sólo nos interesa dominar o disfrutar. También la verdad, el amor y la belleza mueven al hombre.

Que la persona sea un misterio conlleva que el sentido de sus deseos e impulsos esté en la realidad y no en la subjetividad[7]. Sería absurdo decir que la sed, por ejemplo, crea o se inventa el agua. Si existe la sed es porque hay agua. Tampoco sería lógico afirmar que la vista se basa en una objetivación de ciertas percepciones, o en el anhelo de superar la soledad, pero sin admitir que hay algo que ver. Lo mismo ocurre con el deseo de felicidad:

---

[7] La subjetividad más bien hace referencia al significado, no al sentido. Las cosas adquieren significado para mí cuando se adaptan a mis esquemas mentales o gustos. El sentido, en cambio, viene a ser el significado especial que adquiere algo en una trama de relaciones, pues la persona es un ser relacional y dialógico. La vida humana sólo tiene sentido en referencia a los otros. Además, el sentido se da en un nivel de realidad distinto y superior en posibilidades al nivel en que se da el significado. Pero ambos deben integrarse, aunque el sentido siempre abarca más que el significado. El deseo de poseer cierto coche, por ejemplo, puede tener un gran significado subjetivo, pero no tener sentido si pertenece a otra persona que no quiere deshacerse de él. No se debe deformar la realidad según el propio entendimiento, interés o gusto. Volveremos sobre este tema en el capítulo 6.

tiene que haber una realidad que lo colme, pues en caso contrario no existiría la experiencia de la desesperación y el hombre sería un ser absurdo, una pasión inútil. Tal postura resulta casi imposible de sostener en la práctica, pues en tal situación la vida no merecería la pena ser vivida. Pero desde el instante en que decidimos vivir, reconocemos implícitamente un sentido en nuestra existencia.

El psicologismo realiza una drástica simplificación del misterio del hombre y de lo real al afirmar que, en el fondo, el arte, las relaciones humanas y la religión son mera voluntad de placer o mero afán de poder disimulados por nuestro inconsciente y nuestras tradiciones culturales. El mal se reduciría a un problema humano causado por un desequilibrio psíquico o una inadaptación social. Evidentemente estas situaciones se pueden considerar muy negativas, pues lo son, pero no agotan el enigma del mal.

La novela del escritor danés Henrik Stangerup *El hombre que quería ser culpable* es una buena muestra de cómo no se puede reducir el mal a un problema social o psicológico. Un hombre asesina a su mujer en un arrebato de ira. Los sociólogos y psicólogos de la ciudad le dicen que no es responsable de ese asesinato, pero el quiere que se reconozca su libertad y su culpa. Sin ellas dejaría de ser persona. También en *El indomable Will Hunting* encontramos una crítica a la reducción del hombre a mecanismos psicológicos o a datos sociales. El carácter violento del protagonista no se puede reformar con métodos psicoanalíticos. El joven Will se burla de todos los psiquiatras que intentan bucear en su inconsciente o en sus instintos. Sólo el doctor McGuire advierte que la persona es un misterio al que sólo se accede por la confianza y el amor. De este modo consigue solucionar los desórdenes afectivos de Will.

En definitiva, el psicologismo no advierte que los deseos remiten más allá de ellos mismos. No podemos reducir el misterio del hombre a lo que se encuentra en su inconsciente. Es necesario salir de ese reducido ámbito de nuestra psicología y advertir que la fuente de nuestros anhelos está fuera de nosotros. De ahí que muchos psicólogos humanistas actuales (Viktor Frankl, Daniel Goleman, Oliver Sacks, Lou Marinoff o Enrique Rojas) hayan superado las deficiencias del psicoanálisis al reconocer que la madurez humana no se basa en el equilibrio obtenido por la satisfacción de los impulsos primarios, sino en el esfuerzo por trascenderse, ir más allá de sí mismo y buscar un sentido a la vida. Este sentido no es *creado* por el hombre, más bien es algo o alguien que *encuentra* en su vida. Por eso el amor, el trabajo creativo, la religión e incluso el sacrificio constituyen aspectos de la realidad que otorgan significado y sentido a la vida humana.

Con todo esto queremos afirmar que la estructura narrativa humana no se puede reducir a un esquema simple, a un estereotipo mecánico. Estas afirmaciones reduccionistas, aunque vengan avaladas por un gran despliegue de jerga científica, no son por ello más verdaderas. En este caso el científico hace decir a su método lo que éste no puede descubrir. La metodología de las ciencias humanas no agota la realidad de la persona.

Volveremos sobre estas ideas a lo largo del libro. Por ahora sólo quedan apuntadas y sin desarrollar. Debido al método en espiral que seguimos, es necesaria una visión global de esta obra para comprender cabalmente lo que se quiere decir con la expresión 'el misterio del hombre'.

El cine como potencia educadora

En toda creación cultural —como la literatura, el cine, la televisión y la publicidad— aparecen *visiones o as-*

pectos del ser humano: el amor y el sexo, la violencia, el terror, el poder, la creación artística, la manipulación de la vida humana por parte de la ciencia, el valor y el sentido de la existencia, la libertad, etc. Los productos culturales *reflejan* —pues son copias o *mímesis*— la mentalidad vigente en una sociedad y a la vez *moldean* el pensamiento y las actitudes de la comunidad donde nacen. Con imágenes y narraciones se influye más, se educa mejor. Los cuentos y las parábolas tradicionales son sustituidas ahora por «cineparábolas» o «teleparábolas». Aunque se intente negar, la intención didáctica es explícita en las producciones audiovisuales. A pesar de que la creación artística no pueda sustraerse del todo a los intereses ideológicos o económicos, sería deseable que estos no imperasen sobre la verdad y el bien del hombre.

Si la sociedad es mimética, más todavía lo es la sociedad de la imagen. Pero la *mímesis* no es neutra, pues en muchos casos se crea un discurso gris de lo políticamente correcto que se nos impone de un modo sutil e inconsciente. Se intenta justificar la eutanasia en *El paciente inglés,* suavizar el drama del SIDA en *Filadelfia,* o excusar los deslices sexuales de un presidente en *Primary Colors.* Pero afortunadamente también los medios audiovisuales nos desvelan la propia manipulación de los *mass-media*: el fraude de los concursos televisivos en *Quiz Show;* las luchas por el poder en los medios informativos y la explotación que éstos hacen de los dramas humanos en *Héroe por accidente, Detrás de la noticia (The Paper) y Mad City.* Por otra parte, la generosidad de los pobres habitantes de un barrio de chabolas de Calcuta en *La ciudad de la alegría*; la transformación moral de Jean Valjean, gracias a la actitud misericordiosa de un obispo en *Los Miserables*; la entrega del doctor Sayer a sus enfermos en *Despertares*; la defensa de la coherencia moral, la amistad y el estudio que muestran las aventuras de Harry, Hermonie, Ron y el gigante Hagrid en *Harry Potter y la piedra filosofal*, o la magnanimidad y el sacrificio de Frodo Bolsón por eliminar la fuente del mal en *El Señor de los Anillos*, nos animan a ser mejores.

Respecto a esta capacidad catártica del cine, el productor inglés David Puttnam cuenta su experiencia al visionar la célebre película sobre el canciller inglés Tomás Moro, *Un hombre para la eternidad*: «Recuerdo haber visto [la película] cientos de veces, no por sus cualidades fílmicas, que las tiene, sino por el efecto que producía en mí: el hecho de permitirme esa enorme presunción de salir del cine pensando: 'Sí, yo también hubiera dejado que me cortaran la cabeza para salvaguardar un principio'. Sabía de sobra que no era así, y probablemente nunca encontraría a nadie que lo hiciera, pero el cine me permitió ese sentimiento; me permitió que, por un momento, sintiera que todo lo decente que había en mí se había puesto en pie. Eso es lo que el cine puede conseguir»[8].

Aunque esta fábrica de sueños apele en muchos casos a nuestras emociones, es posible y necesario, superado el impacto inicial, que las ideas plasmadas en las imágenes inunden nuestro intelecto y nos hagan reflexionar.

La antropología implícita en el cine

A veces el espectador se sorprende ante la *transformación de un personaje*, que en pocas horas sufre un cambio

---

[8] Cfr. MOYERS, B.: «David Puttnam, Filmmaker». Citado por PARDO, A.: *El cine como medio de comunicación y la responsabilidad social del cineasta*, p.128, en CODINA, M (editora): *De la ética desprotegida*, EUNSA, Pamplona 2001.

decisivo en su personalidad[9]. El proceso dramático expresa el devenir del personaje, por eso éste no permanece invariable de principio a fin. El hijo modelo se transforma en un monstruo sanguinario; es el caso de Michael Corleone en *El Padrino*. También *La lista de Schindler* muestra como un empresario pragmático acaba convirtiéndose en héroe; y viendo *A propósito de Henry* se puede observar como un abogado egoísta descubre el amor.

El *arco de transformación*[10] del personaje tiene que seguir una lógica, si hay incongruencias en el viaje interior de los personajes, si un protagonista se muestra estereotipado o con reacciones muy previsibles, casi de mecánica instintiva, la película parece irreal y pierde calidad artística. Es el caso de los personajes planos como Torrente, Rambo, los protagonizados por Van Damme o los jóvenes de *Scream y Sé lo que hicisteis el último verano*.

La diferencia entre un personaje que evoluciona en su concepción del amor y muestra su riqueza interior, y otro sin relieve, queda plasmada en Roxana y Christian, protagonistas de *Cyrano de Bergerac*. Ante el asombro del joven mosquetero, la bella joven advierte que el amor no se reduce a la fascinación por la apariencia física, sino que reside en el interior de la persona. También encontramos este contraste en la actitud que manifiesta Lucy respecto de la antigua novia de Peter en *Mientras dormías*. Ésta es una mujer superficial que vive pendiente de su aspecto corporal. Lucy, en cambio, reconoce que el auténtico amor se da a segunda vista, una vez superada la seducción por la belleza exterior.

---

[9] Cfr. SÁNCHEZ-ESCALONILLA, A.: *Estrategias de guión cinematográfico*, Ariel. Barcelona 2001, pp. 275ss.
[10] Cfr. Ibíd, p. 292 ss.

Pero no hay que confundir el personaje plano con el personaje íntegro, como por ejemplo Maximus en *Gladiator*, Tomás Moro en *Un hombre para la eternidad* o Elinor en *Sentido y sensibilidad*. Son tres sujetos que se mantienen fieles a sus principios a lo largo de toda la narración.

«Bajo la superficie dramática del guión, *lo que sucede ante el espectador, late siempre el mundo de las personas*»[11]. Hay una *antropología implícita* en el cine y corresponde al pensador elaborar una *antropología explícita* que sirva de base para la construcción de personajes. Tanto en la creación cinematográfica y televisiva como en la ficción literaria hay que beber de la fuente de la psicología de la personalidad, la antropología y la ética. El escritor, el guionista, el realizador no pueden dejar de lado la pregunta fundamental sobre el hombre pues, quieran o no, están dando una respuesta con sus creaciones.

¿Qué es la persona? La antropología permite adentrarse en ese enigmático mundo y descubrir la e*structura narrativa de la vida humana* que será la base inspiradora de las historias literarias y los guiones cinematográficos. Este saber filosófico es imprescindible para no simplificar la creación —la breve duración de una película es, al mismo tiempo, un peligro y un reto— o la comprensión de los personajes, tanto por parte del guionista como del espectador. En la novela, en principio, es más difícil ser reduccionista con la riqueza de un personaje debido a la mayor extensión y al carácter analítico de este modo de narración artística.

Desde su aparición hace más de cien mil años, el hombre sigue siendo el único animal que se hace pre-

---

[11] Ibíd., p. 275

guntas. No sólo porque anda erguido y posee manos y cabeza, sino por estar abierto a lo real y no exclusivamente a los estímulos sensibles. Para el animal humano, el fuego, por ejemplo, no es sólo un estímulo caliente sino una realidad que se puede estudiar y dominar. Esta apertura a lo real, por tanto, le permite conocer y configurar la realidad: desarrollar el pensamiento, la ciencia, la técnica, el arte, etc. Tarea difícil, pues la realidad es tan compleja y rica como apasionante. El ser humano es un animal desprotegido, deficitario desde un punto de vista biológico, pero el *number one* entre las especies animales gracias a su libertad inteligente, fuente de la cultura.[12]

Leer, amar, hablar, tener amigos, buscar el sentido de la vida y la felicidad, estar sujeto a derechos y deberes, son manifestaciones de que el hombre posee una libertad inteligente, y que es, como decía Jaspers, un *animal transbiológico*.

Formamos parte del mundo pero somos algo más: poseemos autoconciencia o capacidad de conocernos y ser conscientes de nuestra existencia; la intencionalidad de la inteligencia y la voluntad nos permite salir de nosotros hacia el mundo para conocerlo y quererlo; nuestra interioridad o intimidad subjetiva, nuestro *yo* más profundo, es irreductible al cuerpo. Todos estos fenómenos, que analizaremos en otros capítulos, son pruebas de la peculiaridad específica del ser humano.

Con todas estas ideas se pretende llegar a una fecunda colaboración entre antropólogos y guionistas. Los primeros pueden aprender a pensar narrativamente viendo

---

[12] Cfr. AYLLÓN, J.R.: *La buena vida*, Martínez Roca, Barcelona 2000, pp. 153-154.

cine, y los segundos —partiendo de las aportaciones de los pensadores— lograr una visión profunda de la realidad humana. Ninguno de estos dos colectivos puede permanecer ajeno al otro, pues ambos hacen Antropología. La persona humana es el contenido de sus creaciones y de sus reflexiones, aunque utilicen diferentes métodos y la finalidad de su trabajo sea aparentemente diversa. Sólo en apariencia porque, en el fondo, todos buscamos bucear en el misterio humano.

Una Filosofía del hombre

La Filosofía del hombre o Antropología filosófica no es la Antropología física, también llamada Etnografía (estudio de los rasgos corporales de los individuos o razas humanas, actuales o primitivas [paleoantropología]). Tampoco es Etnología, o Antropología cultural (estudio de culturas particulares o nacionales, del temperamento humano modificado por la cultura, etc.). Estas antropologías de índole sociocultural o física se denominan positivas o particulares para distinguirlas de la Antropología filosófica: un saber que tiene por objeto al ser humano pero de un modo universal, a través de la búsqueda de sus causas últimas: ¿qué es en último término el hombre? La reflexión del pensador persigue una comprensión de la persona como tal y en su totalidad, no sólo como habitante de tal país, raza o cultura, etc.

El estudio filosófico del hombre parte de la experiencia, que incluye tanto nuestra propia autoconciencia y sus plasmaciones artísticas, como las ciencias experimentales y humanas. Las ciencias humanas (Psicología, Sociología, Antropología cultural, Historia, Lingüística, etc.) necesitan de la Antropología filosófica para tener una idea global del hombre. Dice Max Scheler que «en ninguna época de la historia ha resultado el hombre tan problemático a sí mismo como en la actualidad»[13], pues carecemos de un concepto unitario del ser humano. Esa idea global la obtiene la Antropología filosófica reflexionando a partir de la experiencia, el arte y los datos de las diversas ciencias. Con ello pretende obtener una comprensión profunda de la realidad humana.

En las diversas ciencias positivas el ser humano es visto como objeto. La Biología y la Medicina estudian el hombre como un organismo vivo, un conjunto de vísceras o un sistema orgánico. Según la Psicología, el individuo es un sistema de funciones psíquicas (instintos, impulsos, inconsciente, etc.). Desde este punto de vista el animal racional aparece como un ser más de la naturaleza, más complicado pero sin diferencia esencial con el resto de los animales.

Pero el hombre no es *sólo* lo que las ciencias dicen. No es sólo *objeto*, también es el *sujeto* de las ciencias humanas. Es el único animal que puede tomar distancia y estudiarse a sí mismo. La reflexión intelectual nos permite 'alejarnos' de nosotros y vernos como un objeto de investigación. Sin embargo ese distanciamiento no es total: somos al mismo tiempo juez y parte. Por lo que no basta con preguntar *¿qué es el hombre?*, también hay que plantearse *¿quién es el hombre?, ¿quién soy yo?* Somos seres singulares e irrepetibles, personas.

---

[13] *Die Stellung des Menschen im Kosmos* en *Gesammelte Schriften*, Francke Verlag, Berna y Munich 1971-87, t.9, p.11. Citado en J. VICENTE-J. CHOZA, *Filosofía del hombre*, Rialp, Madrid 1991.

El animal humano, al igual que Buzz Lightyear en *Toy Story*[14], necesita saber lo que es para serlo de veras. Es el único viviente al que no le basta con existir, sino que necesita saber *para qué* vive, cuál es el sentido de su vida. Por eso la Antropología filosófica pretende elaborar una imagen del ser humano que de orden, integre y unifique los resultados obtenidos en las distintas ciencias. De este modo, como afirman Vicente y Choza, se puede orientar el proceso humano de autorrealización[15]. La persona sólo será feliz si sabe qué es y quién es.

Uno puede plantearse si esta imagen que proporciona la Antropología es nuestra visión particular del hombre occidental o, por el contrario, es universal. Si negamos la Filosofía como saber global, sólo nos queda el recurso a las ciencias positivas y en ese caso el relativismo será insuperable. No podríamos juzgar otras culturas, ni compadecernos, por ejemplo, de los sufrimientos de la protagonista de *No sin mi hija* a manos de un marido fundamentalista islámico. Tampoco deberíamos horrorizarnos cuando una mujer en *El club de la buena estrella*, siguiendo principios de la cultura ancestral china, ahoga a su bebe en la bañera para vengarse de la infidelidad de su marido. Ni denunciar, como hace Hugh Grant, los experimentos médicos que realiza Gene Hackman con mendigos de una ciudad americana

---

[14] Buzz sufre una depresión al comprobar que sólo es un 'juguete', no un guardián espacial. El sheriff Woody le hace reconocer que en eso estriba su grandeza y el sentido de su existencia: «¡Eh, espera un momento! Ser un juguete es mucho mejor que ser un guardián espacial. En serio. Mira, en esa casa hay un niño que piensa que eres el mejor, y no porque seas un guardián espacial sino porque eres un juguete. ¡Su juguete!» Buzz supera su crisis y junto a Woody realiza una serie de hazañas que les permiten cumplir su misión y vivir felices con su joven dueño.

[15] Cfr. J. VICENTE-J. CHOZA, *Filosofía del hombre*, o.c., p. 25.

en *Al cruzar el límite*. Las ciencias experimentales o positivas no pueden establecer —ni es su objetivo— qué es real, evidente, ético o bello. Por eso necesitamos un saber más universal: la Filosofía.

Además, el relativismo cultural se contradice ya que se erige a sí mismo como un principio transcultural. Se da la curiosa situación de que *todo* es relativo menos el relativismo. Pero la Filosofía es y surge como una crítica de los defectos de una cultura y, por tanto, como una superación del relativismo. Los primeros filósofos griegos consideraron que era algo antinatural, y no un mero capricho local, que las amazonas se cortaran un pecho. También resultan rechazables para un pensamiento filosófico y ético las leyes injustas, los sacrificios humanos en la América precolombina, o la intolerancia de los talibanes, por indicar sólo unos pocos ejemplos. Por eso la Antropología busca conocer la universal dignidad de la persona, y para ello debe lograr la difícil tarea de superar los prejuicios culturales que afecten a la grandeza de todo ser humano.

Algunas películas como *2001, una odisea del espacio, Blade Runner, Matrix* e *Inteligencia Artificial* tratan sobre la identidad humana. La búsqueda de la identidad personal es una constante vital: *¿Qué es el hombre y quién soy?* El hombre es el ser que ha de tomar una postura respecto de sí. Lo propio de la existencia es elegir, pero elegir es, en el fondo, elegirse. De ahí la angustia de la libertad: el propio *yo* está en juego. Y para que esta elección sea acertada es necesario conocer la realidad y nuestra propia realidad: esto es, *la verdad*. La verdad, como veremos en otro capítulo, no es un objeto que se pueda adquirir y poseer como una cosa; no se apodera uno de ella sino que es ella quien toma posesión de nosotros cuando la aceptamos existencialmente. Lo verdadero es apasionante porque pone en juego todo lo que somos y hacemos.

En esa aventura por la verdad, la Antropología filosófica juega un papel importante, aunque no el único. Ella investiga qué es el hombre, qué tipo de realidad es el hombre, *qué* y *quién* es el hombre realmente. Pero sus resultados siempre son perfeccionables, no agotan el misterio. Y ante el aspecto misterioso de la vida no caben la huida al escepticismo o la reclusión en la superficialidad, sino bucear en él sabiendo que nunca lo agotaremos. Se trata de un desafío que merece la pena.

2. Humanidades, cine y felicidad
El valor antropológico de la Literatura
El Club de los Poetas Muertos

> «No olviden que, a pesar de lo que les digan, las palabras y las ideas pueden cambiar el mundo» (*El Club de los Poetas Muertos*)

El hombre posmoderno

Ya hemos dicho que el ser humano es un misterio con estructura narrativa. Una realidad que por mucho que la conozcamos siempre nos *asombra*, nos lanza a la reflexión y a la creatividad. Por eso el hombre piensa, reza, sigue una ética, realiza obras de arte y, por supuesto, hace cine.

Pero nos encontramos en la posmodernidad, una época en la que han caído las ideologías que ofrecían cosmovisiones basadas en la ciencia o en la filosofía política (como el marxismo y el nazismo) y otorgaban un simulacro de seguridad a la persona. Actualmente el vacío se ha llenado con el triunfo del pensamiento débil. Parece como si la humanidad hubiera sufrido un desengaño después de la caída de las grandes doctrinas socio-políticas del siglo XX y pensara que la verdad no existe o es imposible alcanzarla. Esta actitud ahoga la creatividad y deja la vida humana sumida en el sinsentido más atroz. En otros casos da lugar a la frivolidad y al utilitarismo. Tal estado de ánimo lo expresa bellamente el poeta alemán Hölderlin:

«Realmente me parecía a veces, cuando me encontraba entre aquellas gentes cultivadas, que la naturaleza humana se había disuelto en la enorme diversidad del reino animal. Como en todas partes, también allí eran los hombres especialmente degradados y corrompidos.
Hay animales que aúllan cuando oyen música. Estas gentes bien educadas, por el contrario, reían cuando se hablaba de belleza de espíritu y de juventud del corazón. Los lobos huyen cuando alguien enciende fuego. Cuando aquellos hombres veían una chispa de razón volvían la espalda, como ladrones.
Si pronunciaba alguna vez frases cálidas, hablando de la antigua Grecia, bostezaban y me decían que había que vivir en los tiempos actuales, y algún otro sentenciaba que el buen gusto no se había perdido del todo.
Y de inmediato podía comprobarse. El uno contaba chistes cuarteleros, el otro hinchaba los carrillos y enhebraba una sarta de lugares comunes.»[1]

Estas palabras —aunque antiguas— nos ofrecen un certero retrato sobre algunas características del hombre posmoderno, que encarna un modelo de humanidad desengañada ante la vida, enemiga de los grandes ideales, de las visiones globales de la existencia humana. Dicha actitud se ve reflejada en el pragmatismo dominante, en el rechazo de las grandes teorías que pretenden explicar de modo profundo —sin reduccionismos— la realidad, y en definitiva en el olvido de la trascendencia del ser humano: su dignidad personal, su apertura a los demás seres y el sentido último de su existencia.

---

[1] HÖLDERLIN, Friedrich: *Hiperión*, Ed. Hiperión, Madrid 1990, p. 42.

La capacidad de asombro es casi nula cuando se olvida el *misterio* y todo se reduce a *problemas* que se pueden controlar. Muestra de ello es la actual proliferación de técnicas y libros de autoayuda para casi todo. Sin negar la relativa utilidad de estos tratados, habría que decir que la técnica, como veremos en el siguiente capítulo, no soluciona todos los conflictos humanos. De hecho algunos autores como Oliver Sacks, Lou Marinoff o Enrique Rojas han denunciado esta situación, y han propuesto una vuelta a los saberes humanísticos para comprender a fondo a la persona y remediar las angustias de nuestra sociedad.

Pero a veces parece que nos empecinamos en lo que podemos *dominar* con nuestra mente o nuestra libertad: lo útil y placentero. Sin embargo, el misterio siempre escapa a nuestro control. Tampoco se puede crear algo excelso y bello sólo con el dominio de una técnica, también se requiere ser experto en humanidad. Además, esta mentalidad se ha trasladado a los medios de comunicación. Se fía todo a los efectos audiovisuales y al éxito de audiencia en perjuicio de los contenidos humanos. De este modo no es de extrañar que en muchos casos sólo triunfe lo vulgar o lo grosero y no lo grande y sublime —no hace falta más que ver algunos programas de éxito televisivo—. Afortunadamente también se puede observar cómo el público sabe apreciar la diferencia entre la tosquedad y la creatividad[2].

---

[2] Aunque se trate de un fenómeno conyuntural, podríamos citar como ejemplo la diferencia existente entre *Gran Hermano* y *Operación Triunfo*. En éste último programa se premia el esfuerzo creativo de los concursantes y no, como ocurre en el primero, sus devaneos más o menos instintivos. Juan Manuel de Prada comentaba con cierta hipérbole que «los jovencitos que concursan en «Gran Hermano» (como los miles que se presentaron a las pruebas de selección, mendigos de una fama cochambrosa) dimitieron de su dignidad y admitieron que su vida se convirtiera en pasto de las curiosidades más morbosas. Los vemos pasear su miseria espiritual las veinticuatro horas del día, los vemos copular y defecar sin rebozo, los vemos refocilarse en el cieno de su risueña abyección.» (ABC, 7 de abril de 2001)

Este clima cultural propicia que las mayorías —sin culpa suya, en muchos casos— no siempre aprecien —a veces por falta de tiempo— la hermosura de una gran obra de arte, de un paisaje o de un amanecer; «para ver tanta belleza en un fenómeno natural, cotidiano y huidizo, hay que tener un espíritu agradecido, orientado con sobrecogimiento hacia las fuentes de toda realidad.»[3] Es lo que les suele ocurrir a los espíritus sencillos y a los artistas. Y es que la creatividad implica admirar y respetar la riqueza de lo real y hacer juego con ella.

Defensa de las Humanidades

Se puede decir que una de las causas de esta situación es la ausencia del hábito de la lectura, sobre todo de obras de calidad. La lectura de obras clásicas permite conocer los resortes del comportamiento humano y sus implicaciones éticas. Resulta nefasto para la formación de la persona la eliminación o arrinconamiento de los estudios humanísticos en la enseñanza, pues da lugar a mentalidades pragmáticas y utilitaristas que pueden traer terribles consecuencias éticas para la sociedad.

La experiencia estética y el cultivo de las Humanidades crean en la persona un hábito que fomenta un *desinterés* —en el sentido positivo del término— que resulta muy eficaz para evitar el utilitarismo y el pragmatismo. No tiene sentido preguntar a una persona ¿de qué te sirve leer un libro, contemplar un cuadro o escuchar música?

---

[3] LÓPEZ QUINTÁS, A.: *El arte de pensar con rigor y vivir de forma creativa*, Asociación para el progreso de las ciencias humanas, Madrid 1993, p. 220 (hay una nueva edición con el título *Inteligencia creativa*, BAC 1999).

La respuesta lógica a esta pregunta sería que para nada, sólo por el placer que conllevan estas actividades y la riqueza interior que aportan. Por eso, el desprecio de las Humanidades crea un tipo de persona con una mentalidad altamente utilitarista y en definitiva rudimentaria y estrecha. Claramente lo expresa Julián Marías advirtiendo que «al lado de las increíbles perfecciones de este tiempo, de los decisivos hallazgos que en tantos campos ha realizado el hombre en [el siglo XX], no se puede ocultar el hecho de que la vida muestra ciertos síntomas de tosquedad, de pobreza, de monotonía, de inestabilidad; y lo que es más, de sequedad, de prosaísmo.»[4] Aterra pensar lo que puede llegar a hacer una persona con esta visión de la vida cuando tiene en sus manos el futuro de otros, las riendas del poder o los medios de comunicación.

Debido a la *estructura narrativa* de la vida humana, la relevancia del arte en el enriquecimiento de la persona no se puede soslayar: «Es evidente el enorme alcance que en ello tiene la ficción: poesía, teatro, narración, cine; y no menos la conversación. Junto a las vivencias reales, las virtuales que se reciben de otro —del prójimo presente con quien se conversa o del creador, tal vez muerto desde hace siglos— son el gran instrumento de dilatación e intensificación de la vida.»[5]

La importancia de la literatura se debe a que los buenos autores no proceden arbitrariamente en la elaboración de sus obras, escriben con coherencia, fieles a la lógica interna de cuanto van narrando. De ahí la fecundidad de la literatura como fuente de conocimiento antropológico y ético. Leyendo a Shakespeare, por ejemplo, podemos

---

[4] MARÍAS, J.: *La educación sentimental*, o.c., p. 27.
[5] Ibíd., p. 19.

aprender las consecuencias de los celos desmedidos (*Otelo*), la duda excesiva (*Hamlet*) o el afán de poder (*Macbeth*). Los finales de las obras del dramaturgo inglés no respondían únicamente al gusto popular de la época por la tragedia y la sangre en el escenario: eran consecuencia lógica de las actuaciones de los personajes.

Sin este saber antropológico que nos proporciona la buena literatura, caeríamos en el pragmatismo y en la fascinación por el poder técnológico. Las Humanidades nos permiten comprender que el valor supremo en la vida no es la *utilidad*, sino la dignidad de la persona. No podemos permitir, como decía Albert Einstein, que la técnica vaya por delante de la humanidad. Más bien tiene que servirla y protegerla. Por eso no es difícil deducir las desastrosas consecuencias que podrían derivarse de una mentalidad que situara a la técnica en la cumbre de las actividades del hombre. ¿Cuál sería su criterio de actuación?

Esta problemática aparece en novelas, también llevadas a la gran pantalla, como *Fahrenheit 451* de Ray Bradbury o *Un mundo feliz* de Aldous Huxley. En ellas se puede apreciar cómo la mera técnica no basta para conocer la verdad y llegar a la felicidad. En ambas se nos ofrecen dos mundos de ficción desoladores, donde está prohibida la lectura y la reproducción natural y, por tanto, la reflexión —la televisión como sustituva de las relaciones personales lo invade todo— y la familia —sólo impera el dominio de la fecundación *in vitro*—, quedando únicamente la diversión irracional y la promiscuidad sexual como ámbitos de relación humana. Desgraciadamente, estos mundos de ficción ya no parecen tan irreales en la sociedad del siglo XXI debido al abandono de la lectura y la proliferación de la manipulación genética.

Tampoco basta la mera perfección técnica para la creación artística. La belleza no se fabrica, sino que surge o se manifiesta cuando se plasma un ámbito humano en un medio sensible (lenguaje, colores, sonidos, imágenes, etc.). Esto requiere, junto con el dominio técnico, ser experto en humanidad. Sin esto, como afirma José María Pujol, jurado del *Festival Internacional de Publicidad Cannes 2001*, es difícil saber qué están contando algunos anuncios, a pesar de su perfección técnica. Y sucede que, en ocasiones, las agencias publicitarias dedican mucho tiempo y talento a cuidar la forma descuidando el concepto. Al final no se sabe bien qué están narrando o qué quieren explicar.

La lectura como antídoto contra el vacío existencial

Nuestra sociedad hipertecnificada y del mero bienestar provoca, junto con el pragmatismo, una sensación final de tedio hacia la vida. Viktor Frankl sitúa la causa última de este *vacío existencial* en el olvido del sentido trascendente de la vida humana, pero también se puede decir que el desdén hacia las Humanidades (en cuanto fuente de expresión y de educación en la verdad sobre el hombre) colabora a crear esa sensación de vacío que afecta a gran parte de la sociedad actual.

Frankl localiza el origen de esta situación en la consideración de que el hombre ha de basar su existencia únicamente en la voluntad de placer y en la voluntad de poder, tal como afirmaban las diferentes corrientes psicoanalíticas (Freud y Adler, entre otros). El fomento de las Humanidades puede ser un antídoto —no el único, evidentemente— para contrarrestar el pragmatismo y el vacío existencial predominantes en los comienzos del tercer milenio. Clásicos como *El Quijote, Crimen y Castigo, La vida es sueño* o *Enrique V,* auténticos *best-sellers* de los últimos siglos, demuestran que la grandeza de la vida humana consiste en la capacidad de superación, y en la búsqueda de un significado para la existencia.

El antídoto, por tanto, consiste en promover una visión del hombre basada en la voluntad de sentido y la apertura a la trascendencia. Es «*la autotrascendencia de la existencia humana.* Entiendo por tal el hecho antropológico fundamental de que *el ser humano remite siempre, más allá de sí mismo, hacia algo que no es él: hacia algo o hacia alguien,* hacia un sentido que el hombre colma o hacia un semejante con el que se encuentra. Y el hombre se realiza a sí mismo en la medida en que se trasciende: al servicio de una causa o en el amor a otra persona.»[6]

Felicidad y libertad en *El Club de los Poetas Muertos*

Diversos filmes muestran la potencia educadora de las Humanidades y su influencia para encontrar el sentido de la vida y la felicidad. Además de *Fahrenheit 451, El Cartero (y Pablo Neruda)* es un buen ejemplo. En él se narran las relaciones entre el poeta chileno y un sencillo cartero italiano durante su exilio en los años cincuenta. El premio Nobel iniciará al inculto mensajero en los secretos de la poesía, que le permitirán conquistar el amor de Beatriz.

En *Despertares*, el neurólogo protagonista advierte la eficacia terapéutica de la lectura en enfermos cerebrales.

---

[6] FRANKL, V.: *El hombre doliente*, Herder, Barcelona 1987, pp. 58-59.

El hombre sin rostro, opera prima como realizador de Mel Gibson, muestra el valor esencial de la literatura y las lenguas clásicas en la formación de la persona. *El Abuelo*, basada en la homónima novela de Benito Pérez Galdós, también hace referencia, de un modo indirecto, al valor de la literatura como reflejo de las actitudes humanas. El protagonista se debate entre el honor y el amor —Galdós y Garci aluden a *La vida es sueño* de Calderón y *El Rey Lear* de Shakespeare— a la hora de mostrar la predilección por sus nietas. Aunque se podrían citar muchas más obras, este capítulo se centrará en un largometraje que ha pretendido mostrar un modelo de ser humano alejado del pragmatismo: *El Club de los Poetas Muertos*[7].

El guión de Tom Schulman sitúa la acción en 1959 y relata la llegada de John Keating a la Academia Welton, en Vermont (Nueva Inglaterra). El antiguo alumno, ahora profesor de Literatura, intentará romper los rígidos moldes académicos de la institución e inculcar en sus alumnos el amor por la libertad, las Humanidades y la belleza. La excelente banda sonora de Maurice Jarre acompaña el desarrollo de la trama, y la cuidada fotografía contribuye a dar belleza formal a las diversas situaciones.

Los temas que se plantean en *El Club de los Poetas Muertos* son variados: el inconformismo, el valor de las ideas expresadas en las artes (que permiten mirar el

---

[7] Este filme fue dirigido por Peter Weir en 1989 y nominado a cuatro Oscars. Interpretado por el experto en papeles docentes y asistenciales Robin Williams (profesor Keating) y por una serie de jóvenes actores desconocidos en aquella época, aunque algunos alcanzarían popularidad posteriormente como: Robert Sean Leonard (Neil) y Ethan Hawke (Todd).

mundo desde otra perspectiva), la rebelión contra el autoritarismo y la esperanza final a pesar de la tragedia.

Keating anima a sus alumnos a ser inconformistas y buscar el fondo de las cosas. Les hace ver que no deben limitarse a memorizar y aprender como papagayos lecciones y poesías. La vida no se reduce a un número de técnicas que hay que aprender para tener éxito: «A pesar de todo lo que les digan, las palabras y las ideas pueden cambiar el mundo. Les diré un secreto. No leemos y escribimos poesía porque es bonita. Leemos y escribimos poesía porque pertenecemos a la raza humana. ¡Y la raza humana está llena de pasión! La Medicina, el Derecho, el Comercio, la Ingeniería son carreras nobles y necesarias para dignificar la vida. Pero la poesía, la belleza, el romanticismo, el amor son las cosas que nos mantienen vivos».

Citando al poeta Walt Whitman, Keating hace ver a sus alumnos el valor de la existencia y la identidad humanas, irreductibles, como dijimos, a meras danzas cuánticas o a la geografía del genoma: «Que tú estás aquí, / que existe la vida y la identidad, / que prosigue el poderoso drama / y que tú puedes contribuir con un verso.»

a) Una vida extraordinaria

En el guión de Schulman se exaltan la búsqueda y desarrollo de lo interior y el rechazo de lo inmediato y vulgar. El primer día de clase, el profesor Keating irrumpe en el aula y hace salir a sus sorprendidos alumnos para mostrarles las fotos de las antiguas promociones académicas de Welton. Los muchachos observan con atención aquellas imágenes gastadas, surgidas del pasado, y el profesor les dice:

«—No son muy distintos a ustedes. Se sienten invencibles..., destinados a grandes cosas, como muchos de ustedes. ¿Creen que quizá esperaron hasta que ya fue tarde para hacer de su vida un mínimo de lo que eran capaces? Al adular en exceso a la diosa todopoderosa del éxito social, ¿no habrán vendido baratos sus sueños de infancia? ¿En qué caminos trillados, en qué mezquindades quedaron emparentados sus ideales? Porque estos muchachos están ahora criando malvas. Pero si escuchan con atención, podrán oir como les susurran su legado. Vamos, no tengan miedo, acérquense y escuchen. ¡Escuchen! ¿Oyen ustedes su mensaje?

Los chicos no hicieron un solo ruido, llegando a contener la respiración. Algunos se inclinaron con timidez hacia las fotografías.

—*Carpe diem* —murmuró Keating con voz de ultratumba—. Aprovechen el día presente. Que sus vidas sean *«extraordinarias»*.

Todd, Neil, Knox, Charlie, Cameron, Meeks, Pitts y los demás se sumergieron en la contemplación de las fotografías de sus predecesores. Pero el hilo de sus reflexiones se vio brutalmente interrumpido por el timbre.»[8]

Keating sólo trata de estimular a sus alumnos para que hagan de sus vidas algo extraordinaro: en ello estriba la felicidad. Una vida vulgar y mediocre, basada en lo inmediato, sin afán de superación, da lugar al vacío y a la infelicidad. Podemos afirmar que el término *vida extraordinaria* consiste en darse cuenta de que la ciencia es útil, pero lo que nos mantiene vivos es lo que a primera vista no da muestras de utilidad: amor, poesía...pero que enriquece a las personas y las mejora.

---

[8] SCHULMAN, T.: *El club de los poetas muertos.* Touchstone Pictures, 1989.

Una serie de ideas que van apareciendo a lo largo de la película expresan el deseo de superación y de no resignarse con la mediocridad: «Tienen que aprender a pensar por sí mismos»; «no es tarde para buscar un nuevo mundo; somos lo que somos, temple de corazones heroicos...»; «¡ser marinero del universo! ¡Ser el rey de la vida!»; «no hay nada imposible»; «¡tengo que hacer más! ¡Tengo que ser más!»

En el *Club de los Poetas Muertos* se estimula mediante estas ideas la interioridad de los alumnos para evitar que caigan en el conformismo y la masificación. Keating les hace subirse a la mesa del profesor para que les quede grabado que deben mirar las cosas desde una perspectiva diferente, desde arriba. También el deporte será la ocasión de que los otros nos empujen a superarnos: «¡Luchar con intrepidez!»

Todos estos recursos pedagógicos consiguen despertar en algunos de sus alumnos potencialidades desconocidas hasta entonces por ellos. Así por ejemplo, Neil descubrirá su vocación teatral, Todd vencerá su timidez a través de la poesía y Knox superará el miedo al ridículo y se atreverá a declarar su amor a una chica del pueblo vecino, Chris, desafiando así a sus toscos convecinos.

La felicidad alcanzada por Neil Perry se expresa de este modo cuando consigue un papel en una obra teatral:

«Terminaba la tarde. Todd estaba sentado en su cama, con un bloc....En ese momento entró Neil. Su cara resplandeciente contrastaba con la de Todd.
—¡Lo he encontrado!
—¿El qué?......
—¡Lo que quiero hacer! Lo que siempre he querido hacer. Lo que arde en mí.
Le tendió un folleto a Todd.

—*El sueño de una noche de verano* —leyó Todd.
—¿Es que no lo comprendes? Por primera vez en mi vida se lo que quiero hacer....*Carpe diem*, Todd. *Carpe diem*.»[9]

Al igual que Neil, Knox también encuentra lo que da sentido a su vida. Mediante la poesía, el joven consigue desarrollar una interioridad donde pueda habitar un amor alejado del pragmatismo y la vulgaridad. Su actitud queda claramente representada en la fiesta en la que rechaza el amor basado en el placer inmediato con Chris.

Sin embargo, estas figuras de la vida humana que aparecen en el film, adolecen de ciertas fisuras. Y es que estos personajes carecen de la fuerza necesaria para afrontar las contradicciones o adversidades de la vida. El mensaje idealista y romántico de Keating es incompleto y hace que la trama se precipite hacia la tragedia, aunque la emocionante secuencia final —los alumnos subidos encima de los pupitres, como homenaje a su maestro— deje abierta la puerta a la esperanza.

Neil Perry, encuentra la oposición paterna para realizar su vocación teatral. Ante esa situación, se derrumba estrepitosamente en lugar de aceptarla como algo que puede enriquecerle y prepararle para el futuro. Neil no advierte que «el hombre se enfrenta a su destino y tiene siempre oportunidad de conseguir algo por vía del sufrimiento»[10].

b) *Autonomía, libertad y creatividad*

En el apasionado magisterio de Keating se observan las mismas limitaciones que en el movimiento romántico del

---
[9] Ibíd.
[10] FRANKL, V.: *El hombre en busca de sentido*, Herder, Barcelona 1991, p. 71.

siglo XIX. El fascinante idealismo liberador no está sustentado por un realismo antropológico que asuma las contrariedades y diferencias que los otros nos plantean. Una libertad entendida como mera independencia o autonomía flota en el vacío. No basta la *libertad de*, el liberarse de ataduras y opresiones: también es necesario dar un sentido a nuestra capacidad de elegir. Es la *libertad para*[11]. El hombre romántico no advierte que sólo es plenamente autónomo en cuanto es heterónomo, cuando acepta la riqueza de posibilidades que le ofrece el extenso campo de lo real. Sólo asumiendo el poder que nos otorga la realidad, y apoyándonos en él, podemos dar un argumento a nuestra vida y ser creativos. Una libertad relativa —como es la nuestra— si se desvincula de las leyes de lo real se anula a sí misma.

José Antonio Marina advierte que los últimos estudios psicopedagógicos revelan que la evolución y maduración de la persona humana implica obediencia y sujeción a una autoridad. Esta obediencia no es motivada por el temor o el deseo de ser apreciado y querido, sino que se trata más bien de una primera introducción del niño y del adolescente en el ámbito de lo personal: «Lo importante es que gracias a esa habilidad podemos dirigir nuestro comportamiento por medio de estímulos irreales. Un estudioso de la inteligencia no debe olvidar que, antes que nada, una orden es un *significado*, un mensaje simbólico, una expresión lingüística. El amaestramiento animal es un enlace directo entre incentivos y respuestas. Skinner

---

[11] «¿Te llamas libre? —increpa Zaratustra—. Quiero escuchar tus pensamientos señoriales y no que escapaste a un yugo. Pues ¿eres acaso digno de haber escapado de él? Hay quien arrojó su último valor el día que arrojó de sí su servidumbre. ¿Libre de qué? ¡Y qué le importa eso a Zaratustra! Claros tienen que proclamar tus ojos: libre... para qué.» (NIETZSCHE, *Así habló Zaratustra*, p. 81).

lo vio perfectamente. Lo que ocurre con la obediencia inteligente es distinto: el niño aprende a *regirse por valores pensados y no sólo por valores sentidos.*»[12]

Esta heteronomía abre el ámbito de la libertad porque nos hace receptivos a los valores que fecundan nuestra voluntad. El sujeto se descubre a sí mismo como un ámbito de posibilidades realizables, y por tanto se da órdenes a sí mismo. El hombre configura su *yo* porque parte de su propia realidad, y está *sobre sí*, lanzado por el mismo poder de la realidad a adquirir inexorablemente una figura de sí mismo. No podemos ser creativos en solitario, haciendo caso omiso de nuestro propio ser o de lo que nos rodea. Neil Perry no advierte esto, cree que la férrea e intolerante autoridad paterna eliminará para siempre su creatividad. Y termina suicidándose.

La maduración de la persona implica superar el dilema aparente entre obediencia y libertad. De lo contrario, la creatividad resulta imposible. La fecundidad ética y estética implican apoyarse en la realidad, no evadirse de ella o manipularla a placer. La ética no es «el museo de las prohibiciones sino la máxima expansión de la creatividad humana. Es una ampliación de la vida.»[13]

Resulta mucho más creativa la libertad que se deja fecundar por los valores éticos (solidaridad, sinceridad, justicia, verdad, amor, etc.), que aquella que sólo aspira a la absoluta independencia frente a la riqueza de lo real. Considerar que la felicidad es fruto de una libertad totalmente autónoma lleva a ver todo lo que nos rodea como objetos manipulables. Pero la persona que utiliza a sus congéneres como meros medios para su interés particular es menos

---

[12] MARINA, J.A.: *Ética para náufragos*, Anagrama, Barcelona 1995, p. 50.
[13] Ibíd, p.11.

creativa que aquella que los trata como fines: seres que merecen respeto y colaboración. El manipulador *anula* la condición personal de los otros (les reduce a objetos de placer o de poder), por eso su postura lleva al *vacío*, en cambio el quehacer ético conduce a la *plenitud* humana.

La ética tampoco es una opresión de la vida, ni la represión de su abundante riqueza, sino más bien todo lo contrario. La vida sin ética oscila entre el azar estéril y el monótono mecanicismo, por lo que acceder al nivel ético implica *entrar en el ámbito de la creatividad*, que aúna libertad y sujeción a un ámbito rico en posibilidades:

> «La creación literaria sortea con habilidad ambos peligros y es por ello una bella metáfora del quehacer ético. Cada vez que producimos una frase expresiva, precisa, brillante, no mecánica ni casual ni ecolálica, estamos ejecutando un acto de libertad y alterando lujosamente las leyes físicas y psicológicas que rigen la caída de los graves. *Encomendamos el control de nuestra acción a los valores elegidos.* En fin, que mantener un buen estilo en el escribir o en el vivir es un alarde de talento creador.»[14]

Neil Perry elimina su capacidad creativa con un acto estético en apariencia. El filme parece no condenarlo[15], pero nunca puede ser creativo un acto de eliminación de la vida. Con él sólo se afirma una libertad vacía, sin contenido, sin argumento. Keating debería haberse esforzado más en hacer ver a sus alumnos que la libertad plena consiste en responder a las posibilidades valiosas que nos ofrece la realidad, aunque sea a largo plazo y en medio de contradicciones.

---

[14] Ibíd, p.14. La cursiva es mía.
[15] De todos modos también puede interpretarse el suicidio final como una lección de antropología implícita: el realizador nos hace ver que la pura autonomía de la libertad lleva a su propia destrucción.

3. ¿Podemos saber qué es el ser humano?
El mito científico
Parque Jurásico, Despertares y *2001: Una odisea del espacio*

> «El espíritu humano es más poderoso que cualquier droga» (*Despertares*)

El reduccionismo cientifista

¿Cuál es la esencia de este ser que siente, piensa, elige, ama, canta, ríe, llora, pelea, besa, hace arte, se comunica, reza, etc.?

La Biología respondería que somos el resultado de la información contenida en unos genes. La Química nos reduciría a unos litros de agua, carbono, sodio, potasio, etc. La Medicina aducirá que somos un sistema en equilibrio homeostático, es decir, que estamos sanos o en caso contrario, enfermos. La Neurología reduciría el pensamiento de ese ser a la actuación de las conexiones de 100.000 millones de neuronas. Decía Ramón y Cajal que el beso, fuente de admiración para poetas y enamorados, desde un punto de vista médico *no es más que* un intercambio de microbios; y una sonrisa, un movimiento de músculos faciales.

Cuenta el psiquiatra vienés Viktor Frankl que cuando era un adolescente su profesor de Ciencias Naturales dijo un día que la vida *no es más que* un proceso de oxidación y combustión. Ante tamaño reduccionismo, Frankl interpeló al profesor sin pedir permiso: «Entonces, ¿qué sentido tiene la vida?»

Lo mismo ocurre con otro consabido tema de actualidad: el mapa del genoma humano. Una comprensión simplista del mismo puede dar lugar a la afirmación de que la fidelidad o el amor dependen totalmente de los genes. El genoma condiciona las acciones del hombre pero no es la causa última de ellas. Es posible que algunas personas vean atenuada, incluso anulada, su responsabilidad moral debido a una enfermedad genética. Así sucedió con una mujer norteamericana que fue declarada culpable del asesinato de su hijo y condenada a cadena perpetua. Pasado un tiempo, empezó a presentar síntomas del mal de Huntington, un trastorno cerebral heredado que provoca horrendos delirios y actos incontrolados. Al amparo de que era víctima de sus genes, recurrió la sentencia y fue exculpada.[1] Pero esto no nos permite deducir que los genes sean la única causa de nuestras decisiones.

Se ha convertido en una moda, particularmente en EEUU, el que muchos sujetos achaquen sus actos y sus crímenes a la influencia de sus genes. Hay que ser cautos y analizar cada caso, ya que sólo una enfermedad que prive del uso de la razón puede privar de la responsabilidad moral y penal. Incluso de un psicópata como Hannibal Lecter no se puede decir que sea, en todos sus actos, una mera marioneta de su cerebro[2]. En situaciones nor-

---

[1] Cfr. El Mundo, 12-2-2001.
[2] Como no podemos detenernos en este interesante tema remitimos a algunas obras que lo analizan con detalle: GOLEMAN, D.: *Inteligencia emocional*, Editorial Kairós, 1996; SACKS, O.: *Un antropólogo en Marte*, Anagrama, 1997; GUDÍN, M.: *Cerebro y afectividad*, EUNSA, 2001.

males es capaz de experiencias estéticas, culturales e incluso éticas: aprecia el arte y respeta la vida de las personas a las que estima.

Sin embargo, es una tentación muy recurrente en el hombre contemporáneo anular el misterio que envuelve las decisiones humanas. Resulta muy tranquilizador, muy 'científico', decir que la razón de las conductas que nos sobrecogen se *reduce* a una disfunción física o psíquica. «Un científico como E. O. Wilson, al pedir que 'por un tiempo se quite a la ética de las manos de los filósofos y se someta a la biología', puede organizar un notable coro de aleluyas, sobre todo en un campus universitario. La idea consiste en buscar explicaciones evolucionistas a nuestra conducta, demostrar que la selección natural supuestamente favorece el buen comportamiento, al tiempo que contribuye a que el mal comportamiento caiga en desuso. Al parecer, seremos capaces de distinguir a los cuáqueros de los nazis analizando su ADN»[3]. De este modo, la persona queda englobada en la categoría de máquina, todo lo compleja que se quiera, pero máquina al fin: un ser problemático pero sin misterio.

Lo mismo ocurre, como ya se dijo, cuando se habla del gen de la infidelidad o del amor. Si alguien nos dijera esto, aunque hubiera estudiado el tema científicamente a fondo, le diríamos que no ha entendido nada de lo que en último término son estas realidades. A pesar de toda la exactitud científico-matemática no podrá explicar el sentido de una conversación, un chiste o una mirada de cariño.[4]

---

[3] MARINOFF, L.: *Más Platón y menos Prozac*. Ediciones B, Barcelona, 2000, p. 239.
[4] Cfr. AYLLON, J.R.: *En torno al hombre*, Rialp, Madrid 1993, pp. 26-27.

El especialista tiende a pensar que la esencia del fenómeno que estudia se reduce a lo que muestra su método. Y lo que no se puede obtener de ese modo no es real. Esto es el *reduccionismo*. Cuando se afirma que el ser humano *no consiste en nada más que* biología se cae en el *biologismo*. Lo mismo sucede cuando se intenta explicar al ser humano únicamente como un ente social —*sociologismo*— o como un mecanismo psicológico —*psicologismo*—. Y otro tanto sucede con las antropologías que reducen al hombre a una de sus facetas particulares: economía, sexualidad, lenguaje, voluntad de poder, voluntad de placer, etc. Se fijan sólo en la parte y olvidan la totalidad del ser humano.

Las ciencias particulares, por definición, no pueden ofrecer una visión total del hombre. Una cosmovisión reduccionista, aunque se apoye en los descubrimientos científicos más recientes, deja insatisfecha nuestra ansia de comprensión: es insuficiente ver la felicidad, la tristeza, el amor, el deseo, la amistad, la belleza o la fe como meras acrobacias genéticas, bailes moleculares o formas de reacción y mecanismos de defensa. Un físico dirá que el color rojo es un tipo de vibración con una determinada longitud de onda, pero si ese físico es ciego de nacimiento no sabrá qué expresa, qué emociones suscita o qué recuerdos nos trae ese color. Sería imposible explicar la importancia estética y dramática de este color en películas como *Rojo* de Krzysztof Kieslowski o *La linterna roja* de Zhang Yimou, recurriendo sólo a ondas electromagnéticas. En la primera, el realizador polaco utiliza tonos y colores encarnados en todas las secuencias para simbolizar el sufrimiento, la separación y el reencuentro. Y en la segunda, el cineasta chino logra representar —con el rabioso empleo de este cromatismo— la ambición de unas concubinas por alcanzar el favor del esposo.

Las ondas cerebrales y los genes son condiciones, requisitos físicos o biológicos para que se manifieste la persona, pero ésta no se reduce a ellos. Un electroencefalograma, las pupilas, el corazón, el rubor de nuestra piel, manifiestan estados interiores de la persona, pero no son esos estados. Cuando pensamos o sentimos actúan al mismo tiempo neuronas, hormonas y genes, pero el pensamiento, el amor, las emociones no se reducen a hormonas, neuronas y genes. El cientifismo pretende reducir toda la persona a condiciones materiales y todo conocimiento al que proporcionan las ciencias experimentales o positivas, dando lugar a una imagen deformada del ser humano.

El reduccionismo cientifista se olvida de lo que Dostoievski llamaba la *mitad superior* del ser humano, el *misterio* de la interioridad y la *intimidad personal*[5]. Ésta última no se conoce con un electroencefalograma, un mapa del genoma o viendo un *reality show* basado en fines y técnicas pseudocientíficos. Aunque parezca sorprendente, programas del tipo *Gran Hermano* y similares son una consecuencia del positivismo imperante en nuestra sociedad. Se pretende que un medio técnico sustituya el trato personal, cuando no se puede sustituir el misterio narrativo de la vida humana con una versión enlatada del mismo, aislándolo entre cuatro paredes. Esta experiencia, como ya mostró Sartre en su obra teatral *A puerta cerrada* (*Huis clos*), sólo lleva a ver a los otros como un objeto o como el infierno. Pero volveremos en otro capítulo sobre este tema.

En definitiva, afirma Husserl, la ciencia «no tiene nada que decir sobre la angustia de nuestra vida, pues excluye por principio las cuestiones más candentes para los

---

[5] Ibíd, p. 30.

hombres (...) las cuestiones del sentido o sinsentido de la existencia humana»[6].

Despertares: Un canto a la dignidad humana

Contra el mito cientifista se enfrenta el doctor Sayer en *Despertares*, película dirigida por Penny Marshall en 1990 y protagonizada por Robin Williams y Robert De Niro. El guión de Stephen Zaillian está basado en el libro homónimo[7] del doctor Oliver Sacks (Londres 1933). Este neurólogo se afincó en Estados Unidos en los años sesenta y se dedicó totalmente a la atención de enfermos, tal como se muestra en publicaciones como *Migraña, Con una sola pierna, El hombre que confundió a su mujer con un sombrero* o *Un antropólogo en Marte*. La película está inspirada en un caso real y peculiar de encefalitis letárgica ocurrido en el barrio neoyorkino del Bronx en los años veinte: la enfermedad del sueño.

Cuando el tímido doctor Sayer llega a un hospital del Bronx en 1969 en busca de empleo, no encuentra internos, sino estatuas vivientes tratadas como meras cosas: «Aquí sólo les damos abono y agua» dice un enfermero al neurólogo. Después se informa en las hemerotecas y acude al médico, ya anciano, que diagnosticó la enfermedad. Éste le advierte que, debido a la lesión cerebral que padecen, los enfermos no sienten ni piensan nada, son como fantasmas, insustanciales, ausentes. Sacks (Sayer en el filme) desconfía de esta afirmación reduccionista y empieza a observar a los pacientes hasta descubrir que «están

---

[6] Cfr. *La crisis de las ciencias europeas*. Editorial Crítica, Barcelona 1990.

[7] Muchnik, Barcelona 1988.

vivos por dentro», tienen una interioridad o inmanencia irreductible a lo físico: recogen pelotas al vuelo, reaccionan ante la música, son sensibles al contacto humano y atienden cuando escuchan su nombre.

Pero el resto del personal médico del hospital se muestra escéptico ante las geniales intuiciones del neurólogo pues, con su mentalidad cientifista, reducen todo a reflejos o procesos físicos. Cuando uno de ellos afirma que la variación en un gráfico del electroencefalograma se debe al efecto de la luz sobre el paciente, Sacks responde que esa variación se produjo cuando pronunció su nombre. El colega se queda boquiabierto.

Con autorización de los familiares, Sacks aplica a los pacientes un medicamento experimental, L-DOPA, que despierta a los enfermos de modo fulminante. La espectacular reacción demuestra que los pacientes no habían perdido su condición de personas y merecían, por tanto, ser tratados como tales. Con todo, el mensaje principal de la película consiste en el segundo despertar, el que se produce en los «sanos»: dejar de ver al enfermo como un puñado de síntomas o un objeto estropeado y descubrir que la salud, el bienestar y la felicidad no se reducen a fluidos, mercancías, pastillas, cosas que se pueden comprar o vender.

Todo esto son condiciones pero no causas de la felicidad personal. Por eso, en la conferencia final, el doctor Sacks resume así la lucha de los enfermos por sobrevivir y el despertar que se ha producido en los sanos: «El espíritu humano es más poderoso que cualquier droga. Pero has de alimentarlo con trabajo, ocio, amistad, familia... las cosas más sencillas, las que teníamos más olvidadas»[8].

---

[8] Esta misma idea reaparece en la película protagonizada por Sean Penn y Michelle Pfeiffer *Yo soy Sam*. El amor de un deficiente mental por su hija hará reaccionar a una abogada agresiva.

Despertares es un canto a la dignidad humana, irreductible a un mero conjunto de genes, hormonas o neuronas. La ambientación de los años 60, el trabajo de los actores y el dramatismo emotivo de la relación médico-paciente hacen de ella una gran película, a pesar de su sencillez y funcionalidad narrativas.

Problema y misterio

El drama plasmado en *Despertares* nos hace ver que no todo se reduce a lo cuantificable según las medidas del cuerpo humano, ni a *problemas* por resolver. También existen los *misterios*. Un problema es algo que se tiene delante y que resulta solucionable, dominable por la razón o por la ciencia. Ejemplos de problemas son la curación de una enfermedad o el descubrimiento de agujeros negros en el universo. La reducción de todo a problema da lugar al cientifismo. El misterio[9], por el contrario, no es algo se presente ante nosotros como un objeto, pues también nos incluye a nosotros y a todo lo real, como ocurre con el valor de la vida o el origen último del cosmos. Es aquel aspecto de la realidad que nos produce admiración y respeto, por ser envolvente, no dominable: esta postura se puede denominar realismo. La realidad es misteriosa en sí misma. Negar esta idea implica taparse los ojos de la mente. Pero el misterio no es algo desconocido o inexplicable sino el sentido profundo y último de las realidades que conocemos: la vida, el amor, la inteligencia, la belleza, la felicidad, etc.

---

[9] Cfr. MARCEL, G.: *El misterio del ser*. Editorial Sudamericana, Buenos Aires 1953.

El cientifismo reduce el alcance de la experiencia humana para anclarla en el problema. Es preciso distinguir entre problema u objeto y misterio o ámbito[10]. Los objetos son meras cosas, controlables, medibles. Los ámbitos, en cambio, superan lo cuantificable. Un piano, un cuadro, una partitura, un libro o un valor ético pueden ser vistos como un mueble, un trozo de tela, un mero papel o una norma que se me impone o, por el contrario, como la plasmación de un ámbito de belleza y de bondad: una obra de arte o una acción virtuosa y justa. El médico de Van Gogh utilizaba los cuadros que éste le regalaba para tapar agujeros en las ventanas, o como diana en la que su hijo se ejercitaba tirando dardos. La mujer de Ragueneau, el pastelero de *Cyrano de Bergerac*, envolvía las viandas que daba a sus clientes con las poesías de su marido. Del mismo modo, hay personas que enarbolan ideales éticos para justificar sus desmanes u obtener apoyos económicos o políticos. Pero todo esto no nos permite reducir la belleza y el bien a meros objetos o cosas que podemos controlar para satisfacer nuestros gustos particulares. Más bien hay que considerarlos como ámbitos que enriquecen a la persona y la conducen a la felicidad.

La reducción del alcance de la experiencia humana, y por tanto del conocimiento humano, a los meros objetos está causada por una deficiente concepción de la realidad. Se suele admitir como modelo de realidad —acabamos de decirlo— el aspecto objetivo de ésta, es decir, su carácter *delimitado, asible* o *mensurable*. Late en el fondo de esta concepción la glorificación de la voluntad de poder del hombre y su afán de dominio. Una cosa es más facil

---

[10] Cfr. LÓPEZ QUINTÁS, A.: *Para comprender la experiencia estética y su poder formativo.* Ed. Verbo Divino, Navarra, 1991, p.16 ss.

de dominar y más «útil» que una persona o un ámbito de realidad.

a) Personas y cosas

El dominio científico-técnico de lo real es necesario y conveniente. La calidad de nuestra vida ha mejorado gracias a ello. Hemos derrotado muchas enfermedades y poseemos una serie de electrodomésticos, mandos a distancia, ordenadores y un sinfín de artefactos que hacen más confortable nuestra vida. El peligro estriba en que confiemos sólo en las soluciones técnicas para resolver los problemas humanos. Como consecuencia de ello puede crearse en la persona un hábito mental que le haga ver toda la realidad bajo el prisma de los *objetos* o las *cosas*.

Afirma Julián Marías que una sociedad hipertécnica como la nuestra corre el peligro de convertir a las cosas en categoría modélica para juzgar casi todo. Tal tendencia dominante pretende eliminar todo lo que no sea *cosa*, tanto en el pensamiento como en la conducta. Una de estas consecuencias, por influencia freudiana, es la cosificación del *sexo* cuando se aisla totalmente del amor. Pero el amor, al no ser una *cosa*, no encuentra un lugar en la mentalidad cientifista. Todo se reduce a una serie de técnicas psicofísicas para obtener placer o dominio.

Lo mismo ocurre con el aborto. El niño engendrado y concebido se considera una 'cosa', 'un puñado de células'. Ni siquiera el cuerpo se considera personal, puesto que se puede 'decidir' sobre él. Pero el cuerpo no es un objeto para usar. El ser humano no tiene un cuerpo, sino que *es corpóreo*, porque éste es un ámbito de manifestación de la persona y merece el mismo respeto que ella. Si debemos tratar a todo ser humano como un fin, también debemos hacerlo con su cuerpo, aunque éste se encuentre en fase de formación.

Asimismo se intenta huir del vacío existencial y buscar la felicidad en cosas: es la causa del consumo generalizado de las *drogas*. La solución a las enfermedades también se considera un mero *problema* que se tiene que resolver con *cosas*: por ejemplo, ante el sida, ¿cuál es la reacción? Puramente técnica —búsqueda de vacunas, uso de preservativos—, nunca personal —modificación de las conductas, a pesar de que la relación con ellas se impone con evidencia—.

Advierte Lou Marinoff que los estadounidenses sienten debilidad por las soluciones rápidas. Pero no sólo ellos, todo el mundo occidenteal ha «confiado en que la tecnología mejoraría nuestras vidas y nos daría respuestas fáciles a todo. Además, nuestra sociedad adopta con ansia todo tipo de excusas que convierten la responsabilidad personal en algo indeseable. Hasta los fumadores que siguieron con su paquete diario de cigarrillos cuando los perjuicios del tabaquismo eran sobradamente conocidos, ahora demandan a las tabacaleras por haberles provocado cáncer de pulmón, como si dichas empresas fuesen las únicas responsables. ¿Acaso hay forma mejor de librarse de una pesada carga que encasillar toda clase de infelicidad o mala conducta como una enfermedad, fruto de la genética, la biología o las circunstancias, y que por consiguiente escapa a nuestro control?»[11]

Todas estas situaciones son una manifestación de la *voluntad de poder* que domina al hombre cientifista. Cuando este afán de dominio se lleva al extremo aparece la violencia. No es una casualidad, por tanto, que los to-

---

[11] *Más Platón y menos Prozac*, o.c., p. 53.

talitarismos y los diversos terrorismos hayan proliferado en nuestro tiempo, precisamente con el apoyo de los avances tecnológicos. Aunque la raíz última de estas actitudes reside en el desprecio por la dignidad humana, reducida a *un ser neutro*, que sólo adquiere valor si se somete a la idelogía del poderoso o del violento.

Otra manifestación de *cosismo* en el campo político consiste en la escasa apelación al valor real de la persona en la retórica de los gobernantes; se manejan constantemente *estadísticas* —de nuevo datos, hechos o cosas— como único o principal argumento.[12] Pero hay valores humanos que no dependen de mayorías o minorías, de datos o hechos, sino de la propia realidad personal. Además, todo dato debe ser interpretado a la luz de la dignidad humana. Es de sobra conocido que, tanto en Francia como en USA, la campaña a favor de la legalización del aborto manejó cifras falsas. Lo reconocieron años más tarde el Instituto Nacional de Estudios Demográficos y uno de los autores de la campaña, el doctor Nathanson.

Pero la persona, repetimos, no es sólo un objeto cuantificable sino un ámbito de realidad, como también lo son —aunque de diverso modo— los valores éticos y las obras artísticas. El aspecto físico de una persona es medible y podemos fijar su localización, pero no ocurre lo mismo con el alcance de su vida y sus relaciones. Un ser humano es un misterio incluso para él mismo y para los que le tratan. Aunque estén claras sus dimensiones y sus reacciones, o estas sean muy pequeñas o apenas perceptibles, siempre puede sorprender e innovar, siempre puede dar más de sí. Así lo muestra la experiencia del

---

[12] MARÍAS, J.: *Razón de la Filosofía*. Alianza editorial, Madrid 1993, pp. 48-52.

amor. Dos personas no pueden estar en el mismo lugar o espacio físico, una no puede meterse en la piel de la otra, pero si están compenetradas, unidas, están presentes la una a la otra. «¿Dónde termina el que ama? ¿Dónde empieza el ser amado?», recuerda Marcel. El amor compenetra de un modo superior a la mera unión física, supera en cierto modo los límites de la materia y fomenta la creatividad.

En definitiva, el ser humano es un misterio, un ámbito de realidad, algo irreductible a medidas físicas, datos genéticos, estadísticos, esquemas psicológicos o históricos, etc. Cada vez tenemos más datos sobre el hombre y todavía sigue asombrándonos si lo miramos con una actitud libre de prejuicios cientifistas. Esa admiración explica por qué hacemos arte, canciones, literatura, filosofía y cine.

b) Intimidad y misterio: El indomable Will Hunting

El misterio de la interioridad personal aparece representado en el *El indomable Will Hunting*. En este filme encontramos una crítica a la reducción del hombre a mecanismos psicológicos o a datos literarios o sociales. Will (Matt Damon) es un joven huérfano de Boston, de condición social humilde y trabajador de la limpieza en el Instituto Tecnológico de Massachusetts (MIT). Su carácter es violento, debido a traumas de infancia, pero cuenta con una inteligencia prodigiosa: un día resuelve un problema matemático ante el asombro del profesor Lambeau (Stellan Skarsgard). El catedrático desea ser su mentor, pero el violento Hunting es detenido en una reyerta y obligado por el juez a recibir atención psiquiátrica. Tras el fracaso de varios terapeutas, el doctor Sean McGuire (Robin Williams) consigue hacerse con él a base de amistad, confianza y tenacidad. Mientras tanto, Will se enamora de una chica, Skylar (Minnie Driver), que estudia Medicina en Harvard[13].

Durante el tratamiento, los métodos psicoanalíticos fallan con el joven. Este se burla de todos los psiquiatras, que intentan bucear en su inconsciente o en sus instintos. Sólo Sean McGuire advierte que la persona es un misterio al que sólo se accede por la confianza y el amor. De este modo consigue solucionar los desórdenes afectivos de Will: «Eres un genio Will, eso nadie lo niega. Nadie puede comprender lo que pasa en tu interior. En cambio, presumes de saberlo todo de mí porque viste un cuadro que pinté y rajaste mi vida de arriba abajo. ¿Eres huérfano, verdad? ¿Crees que sé lo dura y penosa que ha sido tu vida, cómo te sientes, quién eres, porque he leído Oliver Twist? ¿Un libro basta para definirte? (...) Pero si quieres hablar de ti, de quién eres, estaré fascinado.»

Los psicólogos anteriores a Sean recurrieron a un esquema preconcebido y reduccionista para tratar a Will, y fracasaron. En el fondo, no respetaron el misterio de la persona. No advirtieron que cada vida es una historia irrepetible que no se puede reducir a impulsos reprimidos o a traumas infantiles. El hombre siempre da más de sí, se supera infinitamente. Por eso si fueran ciertas las afirmaciones de los deudores del psicoanálisis de Freud: Jung, Adler, Campbell, etc., el hombre ya no contaría historias.

---

[13] El filme consigue nueve nominaciones a los Oscar de Hollywood del año 1997, consiguiendo los de mejor guión original —escrito por los protagonistas Matt Damon y Ben Affleck— y mejor actor secundario a la contenida interpretación de Robin Williams —que recuerda a la de Keating en *El Club de los Poetas Muertos*—.

El arte, la ética y la religión tendrían que haber muerto hace décadas. De hecho, Joseph Campbell, famoso por sus investigaciones de mitología comparada, fue incapaz de encontrar un relato que se ajustara plenamente al modelo elaborado por él. Éste paradigma pretendía reducir el origen de las historias (tanto literarias, como religiosas) al mundo onírico del inconsciente[14].

Estos pensadores de la sospecha creen haber desvelado el mecanismo engañoso de los sueños, los mitos, las creaciones artísticas e incluso de la moral y la religión. Según ellos el hombre introduce un orden artificial, y por tanto falso, en los datos inconexos de los sueños y de la vida. Esto daría lugar a las creaciones de la cultura humana. Pero estos autores no advierten que si podemos encontrarnos con el misterio en el arte, la ética y la religión (de diversa manera en cada uno), es porque la misma realidad tiene un sentido, un orden inteligible, comprensible, aunque no totalmente, para el hombre. El caos sólo se entiende desde el orden. Para que algo pueda existir necesita una mínima configuración o estructura. El caos o azar absoluto equivale a la nada. La realidad tiene un sentido, un orden no creado por el hombre.

Por tanto el inconsciente remite más allá de sí mismo. Los deseos, como ha mostrado la hermenéutica de Paul Ricoeur, del tipo que sean, remiten a un sentido que les rebasa. Sólo el amor, el bien común o la felicidad pueden dar valor humano a estos impulsos. Es una simplificación, pues, reducir al sexo o al poder los argumentos de la vida humana. Si no existiera el misterio de la persona, su identidad, su estructura personal, no habría unidad de la

---

[14] Cfr. SÁNCHEZ-ESCALONILLA, A.: *Guión de aventura y forja del héroe*, o.c., p. 114.

narración y no habría, como afirmó J.R.R. Tolkien, temas para las historias, ni siquiera habría historias[15].

La terapia del doctor McGuire consiste en que Will Hunting reconozca que su aparente sabiduría, su dureza de carácter y esa actitud de estar de vuelta de todo son síntomas de su debilidad. Para superar esta inmadurez debe enfrentarse con el misterio de lo real: «Nunca has mantenido a tu mejor amigo entre tus brazos, esperando tu ayuda mientras exhala su último suspiro (...) No sabes lo que significa perder a alguien porque sólo lo sabrás cuando ames a alguien más que a tí mismo. Dudo que te hayas atrevido a amar de ese modo.»

No se puede convertir el misterio de la interioridad humana en un mero problema, pues aquel siempre se escapa de las manos, no es un objeto arrojado en el camino y que podamos atrapar con nuestras redes racionalistas.

c) *Los enigmas de la vida biológica:* Parque Jurásico

John Hammond, el anciano diseñador del parque de atracciones más increíble del mundo, representa el prototipo de personaje que sólo admite problemas y no misterios. Tanto en la novela de Michael Crichton como en el *thriller* de ciencia-ficción creado por Steven Spielberg, se realiza una eficaz crítica al cientifismo.

Spielberg ha sabido expresar en imágenes el relato de Crichton (coautor del guión), y ha conseguido un ritmo

---

[15] Sobre este tema cfr. TOLKIEN, J.R.R.: *Sobre los cuentos de hadas*, en *Árbol y Hoja*, Barcelona, Minotauro, 1987, pp. 29-30, 87-88; cfr. PIERCE, J.: *Tolkien: Hombre y mito*, Barcelona, Minotauro, 2000, pp. 13, 70; cfr. SÁNCHEZ-ESCALONILLA, A.: *Guión de aventura y forja del héroe*, o.c., pp. 110-114; cfr. MACINTYRE, A: *Tras la virtud*, o.c., p. 269.

trepidante, secuencias antológicas —como los ataques del tiranosaurio rex y los velociraptores— que emocionan intensamente al espectador, con unos efectos especiales por ordenador insuperables en su momento (por obra de la factoría de George Lucas, *Industrial Light & Magic*). Todo ello envuelto en la inconfundible banda sonora de John Williams.

Pero el filme supera la mera acción para realizar una crítica a los peligros de la manipulación genética y el dominio ominipresente de la informática.[16]

Después de la euforia inicial, Hammond (Richard Attenborough), el propietario del parque, advierte que su proyecto de diversión jurásica se le escapa de las manos. Los dinosaurios clonados y el férreo control informático de isla Nubla no están libres del misterio que envuelve la realidad. Sin embargo, no llega a reconocer su error cuando discute sobre el tema con la doctora Ellie Sattler (Laura Dern):

Ellie: Pero esto no es sólo una idea, John, esto hay que sentirlo.
Hammond: Dependemos demasiado de la automatización. Ahora lo veo. Pero todo se puede corregir la próxima vez. La creación es un acto de pura voluntad. La próxima vez será perfecto. (...) En cuanto recuperemos el control.
Ellie: ¡Nunca tuvo el control! Esa es la ilusión. A mí me sobrecogió la fuerza de este lugar. Pero también me equivoqué. No respeté esa fuerza lo bastante y ahora se ha desbordado.

Hammond no sale de la dinámica del problema. En cambio, Ellie advierte el misterio de la vida que provoca

---

[16] Cfr. CAPARRÓS, J.M.: *Persona y sociedad en el cine de los 90*, EUNSA, Pamplona 1994, pp. 264-265.

respeto y admiración, y no mera voluntad de dominio, como parece entender el anciano millonario. Su intención no estaba viciada: tan sólo buscaba procurar diversión a niños y grandes. Pero «crear la fantasía con ayuda de la sola ciencia es un experimento muy peligroso»[17].

La actitud de respeto ante el misterio es defendida desde el inicio del filme por Malcolm (Jeff Goldblum), el extravagante matemático de la teoría del caos:

> **Malcolm:** La falta de humildad ante la naturaleza que se demuestra aquí me deja atónito (...). No ve el peligro inherente a lo que ha creado aquí. El poder genético es la mayor fuerza del planeta, pero usted lo esgrime como el niño que ha encontrado el revólver de su padre.
> **Hammond:** Creo que es usted injusto con nosotros. Nuestros científicos han conseguido lo que nadie ha conseguido hasta ahora.
> **Malcolm:** Sí, sí, pero a ellos les preocupaba tanto si podían o no hacerlo que no se pararon a pensar si debían.
> **Hammond:** Sencillamente, no entiendo una actitud tan retrógrada. Sobre todo en un científico.
> **Malcolm:** Lo que usted llama descubrimiento es una violación del mundo natural.

La temática de *Parque Jurásico*[18] cobra máxima actualidad ante el reto científico que persigue la generación de seres humanos por clonación. El imperio de la técnica biológica puede llevarnos al peor de los infiernos, como

---

[17] SÁNCHEZ-ESCALONILLA, A.: *Steven Spielberg*, Royal Books, Barcelona 1995, p. 268.
[18] Las secuelas de este filme, *El Mundo Perdido* (1997) y *Parque Jurásico III* (2001), no están a la altura del original, a pesar de sus abundantes efectos especiales y de la trepidante acción. No profundizan en el tema y sólo en la segunda se apunta una ligera tranformación en Hammond que le lleva a respetar el misterio de la vida, negándose a su explotación.

el que se muestra en *Alien Resurrección*. Viviríamos en *Un mundo infeliz*, parafraseando a Huxley, sin familia, ni padres (en esta novela las palabras padre y madre se consideran obscenas), ni amor, ni sacrificio. Una tiranía de la ciencia que favorece a unos pocos mientras esclaviza a muchos: es ya un terrible hecho el mercado y la experimentación con embriones. Nos escandalizamos, con razón, por los experimentos médicos de los nazis y no nos afecta esta violación de la dignidad del embrión, no menos inhumana por ser menos visible[19].

La eterna pregunta: ¿qué es el hombre?

De nuevo la pregunta que nos hacíamos al inicio del capítulo. La Antropología filosófica a partir de las manifestaciones humanas llega a la comprensión de la esencia del hombre, de lo que le caracteriza y le hace más personal y humano. Esto implica ejercer la intuición intelectual: ver cómo la persona se manifiesta en el rostro y en las acciones; y la deducción o razonamientos que analicen y expliquen esa intuición.

Se han dado muchas definiciones del ser humano: «animal racional» (Aristóteles); «ser que elige sus propios fines» (Tomás de Aquino); «fin en sí mismo» (Kant) —es

---

[19] No podemos detenernos en el interesantísimo y acuciante tema de la dignidad del embrión humano. La Bioética es una disciplina fundamental para cumplir aquella advertencia de Einstein: que la técnica no supere a la humanidad. De nosotros depende que esté a su servicio y no se convierta en un instrumento de violación de los derechos de los más indefensos. Sobre Bioética hay abundante bibliografía, remitimos tan sólo a las reflexiones del filósofo alemán Robert Spaemann contenidas en: *Personas. Acerca de la distinción entre algo y alguien* y *¿Es todo ser humano una persona?*

decir no un objeto o medio sino un ámbito, un misterio, etc.—; «el animal que puede prometer» (Nietzsche); «ser relativamente absoluto» (Zubiri); en definitiva una persona: «ser singular e irrepetible y a la vez relacional y dialógico». A lo largo del libro iremos analizando algunas de estas definiciones.

En el sujeto humano se dan una serie de características similares a las de otros seres vivos pero en un grado de mayor perfección. Una de esas propiedades es el *automovimiento*, la capacidad de moverse y desear por sí mismo. Otra es la *unidad*, propia de todo organismo, pero que en el hombre incluye la búsqueda de la armonía de la personalidad, sin ella se cae en la inmadurez o en enfermedades como la esquizofrenia. La *inmanencia* o interioridad es una capacidad que permite que permanezca *dentro* del hombre todo lo que éste hace: no sólo el alimento, sino también los recuerdos, destrezas, imaginaciones, etc. La tendencia a la *autorrealización*, a crecer, es otra nota distintiva del ser humano. Como declaraba Pascal: «El hombre supera infinitamente al hombre». No estamos acabados al nacer, nuestra vida consiste en un proceso de perfeccionamiento que tiene forma de proyecto.

Resulta patente que hay una gradación en la diversidad de los seres vivos. Unos vivientes tienen más capacidades que otros. Algunos carecen de conocimiento y otros de sentidos internos. Dentro de esta jerarquía, el hombre se sitúa en la cúspide de los grados de inmanencia[20] o escala de la vida, que consta de los siguientes niveles:

---

[20] Cfr. R. YEPES-J.ARANGUREN: *Fundamentos de Antropología*, EUNSA, Pamplona 1999, pp. 21ss.

1) *la vida vegetativa*: caracterizada por la nutrición, el crecimiento y la generación.
2) *la vida sensitiva*: dotada de sensación e instinto. El conocimiento animal está recluido en el entorno de sus estímulos[21]. Y su conducta instintiva puede definirse como un comportamiento innato, estable y automático, basado en el proceso estímulo-respuesta.
3) *la vida intelectiva o racional*: El hombre representa el grado máximo de inmanencia o interioridad en la escala animal. Esto es debido a su apertura intelectiva a la realidad y no sólo a los estímulos. El ser humano puede conocer la esencia de las cosas mediante ideas universales y abstractas.

Hay diversas pruebas realizadas con animales que muestran como la abstracción es una propiedad exclusiva de la mente humana. Uno de estos experimentos, realizado por Pavlov, consiste en lo siguiente: Se coloca a un simio en una balsa en el centro de un lago. Entre el simio y la comida hay fuego, pero también un depósito de agua. Se le enseña al mono a sacar agua del depósito con un cubo, apagar el fuego y llegar a la comida. Además el mono se baña en el lago cuando hace calor. Un día se quita el agua del depósito y el simio, desconcertado, sigue metiendo el cubo en el depósito vacío sin pensar que puede llenarlo con el agua del lago. Esto se debe a que no tiene una idea general, abstracta, del agua, sólo tiene sensaciones de la misma: al beber, bañarse, etc.

---

[21] Cfr ZUBIRI, X.: *Inteligencia y realidad*, Alianza editorial, Madrid 1984, pp. 48ss.

Aristóteles expresaba la apertura del hombre a lo real diciendo que el «alma es en cierto modo todas las cosas.»[22] Nuestra mente puede llegar a conocerlo y quererlo todo, por lo menos tiene la capacidad de hacerlo, y como lo real es inagotable nunca cesa de investigar y elegir. El elenco de temas (científicos, artísticos, éticos, lúdicos, históricos, etc.) que pueden interesar a la persona humana supera infinitamente la lista de asuntos que pueden atraer a un animal. Esta índole universal de la *psique* humana manifiesta el carácter transbiológico de la persona, su irreductibilidad a la mera concreción de la materia. El hombre es capaz de ir más allá de los fines biológicos de su especie. Su inteligencia y su libertad son indicios de una estructura que supera los límites de la materia. Como consecuencia de todo esto se puede afirmar que:

a) El hombre al eligir sus propios fines personales —y no sólo los de la especie— tiene que escribir su propia historia. El deseo del fin último ya le viene dado, no lo escoge: es la tendencia a la felicidad, aunque sí selecciona los medios para alcanzar lo que cree que es la suprema dicha;

b) La separación estímulo-respuesta hace que *el hombre deba aprender a ser quién es para serlo*, para eso están los hábitos (tanto los intelectuales como los prácticos, que permiten el crecimiento personal del hombre). El ser humano, en definitiva, está por encima de la dictadura del instinto.

La voluntad posee una apertura tan amplia a lo real como el pensamiento: puede querer cualquier cosa, no

---

[22] Cfr. *Sobre el alma*, III, 8: 431 b 21.

está predeterminada hacia un bien u otro, sino abierta al bien universal e infinito. La voluntad es la inclinación racional al bien, siendo el bien aquello que conviene a nuestra realidad personal humana. Se quiere lo que se conoce, se conoce a fondo aquello que se quiere. Amor y conocimiento se relacionan estrechamente.

Como aseguran Vicente y Choza, «en la escala de la vida, la relevancia del individuo y su independencia frente a la especie es cada vez mayor hasta llegar al hombre, en el que la relevancia de la autorrealización individual excede plenamente a la de la especie»[23]. Partiendo de estas acciones podemos deducir que el hombre es persona, no un *replicante* de los padres, pues tiene un principio transbiológico, suprageneético: la psique individual y racional, abierta a todo, que le permite viajar en el tiempo con la imaginación y ser libre.

El hombre, como hemos visto a propósito de *Despertares*, no se reduce a sus actos, sino que se manifiesta en ellos. El ser persona, no el actuar, es la base de la dignidad del hombre. Si el sujeto se redujera a sus actos, sería un espectro y no existiría como tal, pues nuestra actividad no es continua. Pero la *personeidad*, nuestro propio ser personal, es el fundamento de los actos, se expresa en ellos y siempre queda detrás de los mismos. De ahí que el embrión, el enfermo en coma o el deficiente merezcan el respeto que se debe a todo ser humano, aunque no puedan manifestar las notas características de la persona.

---

[23] J. VICENTE-J. CHOZA, *Filosofía del hombre*, o.c., p. 67.

¿Habitantes del Planeta de los Simios?

La relación del hombre con los primates —sus parientes lejanos en el reino animal— ha sido objeto de varias realizaciones cinematográficas. Entre ellas destaca *El Planeta de los simios*, llevada a la gran pantalla en 1968 por Franklin J. Schaffner[24], que se inspiró en la novela de Pierre Boulle. Un astronauta regresa a la Tierra —aunque él cree estar en otro planeta— y la encuentra dominada por unos simios inteligentes, que han esclavizado a los humanos. Este relato de ficción da pie a muchas consideraciones antropológicas y científicas: ¿Somos algo más que seres emparentados con los antropoides? ¿Es humano un simio con pantalones vaqueros?

De todos modos la pregunta fundamental sigue en el aire: ¿De dónde procede el hombre?[25] Se trata de un animal transbiológico, abierto a la realidad, con inmanencia o intimidad. Tiene un cuerpo no especializado[26] y adaptado a su inteligencia, y sus tendencias y su comportamiento difieren del de los animales. Todas estas cualidades parecen establecer una discontinuidad entre el hombre y el resto de las especies. ¿Se puede decir, pues, que es simplemente un animal más evolucionado?

---

[24] El excéntrico director norteamericano Tim Burton, genial creador de ambientes góticos y cáustico con su propia cultura (*Eduardo Manostijeras, Ed Wood, Mars Attacks!, Sleepy Hollow*) realizó en 2001 un personal *remake* de *El Planeta de los simios*. Es una lástima que Burton no nos haya regalado con un filme de más rigor intelectual.

[25] Cfr. R. YEPES-J. ARANGUREN: *Fundamentos de Antropología*, o.c., pp. 36-38.

[26] La mano es un gran ejemplo de esa apertura universal del cuerpo humano. Es el instrumento de los instrumentos, a diferencia de la limitación que poseen las garras y las pezuñas animales debido a su especialización funcional.

La ciencia no puede esclarecer del todo este asunto, pues no se trata de un hecho que se pueda resolver totalmente mediante la experimentación. El saber científico explica más bien los mecanismos de la evolución, el *cómo* no el *por qué*. ¿Cuál es la causa última de ese proceso? Una explicación profunda de la diferencia entre los primates y el hombre requiere un perspectiva antropológica. Se precisa, por tanto, de una visión filosófica, que nos permite intuir que el origen del hombre no se puede explicar por un mero proceso biológico regido por el azar.

a) Azar y orden en el universo

El azar es relativo pues hay finalidad y orden en el universo. Albert Einstein decía que consideraba «la comprensibilidad del mundo como un milagro o un eterno misterio, porque *a priori* debería esperarse un mundo caótico, que no pudiera en modo alguno ser comprendido por el pensamiento.(...) Éste es el principal punto débil de los positivistas y de los ateos profesionales». Ya dijimos que el caos se entendía desde el orden o la finalidad. El azar absoluto es el absoluto desorden, la falta de toda estructura y configuración, lo que hace imposible la existencia de ningún ser.

En *La historia interminable* de Michael Ende aparece una narración que nos permite comprender lo irracional del azar absoluto. Unos personajes intentan construir frases con un dado de 27 caras, una por cada letra. El resultado es casi imposible de conseguir, el número de tiradas para obtener una proposición con sentido es inmenso. Lo mismo ocurre si nos fijamos en las posibilidades de movimientos en un tablero de ajedrez. Si hubiera que mover al azar todas las posibilidades todavía estaríamos en la primera partida, aunque hubiéramos empezado al inicio del *Big Bang*. Pero hay grandes jugadores como se observa en la película *En busca de Bobby Fischer*. ¿Por qué? Porque los jugadores son una causa inteligente que selecciona las mejores jugadas. Con mayor motivo si hablamos de construir innovaciones complejas como el ojo, el cerebro o el cuerpo humano que tiene cien billones de células. Cada célula, millares de millares de moléculas: si unimos una molécula por segundo haría falta hacer trabajar en paralelo a cien billones de empresas constructoras durante cientos de miles de años. Y el embrión lo hace en nueve meses, tal como advierte Ayllón[27].

En la naturaleza se da una especie de juego milagroso en el que las especies animales y el hombre, que no son los creadores ni los iniciadores de la partida jugada, han vencido un número incalculable de veces. El milagro se hace ley pues son necesarias las mutaciones en el momento preciso que favorezcan al animal (Lejeune). La probabilidad más ínfima se realiza puntualmente, y en diversos lugares muy apartados. Aparecen estructuras antes de que surja la necesidad, adaptaciones y desarrollos que exigen una complejísima coordinación (Gordon R. Taylor). Todo esto implica un programa evolutivo, un centro de control, orden y finalidad. Un jugador inteligente que conozca perfectamente las cartas y pueda seleccionar las mejores jugadas. Este jugador es el autor de la gran narración en la que consiste la historia del universo y del hombre.

La historia del cosmos y la evolución biológica son el prólogo de la historia del hombre. Aunque el cosmos no sea el autor ni el actor consciente de su propia narración

---

[27] Cfr. AYLLÓN, J.R.: *En torno al hombre,* o.c., pp. 43-44.

necesita un orden que de sentido a su historia. Lo mismo ocurre, aunque a un nivel superior, con los animales. En el caso del hombre nos encontramos con un actor consciente y co-autor de su historia. Por tanto tenemos una narración que incluye varios niveles distintos (cosmos, animales, hombre), que se armonizan y excluyen el mero azar. Es un juego[28] creado por un solo narrador principal (hay una continuidad en la historia), que tiene que ser inteligente, pues no se trata de una narración meramente caótica, sino con un sentido comprensible, hasta cierto punto, por el hombre.

b) No todo proviene de la biología

La evolución de la vida «preparó» la aparición del hombre a partir de animales evolucionados llamados *homínidos*. Este prólogo pre-humano de la evolución se puede denominar proceso de hominización[29]. Son los precursores inmediatos del hombre.

Otro proceso distinto es el *proceso de humanización*: la aparición de la realidad personal humana y su progresiva

---

[28] La palabra inglesa *play* hace referencia tanto al juego como al argumento o guión.
[29] ¿Cuándo y cómo el cuerpo de los homínidos evolucionó hasta adquirir un parecido con el del hombre?: bipedismo, amplitud corteza cerebral, libertad de manos, menos dentición anterior, etc. Esto se vio facilitado por: monogamia, estrecha vinculación miembros pareja, división del territorio para la recolección y la caza, la reducción de la movilidad de la madre y de su reciente descendencia, y el más intenso aprendizaje de los individuos jóvenes. La receptividad permanente de la hembra, el encuentro frontal y reproductor, el permanente desarrollo mamario, la desaceleración del desarrollo embrionario, etc. (Cfr. Llano, A.: «Interacciones de la biología y la antropología» *Deontología biológica*, Pamplona 1987, pp. 200-207).

apertura al mundo y a sí misma. Para el *evolucionismo emergentista*, estas características aparecerían por un proceso continuo y casual, fruto de mutaciones al azar, nacidas de la estrategia adaptativa de los individuos sobrevivientes frente a determinados cambios del entorno. No habría distinción entre los procesos de hominización y de humanización.

Hemos visto que esto no se sostiene ya que los dos procesos sí se distinguen: la ciencia, el arte, la técnica, la historia, los enterramientos, la religión, etc., sitúan al animal humano muy por encima de las demás especies. Se trata de actividades innecesarias para la supervivencia de la especie. El hombre las busca por el mero deseo de saber, de buscar un sentido a la existencia o de objetivar la belleza. O, dicho de otro modo, son actividades suprabiológicas que permiten que el hombre subsista como hombre (también biológicamente). El hombre no sólo vive de hamburguesas y caviar, también de belleza, verdad y amor.

Además el hombre supera la mera individualidad específica, es persona: ser singular e irrepetible. Tiene elementos *irreductibles a la materia* aunque se den junto a ella: pensar, querer, amar, crear, superar el tiempo con sus proyectos y sueños; su psique es suprabiológica, inmaterial o personal.

El proceso de humanización aparece planteado de un modo algo ambiguo[30], pero interesante, en *2001, una*

---

[30] Esta ambigüedad es intencionada en Kubrick: «Traté de crear una experiencia visual, una experiencia que elude el encasillamiento verbalizado y penetra directamente en el subconsciente con un contenido emocional y filosófico... Quise que el film fuese una experiencia intensamente subjetiva que llega al espectador en el nivel interior de la conciencia, como lo hace la música... Están en libertad de especular cuanto quieran acerca del significado filosófico y alegórico del film...» Citado en SESÉ, J.M.: *El cine en 111 películas*. Ediciones Internacionales Universitarias, Madrid 1998, p. 128.

odisea del espacio. En el inicio de la película aparecen una serie de homínidos en la fase previa a su constitución como seres racionales. Hay una causa externa de la humanización (el monolito) que hace que el homínido adquiera inteligencia y desarrolle una técnica incipiente. Esto se observa en la magistral secuencia en la que un primate, ya humanizado por efecto del monolito, usa un hueso como utensilio y como arma. Desde ese plano se produce un corte a otro plano que muestra una nave espacial. Esta imágen constituye una metáfora cinematográfica de la técnica como primera manifestación de la inteligencia.

Por otra parte, en el filme se muestra una especie de proceso de superación infinito: de animal a hombre, de máquina a ser capaz de pensar (la desconexión del ordenador Hal-9000 realizada por David parece un asesinato), y de hombre a superhombre (la escena final del bebé sobre la tierra con el tema *Así hablaba Zaratustra* como música de fondo). Todo esto nos permite intuir que la causa de este proceso no tiene límites. Aunque tal vez Kubrick y Clarke —los creadores de esta historia de ficción— no estarían de acuerdo, se puede decir que la fuente que ha otorgado intelecto al hombre es un ser personal y trascendente al universo: Dios. La causa de algo debe tener, al menos, las mismas cualidades que el efecto. Es la misma tesis que parece defender Steven Spielberg en *Inteligencia Artificial*. Partiendo precisamente de una idea de Kubrick y modificándola, es como el mago de Hollywood recupera la trascendencia, aunque con la vaguedad e imprecisión típicas de la *New Age*. Spielberg advierte que tanto el origen del hombre como el de un robot que puede amar remiten a un creador (divino y humano respectivamente).

En definitiva, la aparición del hombre sobre la tierra constituye un cambio novedoso en el escenario de la narración animal. En un momento dado, aparece una especie que ya no es un mero elemento decorativo y pasivo, sino actriz principal de su propia historia. Una historia que influye, de algún modo, en la historia de los demás animales y del cosmos.

4. ¿Con qué sueña un robot?
Los androides y el animal de realidades
Blade Runner e *Inteligencia Artificial*

> «El ser artificial es ya una realidad. Un simulacro perfecto de miembros articulados, capaz de expresión verbal y no carente de reacciones humanas» (*A.I.*)

Replicantes y *mecas* que buscan su identidad

¿Puede pensar una máquina? ¿Puede tener pensamientos conscientes, sentimientos, capacidad de amar, en el mismo y preciso sentido en que los tenemos nosotros? Filmes como *Blade Runner, 2001: Una odisea del espacio, Terminator* o *Inteligencia Artificial* plantean este tema. Con esta última, Steven Spielberg ha realizado un viejo proyecto de ciencia-ficción metafísica que le ofreció Stanley Kubrick antes de morir. *A.I.* parte de un relato corto de Brian Aldiss titulado *Super-toys last all summer long* (Los superjuguetes duran todo el verano). Kubrick desarrolló la historia durante años esperando a que el desarrollo de los efectos especiales permitieran rodarla. Al final, el guión aparece firmado únicamente por Spielberg, que no lo hacía desde el rodaje de *Encuentros en la tercera fase.*

La acción se desarrolla en un siglo XXII en el que el deshielo de los polos ha sumergido bajo las aguas a ciudades como Nueva York, Venecia o Amsterdam. Las autoridades han optado por el control de la natalidad de todos los *orga* (seres orgánicos), y han fomentado un espectacular desarrollo de los *meca* (seres mecánicos). Estos androides son un simulacro perfecto del ser humano: poseen miembros articulados, son capaces de expresión verbal y tienen reacciones humanas (responden al dolor, etc.). También prestan múltiples servicios a los humanos y, por otra parte, no necesitan comer ni contraen enfermedades. Todo esto ha permitido que lleguen a convertirse en un elemento esencial en la estructura económica de la sociedad.

a) Prometeo y el Hada Azul

El profesor Hobby (William Hurt), que trabaja en la firma *Cybertronics*, se propone escribir una nueva página en la historia de la inteligencia artificial creando un nuevo robot que tenga la capacidad de amar. Que sea capaz de un amor verdadero, como el que siente un niño por sus padres, algo muy distinto a la mera simulación de reacciones de sensualidad (abrir un poco los ojos, respirar más deprisa, subir la temperatura de la piel...).

Ante este proyecto, otra profesora de *Cybertronics* le replica que es un enigma saber si habrá un ser humano capaz de corresponder al amor del robot.

Hobby: Será un niño perfecto... Con todas las parejas que aspiran en vano a un permiso para tener un hijo, nuestro *meca* no sólo abriría un mercado, cubriría una necesidad humana.

Profesora: Pero no ha respondido a mi pregunta. Si un robot pudiera amar realmente a una persona, ¿qué responsabilidad tendría esa persona, a su vez, con respecto al *meca*? Es una cuestión moral, ¿no?

Hobby: La más antigua de todas. Pero en el principio no creó Dios a Adán para que le amara.

Ya se nos muestra desde el principio —como veremos en *Blade Runner*— a los científicos jugando al papel de dioses. Una nueva versión del mito de Prometeo, el Titán emparentado con Zeus que robó unas chispas del fuego de los dioses (la inteligencia y el arte) y se las entregó a los humanos.

El proyecto de Hobby se realiza. Se trata de David (Haley Joel Osment), un niño-robot capaz de razonar, tener sentimientos, amar y ser amado. El *meca* es entregado a Henry Swinton (Sam Robards), que trabaja en la misma empresa. Él y su joven esposa Mónica (Frances O'Connor) viven en una pequeña localidad norteamericana. Los dos están muy afectados por el coma irreversible de su hijo Martin, al que conservan crionizado hasta que se encuentre un remedio a su enfermedad. Después de muchas dudas, David es adoptado por la pareja. Cuando la madre activa el dispositivo afectivo del androide, éste se integra perfectamente en la familia.

El pequeño robot llega a desarollar por Mónica un auténtico amor filial. Una actitud radical que, como afirman muchos filósofos, no puede soportar la desaparición del ser querido. El amor es la causa del ser, ya que no puede concebir un cosmos en el que no exista el ser amado:

David: ¿Mami, te vas a morir?
Mónica: Bueno, algún día sí me moriré.
David: ¿Me quedaré solo?
Mónica: Eso no debe preocuparte.
David: ¿Cuánto vivirás?
Mónica: Una eternidad. Unos cincuenta años.
David: Te quiero mami. No quiero que te mueras nunca.

Misteriosamente, Martin sale del coma y comienza a tratar a David como un simple juguete. La situación se vuelve insostenible, y el hijo cibernético tiene que ser abandonado por su madre adoptiva en un bosque, con la única compañía de Teddy, un osito de peluche capaz de pensar y moverse.

A partir de entonces, el guía de David y Teddy será Gigolo Joe (Jude Law), un *meca* del amor cuya función es procurar placer sexual a mujeres que no quieren problemas biológicos ni compromisos morales. Este planteamiento hedonista ha motivado la elaboración de robots de ambos sexos, que habitan en terribles ciudades de neón, como Rouge City. A ella llegan David y Gigolo Joe después de escapar de la destrucción en la Feria de la Carne, donde *mecas* mutilados y abandonados por sus dueños son destruidos ante una caterva de *orgas* ávidos de placer y hartos de tanta máquina. Después de estas terribles experiencias, David ha madurado lo suficiente como para enfrentarse a la verdad sobre su origen y su destino. Inicia así una búsqueda desesperada del Hada Azul para que, como a Pinocho, le convierta en un niño *real*.

b) *Los* Nexus 6 *coleccionan fotografías*

También Ridley Scott realizó en 1981 un filme sobre la búsqueda de la identidad por parte de unos seres artificiales. Se trata de *Blade Runner*, cuyo guión está inspirado en la novela de Philip K. Dick *¿Sueñan los androides con ovejas eléctricas?* Corre el año 2019 y a la ciudad de Los Ángeles han llegado seis replicantes modelo *Nexus 6*. Se trata de androides con aspecto humano creados por la *Tyrell Corporation* para realizar trabajos duros y arriesgados en las colonias del espacio. Su vida está limitada a cuatro años, pero ellos quieren prolongar su existencia, para lo cual buscan a su creador. Rick Deckard (Harrison Ford), un agente especial de policía (*blade runner*) será el encargado de eliminarlos, pues se trata de individuos ilegales y peligrosos.

Sin embargo, estos replicantes poseen una gran clarividencia intelectual —sobre todo su cabecilla Roy Batty (Rutger Hauer)— y unos delicados sentimientos —como la afectiva Rachael (Sean Young)—. Su carácter violento proviene de la manipulación a la que han sido sometidos. Se les intenta dar apariencia humana pero se les niega la verdadera humanidad, pues resulta imposible crear una persona por medios artificiales. Esta es la causa de su rebelión. Los habitantes de la Tierra han provocado esta situación al haber destrozado su entorno[1]. Han creado un mundo inhumano y violento, como consecuencia de su voluntad de mero dominio tecnológico. Esa sociedad científico-técnica del futuro está sometida al miedo —«¿es toda una experiencia vivir con miedo, verdad? Eso es lo que significa ser esclavo», afirma Roy—. Y el miedo da lugar al odio y a la ira.

Sólo un replicante como Roy —lo mismo ocurre en *Terminator 2*— sabrá apreciar el valor de la vida. El amor a la vida le llevará incluso a perdonar a su perseguidor. La admiración ante esta actitud la expresa la voz en *off* de Rick Deckard mientras contempla la muerte del replicante: «No sé por qué me salvó la vida. Quizá en esos últimos momentos amaba la vida más de lo que la había amado nunca. No sólo su vida. La vida de todos. ¡Mi

---

[1] Cfr. J. BALLÓ y X. PÉREZ: *La semilla inmortal. Los argumentos universales en el cine*, o.c., pp. 285-286; SESÉ, J.M.: *El cine en 111 películas*, o.c., pp.54ss.; GÓMEZ PÉREZ, R.: *La cultura a través del cine*. Ediciones el Drac, Madrid 1996, pp. 62-63.

vida! Todo lo que él quería eran las mismas respuestas que todos buscamos. ¿De dónde vengo? ¿A dónde voy? ¿Cuánto tiempo me queda?»

Antes estas preguntas, Deckard enmudece. Él es un típico representante del nihilismo que —como la lluvia que no cesa durante todo el filme— ahoga ese mundo hipertécnico, sin humanidad.

En ambas producciones se nos muestra indirectamete que la persona es un ser relacional, fruto de un acto de *amor* y no del mero *dominio* científico-técnico. Por eso David en *A.I.* anhela convertirse en un ser real para hacerse digno del amor de su madre adoptiva. Por el mismo motivo, los androides de *Blade Runner* buscan recuerdos, coleccionan fotos de un pasado que no existe para ellos, y al ser preguntados por su madre reaccionan con violencia. Se trata de burdas copias del ser humano que reconocen su deficiencia y pagan a su creador con la misma moneda. Roy visita a Tyrell en su majestuosa vivienda —como si de un dios se tratara— y le mata, aplastándole los ojos y el cerebro, al no aceptar su petición de una vida más larga:

> **Tyrell:** Me sorprende que no hayas venido antes.
> **Roy:** No es cosa fácil conocer a tu creador.
> **Tyrell:** ¿Y qué puedo hacer yo por ti?
> **Roy:** ¿Puede el creador reparar lo que ha hecho?
> **Tyrell:** ¿Te gustaría ser modificado?
> **Roy:** Pensaba en algo más radical.
> **Tyrell:** ¿Qué es lo que te preocupa?
> **Roy:** La muerte.
> **Tyrell:** ¿La muerte? Me temo que eso está fuera de mi jurisdicción.
> **Roy:** ¡Quiero vivir más, padre!
> **Tyrell:** La vida es así. Hacer una alteración en el desarrollo de un sistema orgánico de vida es fatal. Un programa codifi-

cado no puede ser revisado una vez establecido... Tu fuiste formado lo más perfectamente posible.

Roy: Pero no para durar.

Tyrell: La luz que brilla con el doble de intensidad dura la mitad de tiempo. Y tú has brillado con muchísima intensidad, Roy. ¡Mírate! Eres el hijo pródigo. Eres todo un premio.

Roy: He hecho cosas malas.

Tyrell: Y también cosas extraordinarias, goza de tu tiempo.

Roy: No haré nada por lo que el dios de la biomecánica me impida la entrada en su cielo.

La naturaleza manipulada se venga contra ese dominador humano que asume —como en *Un mundo feliz* y en *Parque Jurásico*— el papel de una divinidad. Pero se trata de una deidad impotente, finita, incapaz de conferir carácter personal a una máquina.

Las consecuencias de este juego prometeico también se advierten en *A.I.* El amor ha logrado que David se considere único e irrepetible. Pero durante una visita al profesor Hobby descubre que es un mero prototipo, un simple ejemplar de muchos más robots que se realizarán en el futuro. Este reconocimiento dramático o anagnórisis le lleva al suicidio.

De todos modos, una vez que hemos terminado de contemplar estos fascinantes filmes todavía nos preguntamos: ¿sueñan los androides con ovejas eléctricas? ¿Puede amar una máquina?

La inteligencia artificial

Es algo esencial en el hombre convertir la realidad material que le rodea en posibilidades para su vida. De este modo la técnica entra a formar parte de su existencia.

En cierta manera, la autorrealización de la persona humana requiere, como condición de posibilidad, la utilización de los recursos naturales. Dicho proceso le ha llevado incluso a utilizar los mecanismos lógicos de su inteligencia como fuente de posibilidades de vida. Es lo que desde 1956, por obra de Mac Carthy, viene llamándose inteligencia artificial[2]. Aunque ya desde la II Guerra Mundial se estudiaba la posibilidad de crear artefactos que imitaran los mecanismos del cerebro. Con ellos se intentaba controlar automáticamente las armas de defensa antiaérea. Esto se lograría mediante un sistema que partiendo de la información del radar pudiera orientar el cañón hacia el objetivo. El gobierno USA encargó a Norbert Wiener, profesor del MIT, esta misión.

Posteriormente se ha denominado inteligencia artificial a la capacidad operacional de los cerebros electrónicos: máquinas capaces de realizar automáticamente conjuntos de operaciones aritméticas y lógicas, que están provocando un gran avance científico y sobre todo técnico. Este avance ha permitido realizar empresas que hasta hace poco tiempo parecían utópicas: control de satélites, comunicación con naves espaciales tripuladas, archivos de datos con un material abundantísimo que puede ser suministrado a los puntos más distantes de la tierra a gran velocidad, robots capaces de desarrollar tareas muy complejas... Por otra parte, la velocidad operativa de los computadores es muy alta, pudiendo llegar a cien millones de inferencias lógicas por segundo, que a su vez puede ser superada por los ordenadores ópticos en los que en lugar de corriente eléctrica se emplea para la tras-

---

[2] Cfr. GONZALO, L.M.: *Inteligencia humana e inteligencia artificial.* Madrid 1987.

misión de señales rayos láser, alcanzando velocidades mil veces superiores a las del ordenador electrónico, es decir, alrededor de un trillón de operaciones por segundo.

Algo similar ocurre con las memorias, capaces de almacenar grandes cantidades de datos y a su vez dotadas con «códigos correctores de errores» que permiten trabajar a la memoria de forma correcta y durante mucho tiempo, aunque se produzcan cientos de errores.

Con los sistemas expertos se mejora la eficacia del ordenador, facilitando su trabajo al introducir conjuntos de teoremas y reglas ya descubiertas. Gracias a estos sistemas la máquina está dotada de una «memoria» operativa, algo así como una experiencia del ordenador, lo que le permite no partir de cero en sus funciones. Las aplicaciones de estos sistemas son muy variadas: elaboración de diagnósticos médicos, etc.

Un avance cualitativo en la I.A. se está produciendo con las llamadas redes neuronales. Estas redes constan de una serie de neuronas electrónicas capaces de funcionar como las del cerebro humano. El funcionamiento del cerebro humano se convierte así en el paradigma para construir ordenadores. Las redes neuronales se parecen más al ser humano que las máquinas lógicas. Una red neuronal, por ejemplo, es capaz de ver grupos de letras y producir sonidos. Sin proceso de aprendizaje, emite sonidos inarticulados. En la medida que se va configurando según los aciertos obtenidos, pasa paulatinamente a balbucir. Con un suficiente entrenamiento puede llegar a leer como una persona. Las redes neuronales no se programan, aprenden mediante el esquema de ensayo-error.

En un ordenador de arquitectura lineal o una máquina lógica, un fallo en un elemento rompe la cadena del programa. En una red, en cambio, se pueden dar una cierta cantidad de errores sin que deje de funcionar de manera útil.

Las redes neuronales pueden funcionar con información incompleta por lo que son capaces de reconocer algo a partir de ciertos elementos limitados que resulten característicos, como una parte de una figura. Por esto tienen éxito en predicciones meteorológicas o en la identificación de imágenes o rostros.

En estas redes, la información no está almacenada en ningún lugar determinado, sino en la totalidad de la red. Es la variable configuración de las interconexiones la que almacena información. Tampoco hay datos ni instrucciones de programa, sino una trama con una determinada configuración lograda mediante el aprendizaje.

De todos modos, también tienen sus limitaciones: el tiempo de aprendizaje es prolongado. Hay que suministrarles un número suficiente de ejemplos. No son útiles en la resolución de problemas que precisen gran exactitud y para saber si una determinada solución es correcta hay que aplicarla. Podría decirse que son más bien *intuitivas* que lógicas, cosa que no lo ocurre a un sistema experto.

a) ¿Puede pensar un ordenador?

Ante este panorama, algunos científicos han afirmado que en el futuro se podrá construir un robot que a semejanza del hombre, tras un proceso de aprendizaje del lenguaje y de captación del mundo exterior por medio de órganos periféricos, se adentraría posteriormente en el ámbito del pensamiento. Es decir, ciertos científicos relacionados con la cibernética tienden a equiparar inteligencia humana e inteligencia artificial, en las que sólo ven una diferencia cuantitativa.

Pero ¿la inteligencia humana y la artificial son semejantes, o la inteligencia artificial simplemente copia algunos mecanismos operacionales de la humana? A primera vista parece haber semejanzas operacionales entre el cerebro y el ordenador. Tanto el uno como el otro:

a) reciben información del exterior o del interior de ellos mismos.
b) procesan esa información.
c) la almacenan, y
d) responden en relación con los datos e información de su memoria.

En cambio, es obvio que en la actualidad las diferencias entre los ordenadores y el pensamiento humano son grandes, pero ¿se salvarán en el futuro? El *test* o *máquina de Turing* intenta dar una respuesta a esta cuestión. Este pionero de la informática afirmaba que se podría crear un programa tan perfecto que sería imposible descubrir, al utilizarlo, si estamos dialogando con una máquina o una persona. En un artículo publicado en 1950[3], Alan Turing planteó un criterio para dilucidar si una máquina puede llegar a pensar. El test consiste en poner una persona y un ordenador en dos habitaciones separadas. Se puede comunicar con ellos mediante un teletipo. Si mediante una serie de preguntas y problemas no somos capaces de distinguir en qué habitación está el ordenador y en cuál la persona, es que el ordenador es capaz de pensar. La opinión de Turing era que las máquinas superarían el test y se las podría considerar inteligentes. Para él, como buen lógico, pensar consiste en realizar operaciones manejando símbolos de manera correcta.

---

[3] TURING, A. M.: *Computing machinery and intelligence*, en *Mind*, 59 (1950) pp. 433-460. Citado por ANDERSON, A. R.: *Controversia sobre mentes y máquinas*, Tusquets, Barcelona, 1984, pp. 11-50.

b) Un simulador de procesos lógicos

Partiendo de esta idea algunos autores llegan a afirmar que en ese caso el ordenador *sería de suyo* inteligente. Pero parece poco probable que ese programa captara el humor, las frases de doble sentido o las metáforas: en definitiva, lo no literal o lo que se mueve en varios planos o niveles semánticos. Y aunque lograra hacerlo, después de todo lo dicho habría que concluir más bien que ese ordenador *simula* procesos lógicos, es decir, no es consciente de ellos y por tanto no *es en realidad* inteligente. Y es que la mente no es un elemento físico más dentro de un sistema artificial.

A lo largo del capítulo se intentará mostrar que la diferencia entre las operaciones de un ordenador y la inteligencia humana son esenciales, y no sólo de grado. El pensamiento no se reduce al procesamiento de información y a la manipulación de símbolos. Cualquier novela o enciclopedia, o un avión espía contienen información procesada y símbolos (letras, palabras, gráficos, instrumentos) y no por ello les atribuimos inteligencia. Más bien son la plasmación de procesos inteligentes elaborados por el hombre. Una máquina —repetimos— es un artefacto diseñado para *simular* procesos inteligentes, pero no *es* en realidad inteligente.

Además, también hay grandes diferencias entre las redes neuronales biológicas del hombre o de los animales y las redes artificiales. Las neuronas son algo vivo, no sólo tienen unas conexiones determinadas, sino que pueden eliminar unas conexiones y crear otras nuevas. En las fases iniciales del desarrollo cerebral cada neurona establece conexiones en otras áreas del sistema nervioso, a veces muy distantes entre sí. Con el aprendizaje las conexiones se modifican rápidamente y muchas neuronas mueren, quedando sólo determinadas configuraciones en las redes del cerebro. En este órgano sucede que —usando una comparación informática— el s*oftware* modifica al *hardware*. Actualmente resulta casi imposible realizar sistemas informáticos en los que se dé esa relación entre *hardware* y *software*. Resulta muy difícil imitar la plasticidad del cerebro humano.

Organismo y máquina

Para que una máquina pudiera sentir y pensar, tendría que ser en primer lugar orgánica. Y una primera consideración del ordenador nos revela que no es un organismo, no tiene unidad real en sentido metafísico. Se podría decir que no es una cosa, sino un conjunto de piezas con unidad extrínseca o artificial.

El ordenador consta de una serie de partes: memoria, unidad central de proceso, unidad de control, periféricos, etc., que aunque actúan unas en función de las otras —tienen una unidad funcional— en cuanto a su realidad no dependen unas de otras, como vemos que sí ocurre en un organismo. Si extraemos una de las partes no por eso se estropea dicha pieza, y además unas partes pueden funcionar mientras otras no lo hacen. Esto es así porque no están en relación *exigitiva* cada una de ellas con respecto a las otras. La relación de cada uno de los elementos del ordenador con los restantes no los constituyen en tales realidades: «este» chip, «esta» unidad de control o «esta» memoria no se constituyen en cuanto tales por ser chip, unidad de control, memoria de «este» ordenador, sino que su realidad es previa al sistema. En un objeto artificial primero son las *partes* y luego el *todo*.

No sucede lo mismo en un organismo. Las notas, propiedades o partes de un ser vivo no tienen anterioridad temporal respecto de las demás, sino que se constituyen con las otras simultáneamente. Los diferentes órganos del cuerpo humano no existen con anterioridad al conjunto. No se *fabrican* primero los ojos, oídos, estómago..., y luego se unen, como vemos que se hace en *Blade Runner*. Más bien hay un todo (el embrión) que empieza a desgajar cada parte, cada sistema (nervioso, digestivo, muscular, etc.). En un ser vivo primero es el *todo* y luego las *partes*.

Esto es muy importante para el tema que nos ocupa, como más tarde se podrá ver. Por el momento interesa señalar que, una vez situados en esta perspectiva, resulta patente la imposibilidad física de un organismo producido técnicamente. Tendría que ser factible realizar simultáneamente la unidad de las partes del ordenador, androide o replicante y la realidad de las mismas. Dichas partes no podrían ser anteriores al conjunto, sino que se tendrían que constituir a la vez que él. Pero toda fabricación o elaboración artificial obtiene las partes del cuerpo antes de la existencia del mismo cuerpo. Otra cosa es fabricar un prototipo que *simule* funciones vitales. En ese caso estaríamos hablando de algo distinto a una persona y que sería posible realizar en el futuro. Tal posibilidad se nos muestra en el filme *Inteligencia artificial*.

Cosas-reales y cosas-sentido

En vista de lo anterior se puede decir que un ordenador no es una *cosa-real*. Aquí empleamos la terminología zubiriana: una *cosa-real* es para Zubiri aquella que actúa sobre las demás cosas o sobre sí misma en virtud de las notas o características que posee *de suyo*. Por ejemplo una mesa actúa sobre las demás cosas por su figura, su peso o su color, pero no actúa como mesa sobre las demás cosas. «La mesa es mesa tan sólo en cuanto la cosa real así llamada forma parte de la vida humana. Las cosas como momentos o partes de mi vida son lo que yo he llamado 'cosa-sentido'»[4], pues son posibilidades de vida humana. En el caso de la mesa sirve para comer o escribir. Las cosas adquieren sentido al integrarse en la trama de nuestra vida. Si no hubiera personas una silla sería un trozo de madera sin más.

Esto puede ser aplicado a la inteligencia artificial. En virtud de sus notas o propiedades, el ordenador es pesado, eléctrico, luminoso, metálico..., pero no inteligente. En efecto, los materiales que componen el ordenador no son capaces por sí mismos de operar inteligentemente. Si lo hacen es porque el hombre les ha dado una configuración en virtud de la cual pueden operar si se les comunica una estructura lógica de actuación: el programa. Por tanto, el principio en virtud del cual operan lógicamente los sistemas informáticos está *fuera* del ordenador. Es decir, esas notas del ordenador (chips, memoria, unidad de control, etc.) no son *de suyo* capaces de operar inteligentemente, no tienen *en propiedad* esa capacidad, y no sólo porque haya que suministrarles energía desde fuera. Ello es así porque lo inteligente en el ordenador es algo meramente *ideal*, es el *sentido* que el hombre ha dado a esas notas o piezas para que sean posibilidad de procesos inteligentes: diagnóstico de enfermedades, corrección de textos, cálculos mercantiles, etc.

Queda patente, pues, que la inteligencia artificial no es una *cosa-real* sino una *cosa-sentido*. La máquina no es

---

[4] *Inteligencia y realidad*, o.c., p. 59.

en propio inteligente, sino que ha sido configurada así por el hombre. Por tanto 'inteligencia artificial' es un concepto que no responde a una *esencia-real*; eso sí, este concepto es posible porque hay unas notas reales que lo permiten: electricidad, rayos láser, chips... Pero si por la inteligencia «estamos instalados modestamente pero irrefragablemente en la realidad»[5], un ordenador no puede inteligir en modo alguno al no ser algo *de suyo* inteligente, sino una *cosa-sentido*. Consideramos como algo *pensante* a la máquina al integrarla en nuestra vida diaria. Además, el ordenador no está instalado en la realidad, pues de suyo no es real, su unidad es artificial. Lo que tiene de real son sus piezas físicas, no sus procesos lógicos. Estos procesos sólo tienen sentido para el hombre, la máquina no es *consciente* de ellos, los efectúa de un modo mecánico. En definitiva, un sistema cibernético ejecuta procesos que sólo son inteligentes por referencia al ser humano.

El hombre: animal de realidades

Dejando ya de lado, aunque no completamente, la estructura física del ordenador, podemos fijarnos en las diferencias cognoscitivas entre los vivientes —especialmente el hombre— y la máquina.

El viviente está instalado en las cosas, éstas modifican su estado vital y provocan una respuesta, adquiriendo así el animal un nuevo estado. Con este comportamiento expresa que es en *sí mismo* una actividad que va dirigida hacia sí mismo, es una actividad de autoposesión. Así pues, el animal está en cierto modo frente a lo demás ya

---

[5] Ibíd, p.15.

que al captar algo por los sentidos: un color, una temperatura, una figura, etc., capta un contenido. Pero a su vez este contenido tiene un modo de quedar en la sensibilidad y este modo es de *alteridad*. Es decir, se hace presente como *otro* en tanto que otro, como autónomo respecto del sentiente —el perro reconoce la voz de su amo, por ejemplo— aunque sólo de un modo signitivo, como signo de respuesta, agotándose siempre en responder a un estímulo (acercándose, ladrando, etc.).

Sentir no se reduce a recibir unos datos (luz, sonidos o sabores), sino a ponerlos en referencia al propio ser que siente: no sólo veo algo azul, sino que también siento que estoy viendo esa cosa azul. Pero la máquina no es *un* ser, son *varios*. La máquina puede captar datos, pero no sentir. Si pudiera expresarse, la máquina no diría: «veo algo rojo», sino: «hay algo rojo, se ve algo rojo.»

a) Una habitación china

El ordenador, por tanto, no es consciente de sus procesos. Lo ejemplifica John Searle con lo que llama la habitación china:

«Tomemos un idioma que no comprendamos; en mi caso tal idioma puede ser el chino(...). Supongamos ahora que me instalan en una habitación que contiene cestas repletas de símbolos chinos. Supongamos también que me proporcionan un libro de instrucciones en español, con reglas que estipulan cómo han de emparejarse unos símbolos chinos con otros. Las reglas permiten reconocer los símbolos puramente por su forma y no requieren que yo comprenda ninguno de ellos (...).

«Imaginemos que personas situadas fuera de la habitación y que sí comprenden el chino me van entregando pequeños grupos de símbolos, y que, en respuesta, yo manipulo los símbolos de acuerdo con las reglas del libro y les entrego pequeños grupos de símbolos. Ahora, el libro es el 'programa informático'; las personas que lo escribieron son 'los programadores' y yo soy 'el ordenador'. Los cestos llenos de símbolos constituyen la 'base de datos', los pequeños grupos que me son entregados son 'preguntas' y los grupos que yo entrego, las 'respuestas'.

«Supongamos ahora que el libro de instrucciones esté escrito de modo tal que mis 'respuestas' a las 'preguntas' resulten indistinguibles de las de un chino nativo. Por ejemplo, la gente del exterior podría entregarme ciertos símbolos, desconocidos por mí, que significan: '¿Cuál es tu color favorito?', y que tras consultar las instrucciones del libro yo devuelvo símbolos, desconocidos por mí, que significan: 'Mi favorito es el azul, pero también me gusta mucho el verde'.

«Lo dicho para el chino vale igual para otras formas de cognición. La mera manipulación de símbolos no basta, por sí misma, para garantizar cognición, percepción, comprensión, pensamiento, y así sucesivamente»[6].

Así funciona un ordenador. Realiza operaciones que *desde fuera* simulan inteligencia, pero él no es consciente, ni por tanto comprende dichos procesos. No puede hablarse de conciencia sólo por el hecho de que un sistema informático tenga datos acerca de sí mismo. Es necesario rechazar «un punto de vista sobre la consciencia que se oye exponer a menudo, a saber: que un sistema tendrá 'consciencia' de una cosa si tiene dentro de sí un modelo de esa cosa, y que se hace '*auto*-consciente' cuando tiene dentro de sí un modelo de *sí mismo*. Pero un programa de

---

[6] SEARLE, J. R.: *¿Es la mente un programa informático?*, en Investigación y Ciencia, Marzo 1990, pp. 10-11. Del mismo autor: *Mentes, cerebros y ciencia*, Cátedra, Madrid, 1990.

ordenador que contenga dentro de sí (digamos como subrutina) alguna descripción de otro programa de ordenador no hace al primer programa consciente del segundo; ni ningún aspecto *auto*-referencial de un programa le hace *auto*-consciente. A pesar de las afirmaciones que parecen hacerse con frecuencia, los temas reales concernientes a la consciencia y autoconsciencia apenas se tocan, en mi opinión, en consideraciones de este tipo. Una video-cámara no es consciente de las escenas que está registrando; y tampoco una video-cámara que esté dirigida hacia un espejo posee autoconsciencia»[7].

Una cámara de vídeo o un ordenador pueden tener una imagen de sí mismos mejor de la que tiene una persona. Un sistema informático —con sensores internos y procedimientos de autodiagnóstico— puede tener una imagen general de sí mismo y de su estado actual mucho mejor del que nos proporciona nuestro sistema nervioso. Puedo desconocer como está mi estómago, pero un ordenador puede llegar a realizar un chequeo preciso sobre el estado de sus 'piezas'. Algo que ni un buen médico puede realizar sin un instrumental preciso. En definitiva, un ordenador puede tener muchos más datos sobre él mismo de los que una persona tiene sobre su cuerpo, pero no por ello tiene conciencia.

Tener conciencia no es lo mismo que disponer de datos sobre uno mismo. La conciencia presupone una unidad subjetiva, una *mismidad* e *identidad* o un *yo*. Por eso se puede tener conciencia con muy poca información sobre uno mismo, o incluso con información errónea.

---

[7] PENROSE, R.: *La nueva mente del emperador*, Mondadori, Madrid, 1991, p. 508 ss.

b) Mismidad, circuitos y amor

El ordenador al carecer de unidad real y de *intimidad* no puede presentarse lo otro en tanto que otro. Sentir consiste, como se dijo antes, en que algo se nos presente con un carácter de alteridad, como *otro* que nosotros («veo algo azul»). Pero *alteridad* se contrapone y hace referencia a la *mismidad*, al yo: para ver u oír tengo que captar algo distinto de mí y a su vez relacionado conmigo (*estoy* escuchando la *Novena sinfonía* de Beethoven). Pero el ordenador no puede realizar esta operación al no poseer un *sí mismo*. No tiene sentido hablar de la identidad del ordenador, pues no se trata de un ser unitario, sino de un conglomerado de elementos.

Y no sólo le resulta imposible conocer porque carezca de unidad real, sino porque el conocimiento implica distanciamiento, lo cual acontece de modo pleno, en el orden de los vivientes, únicamente en el hombre. El estímulo sensible está totalmente despegado en el hombre, es decir, ya no es mero signo de respuesta: el calor calienta y por tanto huyo o me acerco a él. Por el contrario en la aprehensión intelectiva aprehendemos algo real: el calor es caliente, es *de suyo* caliente, no es sólo un signo de respuesta. Para la persona el calor no es sólo un estímulo sensible, sino una realidad que se puede conocer, dominar, representar, etc. Estamos ante una diferencia no gradual sino esencial respecto al animal. Dice Zubiri[8] que la imaginable complicación de estímulos jamás daría el menor atisbo de aprehensión intelectiva, de ahí que la *psique* humana, como se mostró en el capítulo anterior, sea irreductible a lo orgánico.

El ser humano se puede definir como un animal de realidades, ya que es en cierto modo todas las cosas de-

---

[8] *Inteligencia y realidad*, pp. 77, 97.

bido a su *psique* —como dicen Aristóteles y Zubiri—. La inteligencia y la voluntad humanas pueden llegar a conocerlo y quererlo todo (incluso a un androide), o por lo menos tienen esa capacidad. Gracias a esta apertura, la persona puede sentirse relativamente desligada y libre frente a todo lo que le rodea. Al mismo tiempo se percibe como algo más que una cosa o una parte del mundo: como una realidad relativamente absoluta.

Si el hombre puede sentirse desorientado en su vida es porque se encuentra instalado en lo real y porque se *juega* su propio ser, según la actitud que tome ante la misma realidad. La persona humana debe tomar una postura respecto de sí misma. Su existencia consiste en elegir, pero elegir es, en el fondo, elegirse. De ahí la angustia que brota ante las decisiones fundamentales: el propio *yo* está en juego. Se trata de un problema totalmente ajeno a la seguridad y estabilidad de un androide.

Uno de los aciertos de *Inteligencia artificial* consiste en decir que el amor es lo que realmente nos humaniza. Un amor, dice el profesor Hobby, irreductible al mero sentimiento o a la sensualidad. Se trata más bien de la *autodonación* de una persona a otra. Eso es lo que nos enternece del pequeño David: su entrega desinteresada. Pero lo mismo que dijimos sobre el conocimiento de las máquinas se puede aplicar al tema del amor. Un androide no puede amar pues carece de unidad, no tiene un *yo* o *intimidad* que pueda entregar a nadie. No puede autodonarse porque no tiene un sí mismo, es un conjunto de piezas, todo lo perfectamente ensambladas que se quiera, pero sin verdadera unidad: «Parece real, pero no lo es», se dice en el filme. David sólo puede ser un niño verdadero en aquel lugar dónde nacen los sueños: nuestra imaginación creadora.

5. ¿Es posible la verdad?
Expresividad de las imágenes y manipulación
Matrix y *JFK*

> «Recuerde que, básicamente, a la gente
> le chifla la verdad» (*JFK: Caso abierto*)

Matrix fue una de las películas más taquilleras de 1999. El éxito de este filme radica en unos excelentes efectos especiales y un guión que ofrece al público un atractivo tema de reflexión: el interés vital de toda persona por el misterio de lo real.

Larry y Andy Wachowski —directores y guionistas— plasman una *Weltanschaaung*, es decir, una interpretación global de la realidad, con una estética de vídeo-juego expresada en las múltiples secuencias que recrean un mundo cibernético con estilo de cómic. Se trata de una excelente película de ciencia-ficción, donde la estructura del relato reproduce el esquema clásico de la forja del héroe.

Neo es el alias de *hacker* de Thomas Anderson, programador de una empresa informática que compagina su trabajo con sus actividades de pirata cibernético. Otro *hacker* mítico, Morfeo, le ofrece la posibilidad de conocer qué es Matrix. Pero antes de aceptar, deberá elegir entre permanecer en la ignorancia o, por el contrario, conocer la verdad con todas sus consecuencias.

Morfeo: Bienvenido, Neo. Como ya habrás imaginado, yo soy Morfeo.
Neo: Es un honor conocerte.
Morfeo: No. El honor es mío. Por favor pasa. Siéntate. Supongo que ahora te sentirás un poco como Alicia... cayendo por la madriguera del conejo.
Neo: Se podría decir que sí.
Morfeo: Puedo verlo en tus ojos. Tienes la mirada de un hombre que acepta lo que ve porque espera despertarse. Irónicamente, no dista mucho de la realidad. (...)
Neo: No me gusta la idea de no ser yo el que controle mi vida.
Morfeo: Sé exactamente a lo que te refieres. Te explicaré por qué estás aquí. Estás porque sabes algo. Aunque lo que sabes no lo puedes explicar. Pero lo percibes. Ha sido así durante toda tu vida. Algo no funciona en el mundo. No sabes lo que es, pero ahí está. Como una astilla clavada en tu mente y te está enloqueciendo. Esa sensación te ha traído hasta mí. ¿Sabes de lo que estoy hablando?
Neo: ¿De Matrix?
Morfeo: ¿Te gustaría saber lo que es? Matrix nos rodea. Está por todas partes, incluso ahora, en esta misma habitación.(...)Es el mundo que ha sido puesto ante tus ojos para ocultarte la verdad.
Neo: ¿Qué verdad?
Morfeo: Que eres un esclavo, Neo. Igual que los demás, naciste en cautiverio, naciste en una prisión que no puedes ni oler ni saborear ni tocar. Una prisión para tu mente. Por desgracia no se puede explicar lo que es Matrix. Has de verla con tus propios ojos. Esta es tu última oportunidad. Después, ya no podrás echarte atrás. Si tomas la pastilla azul, fin de la historia. Despertarás en tu cama y creerás lo que quieras creerte. Si tomas la roja, te quedas en el País de las Maravillas y yo te en-

señaré hasta dónde llega la madriguera de conejos. Recuerda, lo único que te ofrezco es la verdad. Nada más.

Neo elige la verdad y el descubrimiento de la auténtica realidad resulta traumático. Al aceptar esta nueva situación, conocerá por Morfeo que a finales del siglo XX el género humano estaba fascinado por el descubrimiento de la Inteligencia Artificial. Pero con el tiempo, las máquinas se rebelaron contra el hombre y se hicieron con el poder. Emplearon los cuerpos humanos como fuente de energía y crearon un mundo virtual —Matrix— para mantenerlos anclados a la *caverna*. Matrix estimula los cerebros humanos con señales eléctricas que representan en su interior un mundo virtual de imágenes y sensaciones, similar al mundo de fines del siglo XX. Sólo unos pocos seres humanos han podido escapar del dominio de las máquinas, entre ellos Morfeo y la tripulación del *Nabucodonosor*.

El tema ya aparece en *2001, una odisea del espacio, Blade Runner, Terminator, Alien* o en *El Show de Truman*. Pero ya fue tratado siglos atrás en *La República* de Platón, *El discurso del método* de Descartes y *La vida es sueño* de Calderón de la Barca.

Descartes, matemático y padre del racionalismo filosófico, se planteó en 1637 la posibilidad de que todas nuestras sensaciones fueran engañosas. Para ello elaboró la hipótesis del genio maligno. Este manipulador nos haría creer que es verdad incluso lo que percibimos con evidencia. Si los sueños nos parecen tan reales pudiera ser que todo fuera una gran alucinación, tal como pensó el príncipe Segismundo en el drama de Calderón. Tendríamos que dudar de todo.

Pero Descartes sabía que el alcance de la duda es limitado. Su razonamiento venía a ser: «Si dudo es porque pienso, y si pienso existo; y si soy limitado y tengo la idea de infinito, tiene que existir Dios». El filósofo francés se ingenió tres argumentos para demostrarlo. Una vez demostrado que Dios existe, es evidente que no se trata de un genio maligno, ni sería capaz de abandonarnos en las manos de un ente semejante. En el fondo, Descartes pone a Dios como garante de la veracidad de nuestro conocimiento, aunque por supuesto podamos cometer errores por la precipitación en los juicios.

Matrix o la huida de la caverna

Matrix es, en terminología filosófica, el mundo de los fenómenos sensibles, de las apariencias: «es una cárcel para la mente», «el mundo que ha sido puesto ante tus ojos para ocultarte la verdad», dice Morfeo. Es la caverna platónica, el sueño de la razón, el mayor ataque a ese «animal de realidades» que es el hombre.

¿Se puede salir de Matrix? ¿Se puede salir de la caverna al mundo real? ¿Podemos trascender nuestras impresiones sensibles? Esta cuestión nos adentra en el tema de la verdad. Como ya dijera Sócrates, los Wachowski afirman que la verdad es difícil —«quedé desfallecido de escudriñar la verdad», confesó el filósofo—. Descubrir si hay algo más allá del mundo sensible resulta arduo, pero no imposible. Cuando conocemos la realidad, la verdad nace en nosotros. La conquista de la verdad lleva tiempo y esfuerzo, exige vencer el escepticismo y el relativismo para no caminar a oscuras ni tomar lo que no es por lo que es.

Platón narra en el libro séptimo de *La República* el mito de la caverna. Con esta imagen compara la situación del hombre con la de unos individuos encadenados desde su infancia en una gruta, y que sólo ven de la realidad exterior las sombras reflejadas en una pared. Estas sombras son lo verdaderamente real para ellos. Un día, uno de ellos es liberado y logra salir al exterior. La luz del sol casi le ciega, por lo que tiene que adaptarse poco a poco a su poderoso fulgor. Una vez descubierta la verdadera realidad, vuelve al interior para avisar a sus compañeros del engaño que sufren. Sus antiguos colegas le toman por loco y le matan. Las similitudes con el personaje de Neo en *Matrix* son patentes.

Tanto el mito como la película nos permiten advertir que la búsqueda de la verdad comienza con el deslumbramiento ante la maravilla de lo real:

a) Admiración y búsqueda

La primera escena que nos presenta a Neo en *Matrix* es una pantalla de ordenador con la palabra «searching». El protagonista del filme es un buscador nato que no se conforma con lo que perciben sus sentidos. Resulta obvio que no todos los objetos que se ofrecen a nuestra sensibilidad son iguales. Unos son más o menos luminosos que otros, aunque deslumbrarse ante ellos también depende de la actitud del sujeto para captarlos. No todo es igualmente evidente, hay realidades difícilmente accesibles, pues no estamos siempre en la mejor situación para contemplarlas o no tenemos capacidad para ello. Pero en cualquier caso hay que hacerse preguntas sobre lo que percibimos. Neo se admira de los misteriosos mensajes que aparecen en su ordenador hablándole de Matrix. Para iniciar el camino hacia la verdad hay que plantearse en primer lugar la pregunta por el ser de algo: «¿Qué es Matrix?» —pregunta Neo a Trinity.

b) El camino hacia la certeza

La capacidad del hombre para captar o aprehender lo real es progresiva. Si no está preparado se cegará. Entender es abrirse a lo real, dejar que la realidad se nos manifieste, capacitarnos para captarla. Morfeo tiene que ir mostrando progresivamente a Neo la realidad. Este itinerario consiste en un viaje interior que llevará al protagonista desde la incertidumbre a la certeza sobre su identidad y su misión.

Se puede afirmar, por tanto, que el convencimiento que un hombre posee sobre la verdad de sus conocimientos admite grados:

1º *duda*: Consiste en fluctuar entre la afirmación y la negación de una proposición.

2º *opinión*: la adhesión a una proposición sin excluir la posibilidad de que sea falsa. No todo es opinable, por eso decía Séneca que las opiniones hay que pesarlas, no contarlas. Resulta empobrecedor vivir bajo la tiranía de la opinión pública. Neo, Morfeo, Trinity y los demás son considerados enemigos públicos por ir contra el parecer de la mayoría. Se les considera locos o fanáticos por negar la opinión generalizada que afirma que el mundo de Matrix es real. La difamación a la que son sometidos está orquestada por las máquinas que no quieren perder el control sobre los humanos. Es la estrategia típica de todo manipulador.

3º *certeza*: se fundamenta en la evidencia, que es la presencia patente de lo real a nuestro conocimiento. La evidencia no es algo dado, sino logrado; por eso no se trata sólo de la certeza inmediata que nos ofrecen los sentidos, sino también de la mediata que nos obtiene el razonamiento, la investigación, el juego dialógico y creador con lo real y la creencia.

La fe también aporta certeza, y en ella se basan las relaciones interpersonales. Es razonable creer basándonos en la evidencia de la credibilidad del testigo. Sin fe no podríamos vivir ni conocer a las personas. No existiría el amor, ni la amistad. Gracias a la convicción de Morfeo, Neo descubre su identidad. Del mismo modo, la fe resucita a E.T. y hace que Peter Banning reconozca que es Peter Pan y recupere a su familia[1].

La fe permite apreciar la gran riqueza y misterio de lo real, que no se puede agotar con la mera razón objetiva o científica.

c) *Verdad e intersubjetividad*

El encuentro con la verdad, igual que el conocimiento de la propia identidad, es relacional, dialógico, intersubjetivo. Nuestra vida, entendida como narración, interfiere con otras narraciones. Nuestro drama sólo tiene sentido en relación con el de los demás. Por eso necesitamos de los otros, como se ha dicho en el apartado anterior, para conocernos y conocer la realidad. Así se advierte durante la visita al Oráculo en *Matrix*. Neo acude a ella para conocer la verdad. Y aunque el Oráculo posee un conocimiento superior, sus consejos no anulan la libertad del que los recibe. Son indicaciones reconocibles sólo por el interesado cuando llega el momento de actuar.

La compleja trama de relaciones en que consiste la vida humana pone a la persona en ocasión de conocer el sentido de su vida. Después de arriesgar su vida por salvar

---

[1] El tema de la fe en los filmes de Spielberg puede encontrarse analizado en la obra anteriormente citada de Sánchez-Escalonilla: *Steven Spielberg*, pp. 138-148, 236-247.

a Morfeo, Neo reconoce su verdadera identidad real gracias a la fe de Trinity: «el Oráculo me dijo que me enamoraría, y que el hombre al que yo amase sería el Elegido». Antes de esta manifestación, Thomas Anderson sabía que era Neo, pero no tenía certeza de su carácter de «Enviado».

La certeza es la experiencia de la evidencia: la realidad que se hace patente a nuestra mente cuando está preparada para captarla. El fundamento de la evidencia no es la plena claridad, aunque en la evidencia se dé esa plena claridad. La evidencia es una exigencia de la realidad. No se puede establecer, por tanto, un único canon de evidencia, sino que cada realidad tiene exigencias distintas y por tanto distintas modalidades de evidencia. Conocer a una persona, un valor moral, una obra de arte, un objeto físico, los entes matemáticos, etc., tienen exigencias distintas y por eso precisamente no puede confundirse la evidencia de un orden con la de otro, y llamar inevidente a todo lo que no entra en un modelo de evidencia previamente establecido.

¿Cómo puedo estar seguro de algo? La certeza implica superar la duda. Ésta sólo puede ser metódica, no tiene sentido dudar por dudar. Después de un desengaño solemos caer en el escepticismo: «yo ya no me fío de nada ni de nadie». En los momentos históricos de grandes cambios ideológicos y sociales —al perderse los puntos de referencia o tambalearse los fundamentos que hacen comprensible el mundo— suele cultivarse el escepticismo. En muchos casos no pasa de ser una mera pose o una postura *snob*. La fascinación que nos producen las ciencias experimentales y la aparente certeza que ofrecen los medios de comunicación, nos llevan a pensar que la única alternativa posible es: o tenemos plena certeza o ninguna certeza. El positivismo, el materialismo que promete eliminar todo misterio, el mito del eterno progreso, han creado en nosotros esta mentalidad. Pero obras como *La vida es sueño*, o *Matrix*, nos recuerdan que el hombre es capaz de verdades teóricas y prácticas. El compromiso en la lucha por la verdad permite saber quiénes somos y qué debemos hacer.

Relativismo y subjetivismo

No es fácil hablar de la verdad en nuestros días. En los periódicos, debates televisivos, *chats* o tertulias radiofónicas cualquiera puede defender su opinión con la condición de que no pretenda poseer la verdad. Se defiende la tolerancia, no como respeto a la persona independientemente de sus opiniones, sino como velada aceptación del relativismo: «todo vale y todo es verdad». Lo contrario podría tomarse como un acto de violencia, pues enfrentarse al relativismo se considera fundamentalismo o conservadurismo.

Pero decir que 'algo es verdad para ti', o 'que todos tenemos la verdad', viola una norma básica de nuestro pensamiento y de la realidad: el principio de no-contradicción. Si todas las opiniones son válidas resulta que una misma realidad sería verdadera y falsa a la vez, buena y mala, bella y fea. El hombre sería libre y no-libre; el asesino, culpable y no-culpable; el embrión, humano y no-humano, etc.

Es más sensato superar las opiniones subjetivas, como dice Antonio Machado:

> ¿Tu verdad? No, la Verdad,
> y ven conmigo a buscarla.
> La tuya, guárdatela.

Si todo es relativo, también el relativismo lo es. De igual modo que si todo es mentira, *es verdad* que todo es mentira. El escepticismo y el relativismo no tienen salida, son una jaula para locos. Si no se pudiera conocer la verdad, no tendríamos experiencia del error, de la no-verdad, y los habitantes de Matrix nunca se hubieran percatado del engaño. Está claro que las circunstancias históricas y sociales o la educación recibida pueden influirnos en nuestras opiniones y juicios. Pero esa cárcel de los prejuicios tiene una salida, como también la tienen la caverna platónica y el mundo virtual de Matrix.

Por tanto, se puede llegar a la verdad superando los fenómenos sensibles. Quedarse anclado en estas apariencias es la actitud de Cifra, que se deja llevar por su voluntad de placer y de poder. Cansado de la dureza de la batalla por liberar al mundo de la manipulación de Matrix, entrega a Morfeo a cambio de volver a ser reinsertado en Matrix. La escena que muestra esta decisión es muy significativa: Cifra sentado frente al agente Smith, admite que el jugoso filete que se va a comer es una mera apariencia virtual, pero lo prefiere a la insípida —aunque nutritiva— comida que les dan en su nave. Este judas considera que «la ignorancia es la felicidad», quiere retornar a la caverna después de haber visto la luz.

La verdad, por tanto, es el encuentro de nuestra mente con la realidad. La verdad, fundamentalmente, es la realidad. Hay que dejarse sorprender por lo real y no sojuzgarlo a nuestros limitados conceptos. La verdad puede ser conocida como tal por cualquiera que se acerque a ella o se deje poseer por ella. Es preciso sumergirse en el ámbito creado por el esplendor de lo verdadero. Tal inmersión es posible porque la realidad es inteligible, se puede entender aunque no dominar totalmente. Lo verdadero tiene cierta universalidad, puede ser conocido por todo el mundo con una serie de condiciones. En primer lugar reconocer la propia ignorancia: *sólo sé que no sé nada*. Después es necesario ejercer la observación, la capacidad de escuchar, la reflexión. Estas disposiciones intelectuales deben ir acompañadas de la superación de la actitud de mero dominio racionalista o técnico del entorno. En muchas ocasiones, el afán de poder o de placer dificultan el acceso a la verdadera realidad. Sólo se incorpora la verdad a la vida cuando el hombre la acepta libremente. Entrar en el ámbito de lo verdadero exige, como todo misterio, una actitud ética de respeto que enriquece a la persona.

Si la verdad es la realidad, no depende de la mayoría. Según Erich Fromm, el «hecho de que millones de personas compartan los mismos vicios no convierte esos vicios en virtudes; el hecho de que compartan muchos errores no convierte éstos en verdades; y el hecho de que millones de personas padezcan las mismas formas de patología mental no hace de estas personas gente equilibrada.»

De todos modos, también se dan verdades relativas, es decir, relacionales. La persona, como veremos, es un ser relacional y dialógico. En su vida se dan relaciones de filiación, de paternidad, de amistad, de amor, de índole laboral... y cada una de ellas tiene su propia verdad, por lo que nuestro comportamiento variará según la relación. No se puede confundir la relación de amistad con la laboral o la conyugal. Un amigo no es un empleado nuestro, y un novio o una buena amiga no son un cónyuge.

Que el hombre es un ser relacional quiere decir que sólo se constituye en relación a los demás: no hay *yo* sin un *tú*. Una persona sola, absolutamente aislada, sin ninguna relación es una realidad imposible. Pero este carácter personal no se identifica con el relativismo, que es un subjetivismo, es decir, una inversión de la verdad. Una postura que lleva a reducir la realidad a mi propio entendimiento, interés o gusto. Cifra se engaña adecuando a sus gustos la aparente realidad de Matrix, haciéndose creer que lo apetitoso y placentero que ve es real. Lo mismo hace el terrorista: disimula su horrenda masacre con la sofística afirmación de que actúa en nombre de Dios o de la nación. El miembro suicida de una secta cree que está haciendo un acto meritorio para llegar al más allá, cuando nadie es dueño absoluto de su propia realidad. También el defensor de la eutanasia cae en el subjetivismo cuando opina que el enfermo terminal ya no puede encontrar un sentido para su vida.

El subjetivismo, en la práctica, lleva a transformar las normas morales según el propio gusto, provocando la desaparición de todo punto de referencia y creando una situación de desconcierto moral y hasta psicológico. Actualmente, para salvar su 'autenticidad', muchos afirman no estar arrepentidos de nada. Pero algunos psiquiatras advierten que esta es la causa de muchas de las neurosis actuales. Quizás por eso, nuestra sociedad necesita, para su buena salud psíquica, de los *grandes sinvergüenzas*[2]: unos personajes 'inauténticos' que no cambiaban la realidad ni justificaban su conducta modificando a su gusto las normas éticas, más bien —nos recuerda Choza— asumían el error de sus debilidades. Como prototipo de estos personajes encontramos a Lope de Vega, Carlos V o Felipe II, quienes arreglaban sus problemas de conciencia con sus confesores. Frente a ellos el 'auténtico' (y colé-

---

[2] Cfr. CHOZA, J.: *Elogio de los grandes sinvergüenzas*, en *La supresión del pudor y otros ensayos*, EUNSA, Pamplona, 1980, pp. 77-82.

rico) Enrique VIII, hizo pasar la conciencia de sus súbditos por las sábanas de su cama. Modificó la moral para tranquilizar su conciencia, pero no tuvo reparo en eliminar, no sólo a varias de sus esposas, sino a muchos de sus más cualificados amigos, Tomás Moro entre ellos.

La sabiduría práctica

Existen verdades teóricas y verdades prácticas. Razonamientos teóricos y razonamientos prácticos. El primero sólo busca conocer por el mero placer de saber. El razonamiento práctico, en cambio, trata sobre las acciones humanas: «esta tarde leeré *El Señor de los Anillos*», «quiero ir a Roma», «voy a tomar una cerveza», etc. En el conocimiento práctico interviene la voluntad y por tanto me veo implicado en él. El yo se compromete en las acciones. Hacer la digestión no me compromete como persona; ser fiel a una promesa, sí. En el ámbito práctico, para entender lo que tenemos que hacer tenemos que serlo antes. Para comprender las nociones que se refieren a nuestro comportamiento se requiere una actitud ética. Una persona que no haya hecho nunca, o no quiera hacer, un acto de justicia, difícilmente entenderá esta virtud.

En toda acción práctica —afirman Yepes y Aranguren— hay una serie de elementos[3]:

a) *Fin*: La acción se inicia cuando las facultades humanas se orientan a una finalidad: estudiar Comu-

---

[3] Cfr. R. YEPES-J. ARANGUREN: *Fundamentos de Antropología*, o.c., pp. 104ss.

nicación Audiovisual, ir a Sevilla, leer una novela, buscar la felicidad, ser solidario, etc. El fin es lo que primero nos mueve, sin él no hay creatividad y aparece el aburrimiento, el tedio, el sinsentido, el vacío existencial. Los valores constituyen los criterios para elegir el fin: *utilidad, belleza, verdad, poder, dinero, familia, patria, tradición, sabiduría, destreza técnica*. No todos valen igual. Los valores que uno tiene dependen de lo que tome por verdad o bien para su vida. Un error en esto da lugar al vacío o al fracaso. Para elegir bien se requiere la verdad, no su apariencia.

Los valores son ámbitos de realidad que se plasman en símbolos: bandera, imagen religiosa, fotos de familia, colores de un equipo, etc. O en modelos de conducta: el héroe que persigue ideales con riesgo para salir de la mediocridad a cambio de acciones bellas y buenas; no se trata sólo de triunfadores sino, sobre todo, de luchadores. Los modelos de conducta tampoco se deben reducir a una mera reacción mimética, como la provocada por algunos ídolos publicitarios, sino a una decisión razonada y libre.

b) *La deliberación y la prudencia*: Cómo realizar la acción: con qué medios y en qué circunstancias tengo que alcanzar el fin. Para ello se necesita de consejo, asesoramiento, analizar la situación. El éxito en el comportamiento ético se logra con la *prudencia* o inteligencia práctica. En todos los relatos de forja de héroe aparece un mentor, un instructor experimentado, un sabio, que anima al protagonista al tiempo que le deja en plena libertad (Morfeo advierte a Neo: «Yo sólo puedo mostrarte la puerta. Tú tienes que atravesarla»).

La prudencia ayuda a deliberar con libertad. Si un individuo quiere ser periodista o director de cine con prestigio en el futuro, con buen expediente, y no adquiere una cultura artística y humanística, rompe este fin superior. Lo mismo ocurre si se va de viaje poco antes de los exámenes, o está de *movida* continua. Una persona madura decide por *convicción*, no sólo por *moda*. Seguir sólo los modelos que triunfan es convertirse en un miembro más de la masa social y abdicar de la propia libertad. Debe elegir uno mismo desde la *verdad del hombre*.

A veces hallamos la verdad sobre la vida humana en el ejemplo de un sabio, de un santo, o de un hombre o una mujer de acción, como se muestra en muchas historias cinematográficas: Tomás Moro, el doctor Sacks, C.S. Lewis, Juana de Arco, Anna Sullivan, la hermana Helen Prejean —protagonista de *Pena de Muerte*—, etc. Estos personajes se caracterizan por la búsqueda de la verdad y del bien por encima de intereses subjetivos o utilitarios. Su vida está basada en el amor a los demás y en el respeto de la dignidad humana.

c) *Elegir los medios*: Después de deliberar con prudencia y valentía se deciden los medios. Ante los peligros o esfuerzos que conlleva la aventura que se le presenta, el héroe protagonista atraviesa un período de indecisión[4]: así le ocurre a Neo, pero también a Luke Skywalker en *La guerra de las galaxias*, o a

---

[4] Cfr. SÁNCHEZ-ESCALONILLA, A.: *Estrategias de guión cinematográfico*, o.c., p. 95. Para un tratamiento más extenso del tema consúltese la obra del mismo autor *Guión de aventura y forja del héroe*, o.c., 2ª parte, capítulos 2 y 3.

Frodo en *El Señor de los Anillos*. Si esta indecisión se alarga demasiado el personaje se convierte en un anti-héroe trágico y deplorable como Hamlet.

d) *Realizar la acción*: Una vez decidida la forma de proceder se ejecuta el acto. Esto exige constancia, fortaleza moral, para llegar hasta el final. En el viaje del héroe o de la heroína aparecen peligros, enemigos, tentaciones que, al igual que las sirenas de Ulises, intentan apartar al 'elegido' de su misión. Los medios de comunicación, con una feroz campaña de calumnias, intentan disuadir a Jim Garrison en su lucha por desvelar la verdad sobre el caso del asesinato de John F. Kennedy.

e) *Análisis de los efectos*: Una vez realizada la acción observamos con frecuencia que no resulta como esperábamos. Hay una diferencia —grande o pequeña— entre nuestras expectativas y los resultados. Al final de *JFK*, Jim Garrison no ha conseguido desvelar todos los misterios ocultos en el asesinato de Kennedy. Esto nos debe llevar al realismo y no al desánimo, como le ocurre a Neil Perry ante los obstáculos a su vocación teatral. La actitud más positiva es la del que supera los golpes de la realidad y descubre en ésta la posibilidad de un juego creador basado en la entrega sacrificada a los otros. Es el caso de Guido Orefice en *La vida es bella*.

f) *Modificar la conducta*: En la vida humana se hace imprescindible la rectificación. Aprender de los errores y corregirse, aunque sea al final, como hace Matthew Poncelet en *Pena de muerte* o Jenny en *Forrest Gump*. Los dos reconocen —antes de morir por inyección letal o víctima del SIDA, respectivamente— cómo hubieran sido menos desgraciadas sus vidas de haber rectificado con antelación. También Jim Garrison reconoce ante su esposa que ha descuidado sus deberes familiares por culpa de su absorbente trabajo.

g) *Consecuencias imprevistas*: En toda decisión hay que tener en cuenta las consecuencias, los efectos secundarios. Toda acción tiene efectos imprevistos. Si son negativos hay que intentar evitarlos, en la medida que se pueda. En algunos casos será imposible. Ya hemos hablado de los efectos negativos en *Parque Jurásico*. También se podrían citar los efectos negativos de las pruebas nucleares en la increíble ficción de *Godzilla*, o los conflictos matrimoniales que crea la clonación, aunque planteados de un modo cómico y superficial, en *Mis dobles, mi mujer y yo*. Más dramáticos son los efectos provocados por una relación sexual irresponsable, basada en la mera voluntad de placer, sin entrega y sacrificio: es el caso de la protagonista de *Solas*, abandonada a su suerte por un hombre primario y brutal.

La lucha por la verdad: *JFK*

El encuentro con la verdad supone una experiencia, como la salida de la caverna o la huida de Matrix. La verdad exige esfuerzo, por eso se escapa al individuo superficial. No basta opinar de todo sin saber: es preciso salir de las sombras de la opinión y llegar a la luz de la verdad. Las discusiones no se deben realizar sin pensar o estudiar el asunto. En los debates de las universidades medievales se comenzaba definiendo el tema a discutir. De este modo todo el mundo sabía de qué se estaba hablando.

No se puede pretender explicar todo en un minuto. A veces la celeridad de los informativos televisivos sustituye la explicación de la noticia por el impacto visual, creando, al menos, una manipulación involuntaria de los hechos. Quedarse en la primera impresión o en el chismorreo lleva a relativizarlo todo. Si se vive de estímulos momentáneos y pasajeros todo acaba adquiriendo el mismo valor. George Steiner, premio Príncipe de Asturias de Comunicación y Humanidades 2001, advierte que la «presentación periodística genera una temporalidad de una instantaneidad igualadora. Todas las cosas tienen más o menos la misma importancia: todas son sólo diarias. En correspondencia con ello, el contenido, la posible importancia del material que comunica el periodismo se 'saldan' al día siguiente. La visión periodística saca punta a cada acontecimiento, cada configuración individual y social para producir el máximo impacto; pero lo hace de manera uniforme. La enormidad política y el circo, los saltos de la ciencia y los del atleta, el apocalipsis y la indigestión, reciben el mismo tratamiento. Paradójicamente, este tono único de urgencia gráfica resulta anestesiante. La belleza o el terror supremos son desmenuzados al final del día. Nos reponemos y, expectantes, aguardamos la edición de la mañana.»[5]

La verdad no se limita a la erudición ni a la acumulación de datos. Implica humildad, respeto por el ser. La realidad no se abre de modo inmediato y total a nuestra mente, exige un lento proceso de encuentro, de trato, de juego creador ante las posibilidades que nos ofrece la misma realidad. Por eso, para comprender un suceso o a

---

[5] *Presencias reales*. Ediciones Destino, Barcelona 1991, p. 41.

una persona hay que situarse en su horizonte intelectual. Si se quiere realizar una investigación periodística, una entrevista o un guión cinematográfico sobre un personaje histórico, el autor debe ponerse en la situación mental y en la época histórica de la persona estudiada. En caso contrario, no se la podrá juzgar y se ofrecerá una visión reduccionista de la misma.

Se ha dicho siempre que la ignorancia es atrevida y arrogante pues somete a un dominio férreo lo real, transformándolo en objeto dominable. Pero este conjuro sólo consigue que la realidad huya y que la verdad escape con su misterio. La búsqueda de la verdad es una aventura que se inicia, como el viaje del héroe, con la admiración y el deslumbramiento ante algo que ya conocíamos pero no habíamos reparado en ello. En medio de su vida ordinaria el héroe recibe la llamada a la aventura: en el ordenador de Neo, en la fiscalía de Jim Garrison, etc. Es como el amor, que surge del deslumbramiento ante una persona y lleva a crear un proyecto de vida en común con ella. Lo mismo acontece con la verdad, sin amor no se puede conocer, sólo nos quedaría el mero deseo de posesión o de placer.

Esta aventura de búsqueda de la verdad compromete la cabeza y el corazón, y la convierte en la actividad más libre que la mente puede realizar. Salir al encuentro de la verdad otorga sentido y plenitud a la vida humana.

La misma inquietud mueve la historia de Jim Garrison en *JFK: Caso abierto*. El polémico Oliver Stone ha traducido en imágenes el libro del fiscal de Nueva Orleans, *Tras la pista de los asesinos*, y otros textos sobre el magnicidio ocurrido en Texas el 22 de noviembre de 1963. El fiscal Garrison desconfía del «Informe Warren», que condenaba a Lee Harvey Oswald como único autor del asesinato del presidente Kennedy. Esta intuición le llevó a reabrir el caso e iniciar una investigación independiente del poder oficial.

Toda afirmación de Garrison está avalada por las imágenes de Oliver Stone, pese al peligro de manipulación que esto conlleva, gracias a un montaje dinámico y analítico[6]. Tampoco faltan en *JFK* referencias a filmes que denuncian la corrupción del poder, como *Caballero sin espada* de Capra, y continuas alabanzas a la figura del presidente fallecido.

Esta película puede mostrarse como paradigma de la lucha por la verdad, aunque sean discutibles algunas de las afirmaciones que se hacen en ella. La misma dedicatoria del filme es muy significativa: «*a los jóvenes en cuyos espíritus se abre camino la búsqueda de la verdad.*» En otro momento, ante un jurado popular, Jim Garrison afirma: «No hay valor más importante que la verdad».

La lucha por alcanzar la verdad y dejarse poseer por ella es ardua e incómoda a veces. Como los protagonistas de *Matrix* y *El caso Winslow*[7], Jim Garrison lucha contra las falsas opiniones dominantes y esto le ocasiona dificultades en su vida, incluidas las incomprensiones familia-

---

[6] La reconstrucción del atentado, de la época y de los diversos ambientes le valió el Oscar a la mejor fotografía y al mejor montaje. También otorga calidad al filme el hecho de que, junto a Kevin Costner y Sissy Spacek, intervengan veteranos actores, algunos ya desaparecidos, de la talla de Jack Lemmon, Walter Matthau y Donald Sutherland. Cfr. CAPARRÓS, J.M.: *Persona y sociedad en el cine de los 90*, o.c., pp. 230-231.

[7] *El caso Winslow*, fue dirigido por David Mamet a partir de un guión escrito por él mismo y basado en un relato de Terence Rattigan. Los papeles protagonistas corren a cargo de Nigel Hawthorne, Jeremy Northam y Rebecca Pidgeon. La acción se sitúa en la Inglaterra de 1912. El hijo de una modélica familia acomodada de Londres es expulsado de un Colegio donde se prepara el ingreso en la Royal Navy. El muchacho afirma ser inocente del delito que se le acusa. La familia luchará para esclarecer la verdad. Mamet nos brinda una historia muy rica y densa en conflictos éticos, presidida por el protagonismo de las relaciones familiares.

res. En una escena de gran dramatismo, en la que se intercalan el asesinato de Luther King, una llamada anónima a la hija del fiscal y una discusión conyugal, Liz Garrison amenaza con abandonar a su marido:

> **Liz:** Sólo quiero cuidar de los niños. Llevar una vida normal. ¡Quiero que mi vida sea como antes!
> **Jim:** ¡Yo también, maldita sea! También tengo derecho a vivir. Pero no puedo esconder la cabeza bajo tierra como un avestruz, Liz. No se trata de nuestro bienestar, ni de tener dos coches, un televisor y una cocina automatizada. Se trata de que nuestros hijos no crezcan en medio de un montón de mentiras.

Todas las renuncias son pocas a la hora de perseguir la verdad o de facilitar que nos deslumbre su resplandor. Se debe superar el mero objetivismo, la inmediatez sensible de un mundo aparente o las meras opiniones no razonadas. La actitud del *hombre-masa* impide el conocimiento de la verdad. Es necesario superar, como se afirma en otro momento en *JFK*, el miedo a lo verdadero y a todas sus consecuencias.

No debe desanimar en esta búsqueda que los logros obtenidos, como los de Garrison, sean limitados. Aunque la verdad que posee el ser humano es siempre parcial, es universal, válida para todos. Conocemos la realidad de un modo limitado, no absoluto, pero estamos modestamente instalados en lo real[8], como dice Zubiri. No somos propietarios de la verdad, sino que somos poseídos por ella si la buscamos con respeto y admiración.

En el origen de la Filosofía y de todo afán por saber se encuentra la admiración. El pistoletazo que da inicio a la investigación en *JFK: Caso abierto* es el asombro del fiscal Garrison ante la inconsistencia del informe de la Comi-

---

[8] Cfr. *Inteligencia y realidad*, o.c., p. 15.

sión Warren. No es fácil maravillarse en el siglo XXI debido a la banalización a la que está sometida la realidad. Ha disminuido la capacidad de sorpresa debido al sucederse frenético de novedades (ordenadores, coches, películas, moda, personajes famosos, catástrofes). Se utilizan muchos procedimientos para llamar la atención del público. En sí mismos, estos recursos suponen un avance social y pueden tener una utilidad educativa. Lo que ocurre a veces es que la abundancia de estímulos visuales o informativos deja poco espacio para la reflexión. Ante tal avalancha no surge el deslumbramiento, sino la fascinación, que hace que la persona sea manejada por intereses ajenos.

La admiración, por el contrario, produce libertad: para ser amante de la verdad uno tiene que ser activo, ponerse en marcha desde dentro. Con frecuencia, ante la publicidad el espectador se comporta de un modo pasivo, pues con ella se intenta motivar e inducir. No tendría por qué ser así, ya que los medios publicitarios también pueden informar y transmitir verdades[9]. El problema no está en el medio en sí (imagen y sonido) sino en la actitud del publicista y del espectador. El primero no debe manipular, ni el segundo dejar que le manipulen. Para lo cual es necesaria la admiración, que consiste en el despertar del sueño (*Matrix*) y ponerse en marcha el pensar. Así el hombre recuerda su dignidad y se hace consciente del valor de su existencia.[10]

---

[9] Como muestra de ello se pueden citar varios anuncios premiados en Cannes y San Sebastián en 2001. En ellos se critica —con la eficacia de la representación visual— la esclavitud provocada por el consumo de drogas y alcohol, el sinsentido de las guerras o la falta de respeto a la dignidad de la mujer.

[10] Cfr. POLO, L.: *Introducción a la Filosofía*, EUNSA, Pamplona, 1995, p. 23.

Verdad, imagen y creatividad

Cuando el hombre se encuentra con la verdad, cuando se le manifiesta un aspecto del sentido de lo real, se pone en marcha su capacidad creadora y aparece la belleza. El ser humano encuentra en la verdad un estímulo para su capacidad artística porque la verdad tiene esplendor, es bella. Por tanto, es necesario completar el estudio de la verdad con un breve análisis de su esplendor, de su dimensión estética.

El vocablo belleza deriva del término latino *bellus*, bonito (que también tiene afinidad con *bonus*, bueno). Ya Platón advierte en la conclusión del *Hipias mayor* que «lo bello es difícil». A pesar de esto, se han formulado diversas definiciones de belleza a lo largo de la historia[11]. Griegos y romanos conceptuaron la belleza como el *esplendor del orden*, completada con las fórmulas medievales de: *esplendor de la realidad, esplendor de la verdad y esplendor de la forma*.

a) El resplandor de la belleza

La belleza une el esplendor con la proporción y la armonía. La proporción es un término relacional, pues una obra de arte es proporcionada si sus características responden a un criterio uniforme, establecido a la luz de la experiencia en un campo de realidad. Puede haber, por tanto, diversos criterios de proporción. Y la medida indica el ajuste del conjunto artístico a la figura humana. La unión de la mesura y la proporción da lugar a la armo-

---

[11] Cfr. G. VILLAPALOS–A. LÓPEZ QUINTÁS: *El libro de los valores*, Planeta, Barcelona, 1997. pp. 349-373.

nía, fuente inagotable de belleza. La armonía implica unidad en la diversidad, integridad de partes, etc. Esta cualidad, junto con el orden, constituye la fuente de una peculiar luminosidad que llamamos belleza. Como es obvio, existen diversos cánones de armonía y de belleza. Tanto en el arte en general como en el cine en particular. No responde al mismo criterio estético *Vértigo* que *La guerra de las galaxias*; tampoco *Salvar al soldado Ryan* se ajusta al modelo que rige en *Billy Elliot*, por poner ejemplos muy dispares, aunque lo mismo podría hacerse tomando un mismo género en diversas décadas.

Pero no se puede reducir la armonía al ámbito de lo estético. También lo ético tiene una armonía propia: la existente entre las acciones humanas y los valores éticos. Es el concepto griego de *kalokagathía* (belleza y bondad), que en el romanticismo se denomina *alma bella*[12], y que en definitiva podemos caracterizar como el personaje íntegro. Éste carácter virtuoso ha ofrecido al cine una fecunda fuente de inspiración para representar personajes moralmente atractivos: desde el entrañable abogado y padre de familia Atticus Finch (Gregory Peck) en *Matar a un ruiseñor*, o el generoso George Bailey (James Stewart) abrumado por la quiebra de su pequeño negocio en *¡Qué bello es vivir!*, hasta el sencillo mensajero de correos Mario (Massimo Troisi) en *El Cartero (y Pablo Neruda)*, la profesora (Anne Bancroft) de *El milagro de Anna Sullivan*, la enfermera Costello (Julie Kavner) en *Despertares*, o la hermana Helen Prejean (Susan Sarandon) que atiende a los condenados en *Pena de muerte*.

La palabra hermoso proviene de *formosus*, forma. En la filosofía clásica se denomina forma al principio estructu-

---

[12] Cfr. HÖLDERLIN, F.: *Hiperión*, o.c.

rante que produce orden, luminosidad y da sentido a una realidad. En el caso de la persona humana la forma es el alma, por eso hablábamos antes del alma bella. Las formas bellas hacen que la realidad resplandezca como tal: por eso el arte en general y el cine en particular nos parecen tan reales. El arte tiene esa capacidad de mostrar la realidad en todo su esplendor (su verdad), y en sus más pequeños detalles, aquello que escapa a la mirada ordinaria. No produce la misma impresión ver la Facultad de Ciencias de la Información de la Universidad Complutense en la realidad que verla en la película *Tesis* de Alejandro Amenábar. Lo mismo ocurre con las Torres KIO, Florencia, Manhattan y tantos otros lugares y paisajes *formalizados* por el cine.

Esto también ocurre con los rostros de actores y actrices: se transfiguran y resplandecen en sus interpretaciones; cosa que no ocurre de un modo tan patente cuando no actúan, cuando se les entrevista o se les fotografía por la calle. La belleza del rostro humano brota del interior. Es una belleza que se puede llamar *de dentro afuera*. Consiste en una singular fuerza interior, una tensión que se manifiesta en las facciones y las hace resplandecer. De este modo el rostro es el lugar de manifestación de una intimidad personal.[13] Nunca es tan verdad, como en el esplendor artístico, que el rostro y los ojos son el espejo del alma.

b) La mirada inteligente y los símbolos

Tanto la captación como la plasmación de la belleza requieren creatividad. Y la creatividad está presente in-

---

[13] Cfr. MARÍAS, J.: *Breve tratado de la ilusión*, Alianza editorial, Madrid, 1985, pp.104-105.

cluso en nuestras actividades más ordinarias si sabemos mirar el misterio y las posibilidades que encierran. En esto consiste la mirada inteligente o creadora. Si nos dejamos admirar y sorprender por lo que nos circunda, nuestra mente puede apreciar las múltiples potencialidades que nos brinda el campo o ámbito de lo real en que nos movemos: este es el punto de partida del juego en que consiste la creatividad.

«La belleza es una posibilidad libre de las cosas. Verla es inventarla. 'Es una cosa admirable mirar un objeto y encontrarlo bello —escribe Van Gogh a su hermano—, reflexionar sobre él, retenerlo y decir enseguida: me voy a poner a dibujarlo y a trabajar entonces hasta que esté reproducido.' Se trata, pues, de ver poéticamente. 'En la casita más pobre, en el rinconcito más sórdido veo cuadros o dibujos. Y mi espíritu va en esa dirección, por un impulso irresistible'. (...) Lo que deseamos hacer dirige nuestra mirada, fecunda la realidad y la hace estar en permanente estado de parto.»[14]

Hay que afinar la inteligencia sentiente —advierte López Quintás— para poder ser creativo y percibir la doble vertiente de las imágenes: sensible-metasensible. En *La metamorfosis* de Kafka, Gregorio Samsa, un sencillo comercial, se ve una mañana convertido en un horrendo escarabajo. Es un símbolo, pues el insecto sigue pensando, sintiendo, preocupándose por su hermana, etc. Esta transformación simboliza la reducción del protagonista a mero medio u objeto por parte de su familia y de un trabajo anodino. En *Bodas de sangre*, de García Lorca,

---

[14] MARINA, J.A.: *Teoría de la inteligencia creadora*, Anagrama, Barcelona 1993, p. 37.

aparece el símbolo del caballo como encarnación del vértigo de la pasión erótica, que empieza exaltando y termina en angustia y destrucción. *El principito* de Saint-Exupéry comienza en el desierto al alba, imagen de la luz que desprende el encuentro interpersonal amistoso, que es el tema de la obra.

La imagen, como la belleza del rostro, se constituye *de dentro afuera*, por su poder expresivo. Una imagen es más que una figura, tiene más profundidad. La figura es plana, es lo que queda de la imagen cuando se independiza su apariencia sensible. Para comprender esto se puede comparar una sonrisa con una mueca. Ésta es la reducción de la imagen a mera figura, no es expresiva y creadora como la sonrisa. La figura es un simulacro de imagen, una expresividad sólo esbozada o frustrada. En una imagen se expresa algo metasensible: una idea, un valor, un sentimiento. Por su expresividad de lo profundo e íntimo la imagen es un lenguaje que colabora a crear ámbitos. Por eso pide un *campo de resonancia* y silencio. La captación de una imagen exige creatividad, no basta con percibir de un modo pasivo o distraído. Esto sólo nos permite captar figuras, no imágenes o símbolos. Por eso no es posible disfrutar del buen cine o tener una experiencia estética cinematográfica sin atención y una mínima formación cultural.

Se puede ofrecer como ejemplo de imagen simbólica la escena final de dos películas que defienden la creación de ámbitos estéticos y, por tanto, la superación de lo inmediato y del pragmatismo: *El Club de los Poetas Muertos* y *Cyrano de Bergerac*. La primera finaliza con la expresiva imagen de los alumnos subidos encima de sus mesas, como homenaje al afán de superación que les ha brindado el profesor Keating. Y en la segunda, una imagen ascendente obtenida con una gran grúa-cámara, simboliza el deseo del protagonista muerto de superar las ataduras sensibles y viajar a la Luna.

Del mismo modo, no son necesarios muchos medios, ni muchos efectos visuales para la creatividad. Un anuncio polaco de detergente, que obtuvo el León de Plata del *Festival Internacional de Publicidad de Cannes 2001*, sólo utiliza una sencilla guerra de nieve —sin palabras— entre dos niños. Se inicia una persecución por el campo nevado y uno de los chicos tropieza con una sábana blanca colgada para secar. El jurado le otorgó el premio porque la expresividad está muy lograda. Se consiguió plasmar un concepto (la blancura y la limpieza), con una gran sencillez de medios.

Para conseguir expresividad resulta vital no descuidar la calidad de la imagen, tratarla con equilibrio, economía y no someterla a un ritmo trepidante. «Un chorro de estímulos visuales parece aportar una gran riqueza de contenidos, pero de hecho no alcanza el vigor expresivo de una sola imagen. La imagen pide al contemplador que se tome tiempo y funde con ella un campo de juego. El fluir frenético de figuras exige al espectador que se deje llevar y se abandone al vértigo succionante del torrente estimulador.»[15] La mentalidad objetivista actual limita las imágenes a pura apariencia. Por eso no gustó a cierta juventud, habituada a imágenes objetivas y explícitas, *El Proyecto de la bruja de Blair* y en cambio les entusiasman filmes como *Scream* o *Torrente*.

El proyecto de la bruja de Blair (1999), a pesar de ser una sencilla película, y tal vez por eso, recrea perfectamente la imagen subjetiva del terror. La acción se sitúa en

---

[15] LÓPEZ QUINTÁS, A.: *Cómo formarse en ética a través de la literatura*. Rialp, Madrid 1994, p. 72.

1994, cuando tres jóvenes se internan en un bosque de Black Hills, en Maryland, para rodar un documental sobre una bruja legendaria del lugar. No regresaron nunca. Únicamente aparecieron —un año después— las cintas grabadas; con ellas se hizo el montaje de la película.

Esta realización ofrece un claro ejemplo de cómo la economía visual (actores desconocidos, ausencia de maquillaje y efectos especiales, imágenes de vídeo de baja calidad, etc.) consigue expresar visualmente un aspecto o ámbito de lo real. La expresividad radica en el contenido humano vertido en las imágenes, no en el fluir frenético de estímulos excitantes o violentos.

c) Imaginación y mass-media

La contemplación de una imagen invita al éxtasis creativo, a hacer juego con el mundo expresado en la imagen y alcanzar madurez personal[16]. Las imágenes plasman valores que nos pueden enriquecer como personas. Pero deben mostrarse con un ritmo adecuado para que su efecto en nuestra psicología no sea manipulador. El frenesí de las imágenes puede hacernos creer que lo que se muestra en ellas es real (el montaje dinámico de *JFK* puede dar lugar a esta ilusión en algunas secuencias). Por eso el juego creador (tanto del guionista como del espectador) necesita de la contemplación que unifica reflexión, voluntad, sentimientos e imaginación. Ricoeur decía que el símbolo da que pensar, no basta con sentirlo; es necesario superar el impacto inicial y que las ideas plasmadas en los medios audiovisuales no apelen sólo a nuestras emo-

---

[16] Cfr. Ibíd, pp. 67-73.

ciones, sino que también inunden nuestra mente, haciéndonos reflexionar. No debe considerarse la imaginación como mera fantasía evasiva e irracional. Tampoco se trata de flotar en un mundo artificial de representaciones evanescentes, sino de captar lo más hondo de cada realidad.

La mente humana está condicionada actualmente por el mundo virtual creado por la publicidad, el cine, la televisión, los juegos de ordenador, etc. Este mundo plagado de imágenes persuasivas y fascinantes proporciona una sensación de realidad a todo lo que aparece en él. La sensación es tanto más engañosa cuando lo que se muestra en las realizaciones publicitarias es el resultado de un montaje: Un suculento helado está hecho con puré para que no se derrita por efecto de los focos, lo mismo ocurre con los cubitos de hielo, que son de cristal; cada parte del cuerpo humano que aparece en un anuncio es de una persona distinta: no existen el o la modelo perfectos.

Nuestra mente está encerrada en una cárcel no muy distinta de la creada por Matrix. *El mundo que ha sido puesto ante nuestros ojos para ocultarnos la verdad* ejerce tal influjo en la opinión pública, como dice José Luis Pinillos en *La mente humana*, debido a «su capacidad de infiltración en el seno de nuestra más recóndita intimidad». Esa incursión «supera con mucho cuanto cabe imaginar: entre otras cosas porque nuestra propia imaginación está plagada de imágenes televisivas. Ello hace que, en un cierto sentido, nuestra imaginación sea cada vez más reproductiva, esto es, se halle más determinada por las imágenes que depositan en nuestro cerebro los medios de comunicación». Las consecuencias de esto son la disminución del conocimiento de la verdad y, por tanto, el empobrecimiento de la libertad y de la creatividad.

La única solución a este problema es que los medios audiovisuales no ahoguen el deseo de leer y pensar. Sin estas dos actividades queda mermada la imaginación creadora de la persona. Esta capacidad intelectual es necesaria, entre otras muchas cosas, tanto para producir como para disfrutar con películas que no sean totalmente explícitas en el tratamiento del terror o la violencia, como *El Proyecto de la Bruja de Blair*, *El protegido*, *Los Otros* o *El sexto sentido*.

6. Hablemos de instintos
Las tendencias humanas: placer y poder
Ciudadano Kane, *Esencia de mujer*, *Tesis* y *Frankenstein*

> «No nos concedéis de verdad nada parecido a un compromiso. Yo no sé en que pensáis. Terminaréis con ochenta años llenando de babas los pasillos de un asilo. Y entonces decidiréis que queréis sentar la cabeza, casaros y tener hijos. ¿Y qué haréis? ¿Casaros con una animadora?»
> (*Beautiful Girls*)

El hombre, con su comportamiento, va dando un argumento a su vida y construyendo su propio personaje. Esta creación no parte de la nada porque el hombre ya es 'algo' y 'alguien' desde el inicio de su vida. La realidad le otorga los materiales para elaborar el guión de su existencia: una dotación genética, unas capacidades psicológicas, una cultura, unas tradiciones, etc. Con esta trama la persona se labra un carácter, y adquiere una especie de 'segunda naturaleza'. Para que ese carácter sea maduro se requiere tener un trato creador con el entorno, elaborar ámbitos valiosos con las demás realidades.

Esa distensión creadora hacia el entorno no es algo dado, sino una tarea que le es encomendada al hombre: la apasionante aventura de vivir. El animal, en cambio, gracias a sus instintos está enclasado y fijo a su entorno, sin problemas vitales, sin angustias, ni proyectos, ni ilusiones (que se sepa, no hay perros que visiten al psiquiatra). Toda la existencia del animal se realiza dentro del reducido esquema estímulo-respuesta. Al animal le dan la vida 'hecha' en cierto modo. Por el contrario, el hombre desborda este esquema y se enfrenta con las cosas reales *en cuanto reales*, y no sólo con los estímulos. Un animal puede estar desorientado o asustado ante diversos estímulos que se le ofrecen (placenteros o dolorosos), pero al hombre se le presentan una serie de posibilidades reales. La persona no puede limitarse a reaccionar ante unos estímulos, tiene que elegir y por eso puede encontrarse sin rumbo o angustiada en el infinito ámbito de lo real.

Esta apertura, propia de la intelección sentiente[1], establece que el hombre tenga que hacerse cargo de la realidad y de su propio ser. De este modo, nuestra vida adquiere un argumento. Así es como se inicia y se desarrolla nuestro drama biográfico. Pero sólo somos coautores (y no siempre) de la narración de nuestra existencia. Actuamos en un escenario que no hemos creado y tomamos parte de una acción de la que no somos los autores exclusivos. Nuestro drama se encuentra con el de los otros. Por eso se nos puede pedir que respondamos (responsabilidad), que demos razón de nuestras acciones[2]. Será el origen de la ética, en el que intervienen también otras facultades humanas, como la voluntad y el sentimiento.

Un animal transbiológico

La justificación en la que consiste el obrar ético es una dimensión exigitiva de la naturaleza humana. No se trata

---

[1] Esta expresión zubiriana indica que nuestra inteligencia opera en consonancia con los sentidos. En el hombre no existen meras sensaciones, sino que cuando sentimos también actúa la inteligencia, percibimos cosas reales, no sólo estímulos.

[2] Cfr. MACINTYRE, A.: *Tras la virtud*, o.c., p. 268.

de un añadido meramente cultural y prescindible, pues si el hombre fuera un animal más se habría extinguido como especie hace muchos miles de años: es inviable como ser meramente biológico e instintivo. Más débil y con unos instintos apenas existentes, el animal humano está en inferioridad de condiciones frente a las demás especies. Sus diferencias son patentes, por eso su comportamiento supera el instinto. Se puede decir que está abierto a lo real en cuanto tal sin que medie necesariamente un interés biológico:

a) Los intereses propiamente humanos son suprabiológicos (verdad, amor, arte, derechos, ética, religión).

b) En el hombre el instinto, entendido como conducta innata, estable y automática, apenas existe o es muy limitado. Debe, por tanto, elegir el modo de satisfacer sus tendencias, pues no es propio de él actuar de un modo automático. No basta sólo estar vivos, hay que aprender a vivir, saber para qué vivimos, razonar. No conocemos de un modo innato qué podemos comer, cómo reproducirnos o cómo sobrevivir. Reducir al hombre a pura biología, a fuerzas vitales espontáneas es una pretensión utópica pues no puede satisfacer sus tendencias de un modo instintivo, meramente biológico. Por eso la naturaleza humana es cultural: el hombre cocina, desarrolla el arte de amar, los perfumes, el maquillaje, etc.

c) El sujeto humano es capaz de hábitos: Inclinación adquirida para realizar ciertos actos. Consiste en una especie de *feed-back* que refuerza nuestro comportamiento y nos permite crecer personalmente (a diferencia del instinto, que es limitado).

Sólo se explica la viabilidad del animal humano gracias a un perfeccionamiento de sus estructuras psicobiológicas que le abren al campo y al mundo de lo real. Hay un salto cualitativo entre la persona y el primate más evolucionado. Las estructuras humanas hacen del hombre actor y co-autor de su narración vital, por lo que le sitúan por encima del resto de los seres —actores inconscientes de su vida—. Estas capacidades hiperformalizadas o cualificadas no se reducen a lo meramente biológico, ya que liberan al individuo del torrente de los estímulos sensibles, dando lugar a la intelección, la volición y el sentimiento.

Estas condiciones psicobiológicas *exigen* que surja un modo de obrar que se haga cargo de las situaciones vitales y elabore proyectos de futuro que den sentido a su existencia. El ser humano no tiene respuestas instintivas a sus problemas, debe crearlas libremente basándose en la realidad. Si el habitante de las cavernas fabrica flechas y lanzas no es *sólo* porque tenga hambre —también los leones y los gorilas desean comer y no lo hacen—, sino porque su inteligencia descubre en un palo la *posibilidad* de ser lanza.

Del mismo modo, el hombre no sólo ve presas, objetos arrojadizos o parejas para aparearse. Para superar el nivel instintivo tiene que elaborar proyectos laborales, artísticos, amorosos y matrimoniales, etc. Esto lo consigue apoyándose en el entorno pero sin fundirse con él. Una respuesta inmediata, irreflexiva, a un estímulo, no es humana y, por tanto, tampoco es ética. Si vemos lo que nos rodea (cosas y personas) sólo como una fuente de estímulos placenteros, o como una serie de objetos que podemos dominar y destruir a nuestro antojo, no hemos entrado todavía en el estadio ético, imprescindible para crear un mundo humano, habitable.[3] En definitiva, la

---

[3] Cfr. ZUBIRI, X.: *Sobre el hombre*, Alianza Editorial, Madrid 1986, p. 29. Cfr. LÓPEZ QUINTÁS, A.: *Para comprender la experiencia estética y su poder formativo*, o.c., p.227. Cfr. MARINA, J.A.: *El misterio de la voluntad perdida*. Anagrama, Barcelona 1997, p. 170.

ética constituye una actividad intrínseca a la persona y no el resultado de una coacción exterior.

Impulso y deseo

Los apetitos humanos son muy diversos de los instintos animales. Son las tendencias que dirigen a la persona hacia su autorrealización. Dan origen a los deseos e impulsos que mueven y originan la conducta del ser humano. En la persona se dan tendencias sensibles que llamaremos deseos o voluntad de placer (comida, bebida, sexo, etc.), e impulsos o voluntad de poder (posesión, dominio, dinero, etc.). Pero también existen tendencias intelectuales que corresponden a lo que en el capítulo anterior llamamos razón práctica y voluntad, y también voluntad de sentido. En el hombre el afán de verdad y de sentido es más importante, aunque parezca menos intenso, que el apetito sexual o las ganas de comer.

El deseo sensible se dirige a lo inmediato, a un bien presente. En cambio, el impulso busca —mediante el esfuerzo— superar alguna dificultad interpuesta entre el sujeto y el bien anhelado.

Deseo P (persona) ——————— Bp (bien presente)
(1) Voluntad de placer

Impulso P (persona) ——— X ——— Ba (bien arduo)
(2) Voluntad de poder

La voluntad de placer persigue el bien presente y la satisfacción vinculada a la posesión de ese objeto. El impulso o voluntad de poder implica esfuerzo, violencia, superar alguna dificultad interpuesta entre P y Ba. Aunque se puede decir que (2) procede de (1), también es verdad que es superior a él, pues hace que el sujeto tenga que pensar, ponerse en marcha, buscar, aventurarse y realizar un proyecto. El mundo interior que crea en la persona el impulso es más rico que el creado por el mero deseo.[4] De todos modos, las tendencias sensibles tienen que estar integradas con la intelección para abrirse al mundo del sentido y del significado y no quedar reducidas a movimientos ciegos e irracionales. Nuestra inteligencia enriquece las inclinaciones con los proyectos de futuro[5], que nos permiten ser los aurigas de nuestra vida, los conductores de nuestra existencia. No podemos delegar nuestra libertad en nuestros apetitos e impulsos.

Daniel Goleman, en su libro ya citado *Inteligencia emocional*, apoyándose en la más moderna investigación sobre el cerebro y la conducta, explica por qué personas con un elevado coeficiente intelectual fracasan en sus empresas vitales, mientras que otras con un CI más modesto triunfan clamorosamente.

La clave está en la inteligencia emocional: una forma de interactuar con el mundo que tiene muy en cuenta habilidades tales como el control de los impulsos. Para ello pone el ejemplo de una investigación realizada con una serie de personas durante varios años. La primera fase de la prueba se realiza cuando son niños. El psicólogo les pone en una habitación con caramelos y les dice que debe ausentarse durante una media hora. Si quieren pueden comer los caramelos, pero, si no lo hacen, cuando regrese

---

[4] Cfr. J. VICENTE-J. CHOZA, *Filosofía del hombre*, o.c., pp. 211-212. Cfr. R. YEPES-J. ARANGUREN: *Fundamentos de Antropología*, o.c., pp. 33-34.
[5] Cfr. MARINA, J.A.: *El laberinto sentimental*, Anagrama, Barcelona 1996, p.112.

les dará más. Algunos niños sucumben al apetito y otros hacen todo lo posible por dominarse: no mirar los caramelos, jugar o ponerse a cantar.

La investigación continúa, y el paso del tiempo revela cómo aquellos que manifestaron más inteligencia emocional, es decir, más autocontrol, dieron lugar a personalidades maduras y equilibradas. Y los que se dejaron arrastrar por el deseo, en cambio, desequilibrados, irascibles y fracasados en su vida personal. Obviamente la persona tiene capacidad de reorientar su vida, pero esta investigación muestra que la vía del mero deseo de placer desemboca en un callejón sin salida.

El cine entre el vértigo y el éxtasis

Las conductas de vértigo y éxtasis[6] han sido analizadas por Alfonso López Quintás y hacen referencia a todo lo dicho anteriormente. Son dos categorías que permiten comprender la dinámica de las actuaciones humanas. El vértigo comienza cuando la persona se deja fascinar o seducir por una realidad atractiva que le llega a dominar y le arrastra hasta perderse en ella. No se pueden considerar los estímulos agradables como un fin, como un valor en sí, sino como indicadores de lo valioso. Un vaso de vino, por ejemplo, es agradable porque puede llevar a brindar por el éxito de un amigo, o por una gran noticia; sería absurdo reducir su valor al disfrute solitario. La obsesión por el placer del alcohol conduce al vértigo de la embriaguez, como ha sido mostrado repetidamente en la gran

---

[6] Cfr. *El arte de pensar con rigor y vivir de forma creativa,* o.c., pp. 473ss.

pantalla: *Días sin huella* (Billy Wilder, 1945), *Días de vino y rosas* (Blake Edwards, 1962) y *Cuando un hombre ama a una mujer* (Luis Mandoki, 1994).

El aroma de una flor, por tomar otro ejemplo, no puede llevar a empastarse con ella sino a verla en relación al entorno: tierra, aire, viento, sol, etc. Perderse o fundirse en un torrente de estímulos placenteros no enriquece. Así le sucede al resentido Frank Slade, en *Esencia de mujer*, que identifica sus conquistas amorosas como objetos sexuales y perfume. El vértigo arrastra, fascina, hechiza. Pero fascinar no es entusiasmar, ni seducir es enamorar. Seducir es vencer sin convencer, como don Juan Tenorio o Phil, el protagonista de *Atrapado en el tiempo*. No se puede reducir, como hace el seductor, el amor a simple voluntad de dominio sobre otra persona.

La fascinación del vértigo no exige nada al principio, tan solo dejarse llevar. Y lo promete todo: poder, plenitud personal; para dejar finalmente vacío y desolado al hombre (lo veremos al analizar *Ciudadano Kane*). El hombre de vértigo, a fuerza de actuar a golpes de voluntad de poder o de voluntad de placer, adquiere modos de conducta o hábitos que tejen una segunda naturaleza 'viciosa', que bloquea la marcha hacia la creatividad personal.[7] El hedonista reduce la realidad a mero objeto o medio para su placer o dominio. Sólo atiende a los estímulos placenteros, se fusiona con el objeto, y a la vez se aleja, porque el mero dominio no conlleva compromiso ni vinculación personal. Para acceder a algo o a alguien hace falta tomar cierta distancia de respeto o perspectiva y, a la vez, cierto afecto y vinculación por dicha realidad. Las experiencias

---

[7] Cfr. LÓPEZ QUINTÁS, A.: *Cómo formarse en ética a través de la literatura*, o.c., pp. 169-196.

de vértigo no perfeccionan a la persona, ya que en ellas se da un paseo por la superficie de las cosas sin profundizar en su riqueza.

Ésta pérdida de sí —o esta vacuidad— a la que lleva el vértigo implica la disolución dionisíaca de la propia identidad personal, la alienación y la pérdida de límites propia de la embriaguez. Al perderse el autocontrol se difuminan los contornos —propios y ajenos— de la personalidad y de la intimidad. Desaparecen así los márgenes que protegen la dignidad personal. El sujeto, arrastrado por este frenesí, no se percibe a sí mismo como un *yo* distinto de los demás. Desaparece la conciencia de la individualidad personal y se ve a los otros como un único ser con el que hay que fundirse. Por eso el borracho, o el sometido al efecto de las drogas, realiza acciones que le resultarían vergonzosas estando sobrio.

Las diversas experiencias que conducen al vértigo —la ambición, el afán de placer o la violencia— deterioran la personalidad en uno de sus elementos esenciales: el autocontrol. Así lo muestran varios anuncios premiados en el Festival de Publicidad de San Sebastián 2001. En ellos unos personajes que simbolizan el alcohol y las drogas manejan a los adictos impidiéndoles realizar con normalidad actividades ordinarias como abrir el coche, subir unas escaleras o dormir.

a) La soledad del poderoso: Ciudadano Kane

El ya clásico *Ciudadano Kane,* genial opera prima que Orson Welles dirigió y protagonizó 1941, plasma con una estética de puzzle espaciotemporal el vacío existencial al que conduce el vértigo de la vanidad y la mera voluntad de poder sobre personas y cosas.

En una esplendorosa mansión de Estados Unidos, Xanadu, muere solo y abandonado el magnate Charles Foster Kane. Lo último que dice es *Rosebud*. Intrigado por esta palabra, un periodista, Thompson, inicia una investigación sobre el millonario desaparecido acudiendo a las personas que tuvieron alguna relación con él durante su vida. Cada uno le da una versión diferente del antiguo amigo, esposo, o jefe, pero no le consiguen aclarar el misterio encerrado en su última palabra. Así expresa Jerry Thompson el resultado de su infructuosa investigación: «El señor Kane fue un hombre que tuvo cuanto quiso y lo perdió luego. Puede que *Rosebud* fuese algo que no pudo conseguir, o algo que perdió. De todas formas no lo hubiese explicado. No creo que una palabra pueda explicar toda una vida. No, *Rosebud* no era más que una pieza que falta en el rompecabezas. La más importante.»

Pero esta clave, que todos desconocen, aparece en la impresionante secuencia final que muestra las ingentes posesiones de Kane. El secreto de su infelicidad y su vacío está relacionado con esa palabra, *Rosebud*, que aparece en un trineo de su infancia que todavía conservaba. El hogar de su niñez fue un paraíso que le preservó del vértigo de la ambición, hasta que fue expulsado de él para convertirse en un «gran hombre».

Un hombre solitario, aunque rodeado de cosas y personas. Una soledad conseguida a fuerza de no amar a nadie, de no entregarse a ninguna persona, como afirma su antiguo amigo Jed Leland (Joseph Cotten): «No se confiaba a nadie. Nunca daba nada, si acaso una propina. Sin embargo su mente era generosa. Nunca hubo nadie con tantas opiniones. Pero no creía más que en Charlie Kane. No tuvo otra convicción en su vida aparte de Charlie Kane. Y tal vez murió sin ellas. Debió ser muy triste morir así». Por eso resulta inútil la petición que hace a su segunda mujer para que no le abandone: «Susan, no me dejes solo». Siempre ha estado solo. Y así como Macbeth, protagonista de la tragedia de Shakespeare llevada al cine varias veces[8], muere aislado y rodeado en su castillo por el «bosque ambulante», Kane muere solo en su mansión, asfixiado por miles de cosas. Se trata de una imagen para indicarnos plásticamente que al entregarse al vértigo de la ambición desmedida (de ser rey de Escocia en el caso de Macbeth, o dueño de sus amigos, mujeres, empleados y señor de América en el caso de Kane), pierden del todo la libertad auténtica, la libertad de abrirse a lo valioso, y asfixian su creatividad como personas.

El tema de la asfixia por falta de creatividad personal también aparece en la tragedia de García Lorca, *Yerma*, adaptada al cine por Pilar Távora en 1998. Juan, su marido, la trata bien, pero como un objeto privilegiado, sin realizar auténticos encuentros con ella. La retiene en casa por las habladurías que corren por el pueblo sobre el amor que Yerma siente hacia Víctor, de carácter más abierto que su marido. Yerma advierte que no puede tener posibilidades de juego creador, lamenta que su marido sea expeditivo (sin verdadero encuentro personal) en el acto conyugal, y anhela cada vez más un hijo. Cuando Juan manifiesta que no desea ser creativo —no quiere tener hijos—, Yerma estima que él es la causa de esa asfixia lúdica que la sofoca y acaba matándolo.

---

[8] Por el mismo Orson Welles (1948), Akira Kurosawa (1957) y Roman Polanski (1972). Como las grandes tragedias clasicas, *El Padrino* describe todo el proceso del vértigo del poder en un personaje, Michael Corleone (Al Pacino), que inicialmente está alejado de las maquinaciones mafiosas de su familia.

El vértigo del poder también tiene sus manifestaciones en el afán prometeico de algunos científicos. El deseo de crear vidas humanas a través de la técnica es un tema clásico en la literatura. Destaca, como representante de esta postura, el doctor Frankenstein. El drama de este personaje de ficción ha sido llevado a la gran pantalla en varias ocasiones. La última, realizada por Kenneth Branagh en 1994, es la más fiel a la novela de Mary Shelley. Aunque con los excesos escenográficos propios de este actor y director inglés, *Frankenstein* aborda con claridad el vértigo del poder científico. «Plantea, dice su realizador, si la ciencia y los científicos han llegado a creerse capaces de interpretar el papel de Dios. Y creo que este tema es de lo más inquietante en nuestros tiempos.»[9]

Una última manifestación de las experiencias de vértigo la encontramos en el ámbito de los famosos. Tan sólo citar un clásico: *Eva al desnudo*. Con guión y dirección de Joseph L. Mankiewicz (1950), narra el cíclico proceso del vértigo de la ambición y el ansia de poder en el mundo del espectáculo: Eva Harrington (Anne Baxter) se convierte en secretaria y mujer de confianza de la gran actriz Margo Channing (Bette Davis). Eva, en el fondo, quiere emular a la gran actriz y para ello se involucra en las amistades y trabajo de la diva, llegando a suplantar, chantajear y traicionar a su protectora. El carácter cíclico y asfixiante del vértigo es mostrado en un genial final en el que una nueva aspirante a actriz entra en la habitación de Eva adulándola, como ella hizo con Margo.

---

[9] Citado por CAPARRÓS, J.M.: *El cine de nuestros días (1994-1998)*, o.c., p.167

b) La seducción del vértigo: Atrapado en el tiempo

El hombre arrebatado por el vértigo toma sus deseos como criterio supremo de acción y arrastrado por el placer pierde la libertad interior. Confunde la *exaltación* del vértigo con la alegría o *exultación* del éxtasis, y no goza de auténtica libertad. No distingue entre experiencias *fuertes* y experiencias *creativas*. En *El Imperio contraataca*, Yoda advierte a su joven aprendiz Luke Skywalker que no debe confundir la fuerza y el poder con la creatividad:

Luke: ¿El lado oscuro es más poderoso?
Yoda: No... No... No... Más rápido, más fácil, más seductor.

Arrastrado por la seducción del vértigo, el individuo pierde la libertad para ser creativo, porque la creatividad exige una apertura a las realidades valiosas, y el hombre sometido a sus apetencias permanece enclaustrado en su interioridad egoísta[10]. Se siente exaltado y eufórico pero acaba angustiado y vacío. El respeto es muy diferente del miedo que el misterio provoca al hombre seducido por el vértigo. Éste intenta eliminar ese misterio que le abruma o considerarlo un mero problema, lo cual le lleva a una conducta de rechazo violento. Es lo que afirma Yoda en el filme de George Lucas *Star Wars*. Episodio 1: *La amenaza fantasma*: «El miedo es el camino al lado oscuro. El miedo lleva a la ira, la ira lleva al odio, el odio lleva al sufrimiento».

La persona angustiada tiene la sensación de flotar sobre la nada. Este vacío le lanza, por tanto, a una acción frenética y no-creativa. Esta agitación, el dar vueltas sobre

---

[10] Cfr. LÓPEZ QUINTÁS, A.: *El amor humano, su sentido y alcance*, p.119. Edibesa, Madrid, 1992.

la propia inmanencia sin trascenderse, ancla al ser humano en un mero presente absurdo, sin proyección ni apoyo. Es lo que ocurre en *Atrapado en el tiempo*, dirigida por Harold Ramis en 1993. Phil (Bill Murray), un hombre del tiempo de una cadena de televisión americana, es enviado un año más a Punxstawnwey, a cubrir la información del festival de «El día de la marmota». En el viaje de regreso, Phil y su equipo se ven sorprendidos por una tormenta que les obliga a regresar a la pequeña ciudad. A la mañana siguiente, al levantarse, Phil escucha en el radiodespertador el mismo programa que la mañana anterior. Comienza una terrible pesadilla en forma de eterno retorno. El odioso día de Phil vuelve sin cesar. Intenta suicidarse, pero el día de la marmota vuelve a retornar tozudamente. Después de este fracaso, como si de un dios nietzscheano se tratara, intenta manifestar su voluntad de poder y aprovecharse de su conocimiento del futuro (que es el pasado) para seducir mujeres y robar furgones blindados. El vértigo del dominio le succiona y asfixia su creatividad. Este ciclo infernal sólo se romperá cuando abandone su vertiginosa carrera de excesos, descubra a los otros y el amor de Rita (Andie McDowell), una productora de la cadena de TV en la que trabaja Phil.

c) *Una espiral de violencia:* Un día de furia y Seven

El tiempo de las experiencias de vértigo es un tiempo monótono, monodireccional y tedioso. Como los círculos del infierno de Dante, así se ve girando Phil. El hombre se desespera cuando se aísla del encuentro y la creatividad. Es un vacío o asfixia espiritual que busca esplayarse en la rebeldía violenta, en la destrucción (física o moral). Es el caso de *Un día de furia*, dirigida por Joel Schumacher en 1993, con un excelente ritmo narrativo y rodada en escenarios naturales de L.A. Trata de un ex-funcionario de Defensa, D-Fens (Michael Douglas), que tras una crisis sentimental y familiar, agobiado por el estrés en un atasco de tráfico, se deja arrastrar por el vértigo de la violencia (es muy significativo el título original *Falling Down*: caída libre). Cae en una espiral creciente de actos violentos: partiendo del uso de las manos, llega hasta utilizar un bazuca pasando por diferentes armas que arrebata a delincuentes callejeros, convirtiéndose así en un peligroso asesino. Un veterano policía de Los Angeles (Robert Duvall), que se jubila ese mismo día, tendrá que enfrentarse al furioso Michael Douglas.

Seven es otro filme que consigue traducir en imágenes un ámbito opresivo y oscuro en el que reina el vértigo destructivo de los siete pecados capitales. Este torbellino, causado por un asesino en serie, John Doe (Kevin Spacey), afecta incluso a los policías protagonistas, David Mills (Brad Pitt) y William Somerset (Morgan Freeman). El primero posee un carácter irascible y el segundo está atormentado por el recuerdo de un aborto. El mismo criminal manifiesta como en el fondo del vértigo habitan la nada y el vacío: «No importa quién soy. Quién soy yo no significa absolutamente nada».

Eros y thanatos

El viejo Platón ya hablaba del dominio de los apetitos por la razón. Pero el hedonismo y el irracionalismo vitalista interpretan este control como un freno a la vida espontánea, multicolor y fecunda. La reflexión intelectual, que todo lo cuestiona, sería una soga en el cuello de la vida. Parece que el único problema humano consiste en deshacerse de las ataduras que pone el espíritu a la vida, la razón al instinto, la norma a la libertad. Para ser absolutamente libres, hay que eliminar —se dice— las normas éticas y toda reflexión sobre el sentido de nuestras acciones.

Esta interpretación es demasiado simple para ser cierta. No se trata de escoger entre una u otra de las potencias que mueven al ser humano, sino *integrarlas* para enriquecerlas. Tampoco se deben eliminar las tendencias al modo estoico o budista. Esto no sería humano. Sin voluntad de placer o de poder el hombre muere, pierde todo interés por la vida. Más bien hay que dejar que la inmediatez del instinto se deje universalizar por la mente y los proyectos de la voluntad. No hay que ser tan ingenuo de tomar el primer valor que descubrimos como la cima de todo valor. Este malentendido deja a millones de personas ancladas en estadios primitivos y en instintos básicos. El engaño, como en *Matrix*, consiste en confundir la intensidad de la experiencia con su valor, verdad y bondad. Lo intenso no siempre es real o bueno.

Al ser cada vez más elevado el listón de sus exigencias, el hombre entregado al vértigo se ve abocado a toda suerte de extremismos que le hacen perder el equilibrio psíquico[11]. En esta carrera de búsqueda obsesiva de placer

---

[11] En un reciente estudio realizado por psicólogos americanos se advierten las consecuencias del consumo prolongado de pornografía (Dolf ZILLMANN: «Effects of prolonged consumption of Pornography», en ZILLMANN, Dolf-BRYANT, Jennings, *Pornography: Research Advances and Policy Considerations,* Lawrence Erlbaum Associates, Hillsdale (Nueva Jersey), 1989, pp. 127-158): tendencia al hábito y también al decremento del placer; búsqueda de formas de sexualidad distintas y extrañas; alteraciones en la percepción de la sexualidad; disminución de la confianza recíproca entre las parejas y de la condena ética a la violencia sexual; mayor aceptación de la sexualidad prematrimonial y extraconyugal; reducción del deseo de tener hijos (sobre todo, por parte de las mujeres, disminución del deseo de tener hijas); insatisfacción por la apariencia

individual no puede encontrarse la auténtica alegría y el entusiasmo.

Por eso el erotismo, que separa la sexualidad del amor y promete paraísos de sensaciones placenteras, engendra violencia, muerte o vacío personal. Es la conocida unión de erotismo y destrucción, *eros* y *thanatos*. El erotismo al ser un proceso de vértigo conduce por fases sucesivas a la destrucción de la personalidad, del mismo placer y, a veces, de la misma vida biológica. Todo ello como consecuencia de la falta de voluntad de sentido. El sentido de la vida no es

---

física y la actividad sexual; trivialización del valor criminal de la violación y del abuso de menores; aumento, en los hombres, de la convicción de ser capaces de cometer estupros (especialmente en personas incluso normales, pero con cierto grado de tendencias psicóticas); los hombres que son consumidores habituales de pornografía corren mayor riesgo de ser impotentes o sexualmente violentos con respecto a las mujeres. También impresionan los datos sobre los efectos de la explotación pornográfica o la prostitución en chicos o chicas jóvenes (HALPERT SILBERT, Mimi, «The Effects on Juveniles of Being Used for Pornography and Prostitution», ibíd., pp. 215-234): se aprecian daños a largo plazo, sobre todo el desarrollo de una especie de *parálisis psicológica* que bloquea la capacidad de reacción. «Se creen incapaces de cambiar los comportamientos destructivos. [...] Encerrados en un ciclo autodestructivo, creen que su vida ya está totalmente fuera de su control. Han desarrollado [...] una incapacidad de separarse a sí mismos de su explotación sexual para restablecer una vida normal» (p. 217); «Están muy mal, no sólo en relación consigo mismos, sino también en relación con el mundo que los rodea. Se describen como desesperados, sin más control sobre sus pensamientos y comportamientos, incapaces de vivir en sociedad e incapaces de separar los actos en los que se han comprometido por su cuenta» (pp. 232-233); «[...] odian lo que hacen, sienten que no han elegido, pero parecen incapaces de dejar este tipo de vida, a veces aun cuando se les ofrecen otras oportunidades» (p. 233). «Sería interesante verificar —advierte G. Bettetini— en qué medida las representaciones *alegres* y despreocupadas de la prostitución, que el cine contemporáneo parece amar tanto (la prostituta feliz, simpática, con un tierno corazón) tienen una correspondencia con la realidad de los hechos, también en el caso de los adultos». (Citado en: Gianfranco Bettetini y ArmandoFumagalli: *Lo que queda de los medios*, EUNSA, Pamplona 2001, pp.128, 129).

el placer o el poder, cuando esto no se advierte se cae en el vacío existencial. «Sólo de este modo —afirma Frankl— se puede explicar la inflacción sexual que se produce en nuestro tiempo. Como toda inflacción, incluida la del mercado de dinero, conduce a una devaluación. La sexualidad, en efecto, se va desvalorizando. Porque la sexualidad humana es más que la mera sexualidad. Y lo es en la medida en que viene a ser la expresión de una realidad amorosa.»

Pero esta actitud de vértigo erótico produce la muerte del amor y, por tanto, del placer. «Los psiquiatras podemos observar constantemente que, cuando la sexualidad no es ya expresión del amor, y pasa a ser un medio para la obtención de placer, este mismo placer fracasa; en efecto, y para decirlo en fórmula extrema, *cuanto más se busca el placer, más se escapa éste*. Mis experiencias me dicen que la impotencia y la frigidez obedecen en la mayoría de los casos a este mecanismo.»[12]

a) Vacío existencial y tragedia:
Hamlet y Ana Karenina

La genial y profunda tragedia de William Shakespeare, *Hamlet*, muestra de un modo más claro la unión de *eros y thanatos*. Las penúltimas versiones son de Franco Zeffirelli (1990) y Kenneth Branagh[13] (1996). La del italiano, aunque no sea la mejor realización fílmica de esta obra, y a veces

---

[12] FRANKL, V.: *El hombre doliente*, o.c., pp. 59-60.

[13] A pesar del mérito de ser la primera versión fílmica completa de la tragedia, pienso que deforma ligeramente el espíritu del original al cambiar la época al siglo XIX. Uno de los atractivos de la obra de Shakespeare consiste en personificar en el príncipe danés la transición del hombre medieval al renacentista. Hubiera sido más interesante situarlo en una época de crisis como la actual. Tampoco respeta el texto shakesperiano la relación erótica

peque de esteticismo, posee grandes cualidades: una brillante puesta en escena, sin traicionar el espíritu del texto original y consiguiendo una prodigiosa interpretación. Destacan los breves papeles de Helena Bonham-Carter, sobre todo su caracterización de la locura de Ofelia, y del veterano Paul Scofield, como el Espectro. La banda sonora de Ennio Morricone confiere dramatismo a las imágenes que sustituyen a muchos de los versos eliminados en la adaptación.

Zeffirelli[14] muestra una corte medieval danesa sumida en el vértigo, que en el caso del joven príncipe (Mel Gibson) se refleja en el desmedido afán de claridad racional. Su deseo de conocerlo todo con extrema lucidez le sume en una eterna duda paralizante. Es un inmaduro incapaz de comprometerse. Pienso que el acierto de Zeffirelli ha sido mostrar a este Hamlet como un joven voluble y débil. El vértigo del poder y del placer viene simbolizado por Claudio (Alan Bates), el rey asesino e incestuoso, tío de Hamlet. La reina Gertrudis (Glenn Close), ante la muerte de su esposo y a pesar de su madurez, se deja llevar, como le achacará su hijo, por el vértigo del placer. Este ambiente viciado, junto con la vil adulación de Polonio, la cólera de Laertes y la locura de Ofelia (un tipo de vacío existencial destructivo, provocado en la joven por la

---

entre Hamlet y Ofelia. Además, los continuos planos fugaces y *flash-backs*, aunque legítimos en cine, no se corresponden con el ritmo original de la obra.

La última versión de la inmortal tragedia se ha hecho siguiendo la moda iniciada por la lograda adaptación que Baz Luhrmann hizo de Romeo y Julieta. Dirigida por Michael Almereyda (2001) y protagonizada por Ethan Hawke (Hamlet) y Julia Stiles (Ofelia), sitúa a Hamlet en el mundo empresarial del siglo XXI.

[14] Resulta sorprendente que Zeffirelli introduzca en el filme algunas veladas referencias freudianas, sobre todo en las relaciones entre Hamlet y Gertrudis. Estos elementos edípicos no se encuentran en el texto original, por eso Branagh no los incluye en su versión.

atmósfera corrompida de la corte de Elsinor) dará lugar a la orgía de sangre final.

Queda patente que el erotismo y la destrucción —moral o física— van unidos, se piden el uno al otro. Estó quedó plasmado hace siglos en *La Celestina,* y en épocas más recientes en *Ana Karenina,* y en *1984* de George Orwell; por citar unos pocos ejemplos literarios. Hay un pasaje muy significativo en la novela de Tolstoi, llevada al cine en numerosas ocasiones, que muestra el vacío existencial al que conduce el mero placer erótico:

«¡Otra vez soy yo misma! ¡De nuevo se van aclarando mis ideas! —se dijo Anna cuando montó en el coche, que rodaba por un empedrado de guijas menudas, y de nuevo se renovaban una tras otra las impresiones.(...).
Siguiendo la mirada de Piotr, que se había vuelto sobre el asiento, vio un obrero borracho conducido por un agente de la autoridad.
«Este ha sabido hacerlo mejor que nosotros. Tambien el conde Vronski y yo hemos buscado el placer, pero el placer no es la felicidad a que aspirábamos.»
Por primera vez, Anna había enfocado sus relaciones con Vronski desde un punto de vista crudo y real, que le hacía entrever el fondo de todas las cosas.
«¿Qué ha buscado en mí? La satisfacción de la vanidad más que la del amor.»
Y las palabras del conde, la expresión de perro sumiso que adquiría su rostro en los primeros tiempos de sus relaciones acudían a su memoria para confirmar aquel pensamiento. Y todo parecía confirmarlo.
«Sí, todo indicaba en él un orgullo de triunfo. Cierto que me amaba, pero ante todo estaba orgulloso de haberme conquistado. Ahora todo ha pasado. No hay nada de qué vanagloriarse, pero sí de qué avergonzarse. Y ahora que ha obtenido de

mí todo lo que podía, no me necesita. Le soy un estorbo y procura no mostrarse desatento conmigo.(...). No, yo no le gusto como antes. En el fondo de su corazón, se alegrará mucho al verse libre de mi presencia.»(...)
Aquel descubrimiento la turbó de tal manera que cambió de lugar en la calesa, moviendo involuntariamente los labios como si fuera a hablar.»[15]

La explicación psicológica y antropológica de este fenómeno hay que buscarla en la auténtica finalidad de la persona: *la autotrascendencia de la existencia humana*. Este hecho implica una superación de la propia subjetividad y del mero deseo de placer y de poder. La persona puede escapar del vértigo de los estímulos sensoriales para ir más allá de sí misma, hacia algo o alguien que no es ella, hacia un sentido que llena al hombre o hacia otra persona a la que se entrega: es el proceso de éxtasis. El ser humano, en definitiva, se autorrealiza en la medida en que se trasciende al servicio de una causa o en el amor a otra persona. Es decir, el hombre sólo se humaniza plenamente cuando se pasa por alto y se olvida de sí mismo[16].

Por eso la reclusión individualista en la propia intimidad, el narcisismo sensorial, el pensar que con sentir la piel ajena en la propia ya hay una auténtica unión personal, da lugar a lo contrario de lo que se busca. El auténtico encuentro interpersonal no se reduce a contactos intensos y epidérmicos, y la obsesión por el placer hace que este desaparezca. Del mismo modo «que el miedo hace que suceda lo que uno teme, una intención obligada hace imposible lo que uno desea a la fuerza. Puede observarse esta intención excesiva o 'hiperintención' como yo la

---

[15] Séptima parte, capítulo treinta. Ediciones Cátedra, Madrid 1991.
[16] Cfr. FRANKL, V.: *El hombre doliente*, o.c., pp. 58-59.

denomino, especialmente en los casos de neurosis sexuales. Cuanto más intenta un hombre demostrar su potencia sexual o una mujer su capacidad para sentir el orgasmo, menos posibilidades tienen de conseguirlo. El placer es, y debe continuar siéndolo, un efecto o producto secundario, y se destruye y se malogra en la medida en que se le hace un fin en sí mismo.»[17]

La reclusión en la propia individualidad hedonista aparece narrada en las imágenes de *Esencia de mujer*. Frank Slade (Al Pacino) es un cínico, amargado y sensual ex-coronel, ciego a causa de un accidente, que identifica a las mujeres por sus perfumes. Slade es un pragmático y libertino que vive el mero presente sin proyectos, ve sólo objetos en las personas que les rodean, incluso sus familiares. Esta actitud le hace incapaz de amar, sólo ve en las mujeres cuerpos, objetos de placer. Contrata como acompañante a un joven estudiante de origen humilde, Charlie Simms, para que le acompañe durante un frenético fin de semana a Nueva York, al final del cual tiene intención de suicidarse.

Se trata de un *remake* más optimista del italiano *Perfume de mujer* (1974) de Dino Risi. Toda la fuerza del filme la lleva el genial Pacino: destacan las secuencias del tango y de la carrera suicida con el coche. No se queda a la zaga el entonces apenas conocido Chris O'Donnell en su papel de estudiante injustamente castigado por la gamberrada cometida por unos compañeros. Su papel como contrapunto es esencial para que Slade supere su vacío existencial, causado por su actitud de vértigo, y encuentre un sentido a su existencia.

---

[17] FRANKL, V.: *El hombre en busca de sentido*, o.c., p. 118.

b) La indecisa Generación X:
Beautiful Girls y Reality bites

El éxtasis inspira, pero el vértigo arrastra. El que se entrega a la fascinación del placer se reduce a sí mismo a mero objeto y se envilece (como ocurre en el masoquismo y el sadismo). En algunas películas y novelas se pasa de «hacer el amor», de la ternura erótica a experiencias de crueldad y violencia. La causa tal vez sea la tópica expresión «hacer el amor». Pero el amor no es un producto técnico sino el fruto de una actividad creativa. El erotismo reduce la persona supuestamente amada a medio u objeto de placer y por tanto es *violento*, violenta la realidad[18].

La *opera prima* de Alejandro Amenábar, *Tesis*, muestra cómo el vértigo del poder destructor en las *snuff movies* es precedido por el vértigo del erotismo. Bosco (Eduardo Noriega) tiene relaciones eróticas con las chicas que luego asesina. La misma Ángela (Ana Torrent) está a punto per-

---

[18] La unión de *Eros* y *Thanatos* también aparece en los *reality shows*. Veamos lo que afirma un conocido novelista, indignado por la hipocresía subyacente a la polémica que suscitó la expulsión de un concursante de *Gran Hermano*: «Hemos escuchado a los dos homínidos protagonistas que sus peleítas formaban parte de un juego mutuamente consentido: a esto se le llama sadomasoquismo venial. Los hemos visto restregarse sin escándalo; los hemos visto intercambiarse arrumacos y saliva y flujos genitales sin que el rubor nos obligue a apartar la vista. ¿Por qué nos sublevamos hipócritamente cuando empiezan a repartirse cachetes o sopapitos? Estos rifirrafes de pacotilla forman parte de la pantomima que ambos se avinieron a representar gustosamente. Fueron elegidos para mostrarnos los sótanos de bajeza que escondían debajo del caparazón. ¿Por qué, cuando por fin empiezan a enseñar sus regiones más cenagosas, nos asustamos? ¿No están ahí, fiscalizados por una cámara insomne, precisamente para demostrar que la degradación es un pozo sin fondo? ¿No será que lo que verdaderamente nos asusta es vernos reflejados en ellos, en su orgullosa zafiedad, en su postrada condición de alimañas sin otro horizonte que la obtención de una propinilla de fama?» (*Malos tratos*. Juan Manuel de Prada, ABC, 7 de abril de 2001).

der su vida al ser succionada por ese vértigo seductor creado por el joven criminal.

Aunque el vértigo no siempre produce destrucción física, en algunos casos el vacío producido es moral. *Beautiful girls* (1996) de Ted Demme muestra, a través de los vaivenes sentimentales de un grupo de amigos treintañeros, el vértigo del hedonismo, el sexo consumista y la inmadurez.

Los protagonistas planean celebrar una fiesta en Knight's Ridge, un pequeño pueblo agrícola, para celebrar los diez años de su graduación. Pero una serie de peripecias sentimentales con las chicas del lugar les harán madurar a todos. Willie (Timothy Hutton) un pianista a punto de casarse se enamora platónicamente de su sagaz vecina de trece años, Marty (Natalie Portman); Tomy (Matt Dillon) pone en peligro su relación con Sharon (Mira Sorvino) por culpa de su ciega pasión por una mujer casada. Los otros dos, Paul (Michael Rapaport) y Kev (Max Perlich), primarios y poco creativos, no saben que hacer para ganarse el amor de las aún solteras: Jan (Martha Plimpton), Andera (Uma Thurman) y Gina (Rosie O'Donnell). Éstas, como muestra la cita que abre este capítulo, están hartas de su infantilismo y obsesión sexual. El más equilibrado es Mo (Noah Emmerich), casado, con dos hijos y trabajo estable.

Entre la comedia y el melodrama, este filme independiente realizado por el sobrino de Jonathan Demme, aborda con valentía las consecuencias del vértigo: el temor al compromiso, la irresponsabilidad y la inseguridad ante el futuro.

Reality bites (Bocados de realidad) narra los avatares cotidianos de un grupo de chicos y chicas de Houston. Mediante el recurso de un vídeo que realiza uno de ellos, Lelaina (Winona Ryder), se van mostrando bocados o retazos de sus problemas sentimentales y laborales. Lelaina parece estar enamorada de Michael (Ben Stiller), un joven *yuppy* del mundo del vídeo, que encarna los ideales materialistas de la generación de sus padres. Pero su verdadero amor es Troy (Ethan Hawke), un joven y caótico filósofo con deseos de alcanzar fama en el mundo de la música *rock*.

Se trata de una discreta y aguda comedia que provoca la reflexión sobre el vértigo de los jóvenes de la Generación X: la integrada por los hijos de los que vivieron los turbulentos años sesenta. Estos protestaron contra el sistema, fumaron marihuana y practicaron el amor libre, pero veinte años después son *yuppies*, están divorciados e instalados en la sociedad pragmático-burguesa dominante. El vértigo de los padres pasa a los hijos en versión amoral, sin ideales, vacía e indecisa y con la añadidura del paro laboral. Esa indecisión la manifiesta Lelaina, en el vídeo que está realizando, al responder «no lo sé» a la pregunta sobre su futuro.

El éxtasis como proceso creativo:
Los Miserables, El sudor de los ruiseñores...

Éxtasis significa *salir de sí*, una salida a un plano superior de realización personal. El vértigo es una salida de sí hacia la pérdida de creatividad y el vacío. El vértigo aliena, el éxtasis lleva a la plenitud personal. Toda experiencia intensa nos saca de nosotros, nos abre nuevos mundos, pero no todas las formas de salir son iguales: no es lo mismo amar a una persona, que la embriaguez (difuminar los límites de la personalidad) alcohólica o sexual; perderse o fundirse físicamente con otra persona no implica necesariamente amarla y conocerla. No se deben confundir los límites físicos con los personales. El encuentro no difumina los límites, ni lleva a perderse o fundirse en el otro, sino a reforzar la propia personalidad en la entrega. En caso contrario se confunde el éxtasis amoroso con el vértigo de la embriaguez, del erotismo, de la orgía.

El salir de sí, el éxtasis de la inspiración para escribir una poesía, una canción o pintar, no es lo mismo que oír música bacalao o *transmetal*. El éxtasis de obligación moral que nos hace salir de nuestro pragmatismo para buscar el bien propio y ajeno, no se identifica con el vértigo del mero dominio técnico, con la euforia cientifista que domina al doctor Frankenstein, y que subyace en los experimentos con humanos de *La isla del doctor Moreau* o en las reproducciones por clonación de *Alien Resurrección*.

El proceso de creatividad o éxtasis parte de una actitud respetuosa con el misterio de lo real, no lo reduce a mero objeto y permite el encuentro con lo valioso, el juego y el entusiasmo. El éxtasis lo pide todo al principio, lo promete todo y da todo al final. Implica generosidad, apertura, sacrificio. Guido, en *La vida es bella*, es totalmente creativo en la relación con su esposa Dora y su hijo Giosuè. Conquistar a Dora es un bien arduo que estimula su imaginación para vencer los obstáculos que le alejan de ella: se hace pasar por un príncipe y llama princesa a la bella maestra, improvisa versos, tiende largas alfombras a los pies de su amada, recibe de la Virgen María la llave que abrirá el corazón de Dora y la libera de un compromiso enojoso llevándosela en un caballo pintado de verde. Pero su actitud no es de mero romanticismo pasional: el éxtasis amoroso lo pide todo y Guido promete una vida bella a los suyos. Por eso su juego creador transfigura la horrible realidad de un campo de concentración para hacer agradable y llevadera la existencia a sus seres queridos. El guión de Roberto Benigni termina con la plenitud del amor que llega hasta el sacrificio.

El éxtasis no empasta y seduce pues mantiene la distancia de respeto, y al final une de modo muy fecundo. El vértigo quiere anular toda distancia y acaba alejando. Los manipuladores tienden a confundir e igualar los dos procesos, porque las actividades que nos sacan de lo cotidiano embriagan, nos sacan de los límites ordinarios, pero *no todo salir de sí es creativo*. Soy más libre con la virtud y la poesía que con la embriaguez etílica. Un ejemplo lo ofrece una carta de Beethoven a sus hermanos sobre la virtud: «Sólo ella puede hacer feliz, no el dinero, yo hablo por experiencia; ella fue la que a mí me levantó de la miseria. A ella, además de a mi arte, tengo que agradecerle no haber acabado con mi vida a través del suicidio.» La experiencia de éxtasis que proporciona la virtud le permitió a Beethoven no hundirse a pesar de la enfermedad, la pobreza y el desprecio estético de sus contemporáneos. Incluso sostuvo su creatividad y pudo componer obras como la *Misa Solemne*.[19]

El vértigo desintegra al hombre y el éxtasis integra sus diversas energías; niega la creatividad y la sensibilidad para los grandes valores, es violento y esclaviza. El éxtasis todo lo contrario: es amable, aun siendo exigente. Un ejemplo es el vértigo del juego (ludopatía) genialmente descrito por el novelista ruso Dostoievski:

«No podía ser de otro modo: cuando una persona así se aventura una vez por ese camino, es igual que si se deslizara en trineo desde lo alto de una montaña cubierta de nieve: va cada vez más de prisa.»[20] Es un caída vertiginosa en el vacío más atroz.

---

[19] Cfr. LÓPEZ QUINTÁS, A.: *El arte de pensar con rigor y vivir de forma creativa*, o.c., pp. 559-560.
[20] DOSTOIEVSKI, F.: *El jugador*, Alianza editorial, Madrid 1980, pp. 126-127.

Se pierde la libertad interior: «Dése cuenta de que hablo de mi esclavitud no porque quiera ser su esclavo: lo hago, simplemente, como de un hecho que no depende de mí en absoluto». Y la agitación frenética da la impresión de felicidad pero es mera exaltación: «No diré que yo me sintiese alegre...No, recuerdo que entonces me sentía terriblemente triste, aunque riese a carcajadas con aquella estúpida de Blanche».

Y se intenta llenar ese vacío existencial con sucedáneos: «Al champaña empecé a recurrir con demasiada frecuencia, porque me sentía muy triste y aburrido.» «Si supieran hasta qué grado comprendo yo mismo la abyección en que he caído...»[21]

* * *

Hay muchos filmes que nos muestran la superación del vértigo y la entrada en el éxtasis tras la transformación catártica sufrida por el protagonista.

El éxtasis inspira, el vértigo arrastra. En *La lista de Schindler* vemos al protagonista arrastrado por el vértigo de su infidelidad matrimonial debido a sus aventuras sexuales. Debido a su pragmatismo sólo se preocupa de sus negocios empresariales. Más tarde le vemos evolucionar hacia la inspiración del éxtasis que le lleva a esforzarse por salvar vidas humanas. Pero su bien hubiera sido aún mayor, como reconoce en el clímax final, si no se hubiera dejado fascinar por la seducción de una vida placentera:

Schindler: Podía haber conseguido más... Si hubiera... No sé, si hubiera... Podía haber conseguido más...

---

[21] Ibíd, pp. 48, 164, 168, 179.

Stern: Oskar, hay dos mil personas que están vivas gracias a ti. Míralas.
Schindler: Si hubiera conseguido más dinero... He despilfarrado mucho dinero, usted no tiene ni idea. Si sólo hubiera...
Stern: Existirán generaciones enteras por lo que usted ha hecho.
Schindler: No hice lo suficiente. Este coche. Goeth hubiera comprado este coche. ¿Por qué me quedé con él? Diez personas, eso es, hubiera conseguido diez más. Esta insignia... Dos personas. Es de oro.

El proceso de éxtasis es genialmente descrito en la famosa realización de Frank Capra *¡Qué bello es vivir!* (1946). George Bailey (James Stewart) es un generoso padre de familia que vive en una tranquila y pequeña ciudad llamada Bedford Falls. Se encuentra agobiado por los problemas económicos, su falta de éxito en la vida y la preocupación por sacar adelante a su numerosa prole. Cuando parece que va a perderlo todo con el suicidio lo recupera gracias a la ayuda del simpático Clarence. La misión de este ángel consiste en lograr que George sea consciente del significado de su vida. Y lo conseguirá mediante una curiosa experiencia:

George: Entonces, si no he nacido, ¿quién soy yo?
Clarence: No eres nadie. No tienes identidad.
George: ¿Qué quieres decir? Mi nombre es George Bailey
Clarence: No existe ningún George Bailey. No tienes papeles, ni tarjetas, ni licencia de conducir, ni carné de identidad, ni seguridad social... Has recibido un gran don, George. La oportunidad de ver cómo sería el mundo sin ti.

Esta experiencia de aniquilación —aparte de mostrar el carácter relacional de la persona— hará ver al protagonista el sentido de su entrega y de su amor desinteresado a los demás. Sin él, su hermano y un enfermo habrían muerto, su mujer sería una infeliz solterona y el pueblo estaría sometido al feroz capitalismo del señor Potter. El éxtasis lo pide todo y acaba dándolo todo, como muestra la conmovedora escena final, en la que el pueblo entero se vuelca con su generoso vecino.

También el inicio de *En el nombre del padre* (1994), nos muestra a un Gerry Conlon (Daniel Day-Lewis) bohemio, entregado al placer y a las drogas. Una vez encarcelado injustamente junto con su familia, es incapaz de apreciar la figura extática de su sufrido padre Joseph (Peter Postlethwaite). Después de la muerte de éste en la prisión, reconocerá el valor de su progenitor, al que antes sólo criticaba.

En la preciosista *Canción de cuna* de José Luis Garci (1994) se muestra el gozo que se obtiene con la conducta basada en el éxtasis. Las alegría de las monjas en su entrega a Dios y a los demás hará cambiar a don José (Alfredo Landa), el escéptico médico del convento. Al final deseará morir rodeado por ellas.

La guerra de las galaxias nos muestra la transformación de un cínico y pragmático Han Solo (Harrison Ford), que será capaz de arriesgar su vida y su querido Halcón Milenario por salvar a sus amigos y la causa que defienden.

El sudor de los ruiseñores (1998), debut del joven realizador Juan Manuel Cotelo, no muestra sólo el contraste entre las culturas del oeste y este de Europa, sino también el enfrentamiento entre el éxtasis y el vértigo. Mihai (Alexandru Agarici), un joven músico rumano —casado y con una hija— que viene a la capital de España a buscar trabajo, representa el éxtasis. Y Tote (Carlos Ysbert), un vagabundo que lo acoge, el vértigo. Éste vive de las limosnas y de lo que roba o tima. La seducción de la infidelidad viene de la mano de Goyita (Maria de Medeiros), la dueña de la pensión donde se hospeda. En una antigua compañera universitaria de Tote, convertida en heroinómana y prostituta, Mihai contempla horrorizado las consecuencias del vértigo. Ante este panorama el joven violonchelista rumano huye desilusionado. No desea ser succionado por el torrente vertiginoso que encuentra en la sociedad consumista e insolidaria del Madrid actual.

La edad de la inocencia (1993), basada en la homónima novela de Edith Wharton situada en el Nueva York de finales del siglo XIX, presenta el vértigo pasional de Newland Archer (Daniel Day-Lewis) y una joven divorciada Ellen Olenska (Michelle Pfeiffer), prima de su prometida. El vértigo es superado por el éxtasis amoroso de Archer a su esposa May (Winona Ryder) y por el temor de los amantes a ciertas convenciones sociales. En la conmovedora escena final Archer, ya viudo, se para ante el balcón de su antigua amante, pero sin entrar en la casa.

En la cuidada y bella versión que hace Bille August de la novela de Víctor Hugo *Los Miserables* (1998), se muestra la transformación moral de Jean Valjean (Liam Neeson), un exconvicto condenado a diecinueve años de cárcel por robar pan. Resentido por la tremenda injusticia cometida con él, cambiará gracias a la actitud misericordiosa de un obispo. Este arco de transformación del protagonista contrasta con el inmovilismo, causado por el vértigo del poder legal, que representa el inspector Javert (Geoffrey Rush). El obstinado policía —símbolo del racionalismo más atroz— no cree en la regeneración moral de las personas. Dicha actitud le llevará a perseguir sin descanso a Valjean. Éste ha iniciado una honrada vida como dueño de una fábrica de ladrillos y como alcalde. También adopta a la hija de una madre soltera que muere de tuberculosis. Ciego ante estos cambios, el inspector Javert sólo anhela satisfacer su voluntad de poder justiciero. Su actitud final es consecuencia de su vacío existencial: «ya está muerto, Javert.», le dice Valjean después de perdonarle la vida.

Por último, podemos fijarnos en el protagonista del guión elaborado por Steven Zaillian[22] para *Acción civil*. Se trata de un abogado que se aprovecha de las enfermedades ajenas, Jan Schlichtman (John Travolta). El pragmático jurista, inspirado en un personaje real, acabará regenerándose después de arruinarse en un litigio con unas poderosas empresas químicas, responsables de la muerte por leucemia de varias personas en Massachusets.

La lista podría alargarse, pero creo que basta con estos ejemplos para que el lector comprenda la dinámica de las actuaciones humanas. Estas nunca son indiferentes y marcan al ser humano llevándolo hacia su realización y plenitud personal. Aunque también pueden despeñarle hacia el abismo del vacío y la destrucción moral o física.

El juego como actitud creativa:
The Game **y** *La vida es bella*

The Game, dirigida por el realizador de *Seven* David Fincher, muestra, de un modo limitado pero eficaz, las virtudes transformadoras o catárticas del juego. Con esta narración fílmica se puede advertir que la vida tiene tam-

---

[22] Guionista, entre otras, de *Despertares*, *La lista de Schindler* o *En busca de Bobby Fischer*.

bién una estructura lúdica. La palabra juego se emplea con frecuencia en la actualidad, y no sólo en el ámbito filosófico sino también a nivel ordinario. No hace falta más que añadir el calificativo de lúdico a una actividad para que quede inmediatamente prestigiada.

Para que algo pueda considerarse juego, en sentido estricto, debe poseer unas normas o reglas que lo encaucen hacia el logro de unos fines. A estos fines se llega mediante la *creación* de jugadas en el deporte, de formas bellas en el arte o de acciones virtuosas en la ética. Las jugadas se realizan fundando relaciones creativas, no meramente instintivas o fusionales, entre diversas realidades.

Por eso el filme sigue la misma estructura narrativa que un juego. Nicholas Van Orton (Michael Douglas), un amargado y solitario hombre de negocios, recibe de su hermano un misterioso regalo de cumpleaños: una tarjeta, con las iniciales CRS (Consumer Recreation Service), para inscribirse en un juego peligroso que le cambiará la vida. Sufre accidentes, chantajes y bromas pesadas. Van Orton, acostumbrado a su voluntad de poder, al total dominio sobre su vida, se descubre inmerso en una trama de la que no es dueño en absoluto. Este original *thriller* combina el suspense y el impacto emocional en el espectador, que sufre y es engañado junto con el protagonista.

* * *

The Game nos permite considerar como algo ordinario la capacidad creativa del hombre. En esta suposición se basa la teoría del juego. La Filosofía contemporánea (Gadamer, por ejemplo) destaca el carácter lúdico de todo acontecimiento estético: «Lo que nos sale al encuentro en la experiencia de lo bello y en la comprensión del sentido de la tradición tiene realmente algo de la verdad del juego»[23].

Sin embargo, también se puede afirmar que existen distintos tipos de juego, en consonancia con las diferentes modalidades de experiencia: ética, estética, religiosa, etc. Todos ellos tienen en común el ser fuente de esplendor y realizarse en el campo de *luminosidad* que ellos mismos desprenden. Para comprender, para ver con *claridad* una realidad hay que hacer juego con ella, así se nos muestra la riqueza de la misma. Nunca disfrutaré de un cuadro si no conozco su génesis, si no me introduzco en él y contemplo su riqueza expresiva. De este modo surge la *luz* para nuestro *entendimiento*. Lo mismo ocurre, salvando las distancias, con los valores éticos y religiosos.

En las primeras escenas del guión de Andrew Kevin Walker, mientras Nicholas Van Orton habla con dos individuos que ya han realizado el mismo juego, se nos da un anticipo de la función iluminadora de la vida que esa actividad lúdica provocará en el protagonista de *The Game*.

Nicholas: Hablando de juegos... No he podido evitar escucharles cuando hablaban de C.R.S. Digo esto porque, precisamente, realicé el test esta misma tarde, en Montgomery Street.
Hombre de negocios 2: ¿De veras? Excelente.
Hombre de negocios 1: Entonces, el suyo aún no ha comenzado.
Nicholas: Aún no. Me preguntaba si podrían decirme... eh... De qué se trata.
Hombre de negocios 1: Aaah, ¿de qué se trata?
Hombre de negocios 2: La eterna cuestión.

---

[23] *Verdad y Método. Fundamentos de una hermenéutica filosófica.* Ed. Sígueme, Salamanca 1977, p. 585.

Hombre de negocios 1: Le envidio. Desearía volver atrás y hacerlo de nuevo, por vez primera, una y otra vez. Por las... nuevas experiencias. Si me disculpa, debo marchar. Buenas noches, Jon... Nicholas.

Nicholas: ¿Ha jugado usted recientemente?

Hombre de negocios 2: ¿Hmm? No, hace un año más o menos. Cuando trabajaba en Los Ángeles.

Nicholas: Tengo buenas referencias de la sucursal de Londres. Debo admitirlo, suena a fantasía. A un estúpido juego de rol.

Hombre de negocios 2: ¿Desea saber lo que es? Juan. Capítulo nueve. Versículo veinticinco.

Nicholas: Yo, eh... hace años que no voy a la iglesia...

Hombre de negocios 2: «Antes estaba ciego, y ahora puedo ver». Buenas noches, Nick. Le deseo la mejor de las suertes.

Este misterioso juego tiene la sorprendente virtualidad de lograr que los participantes se encuentren con la verdad. Se puede definir la verdad como un encuentro con la realidad, pero este descubrimiento está unido indefectiblemente al compromiso existencial y a la capacidad creadora, condiciones ambas del juego creador. No se puede conocer la verdad sobre el hombre con una actitud desarraigada, despegada de lo real, que huye del compromiso. Nicholas está ciego porque es un personaje frío y calculador, distante, incapaz de auténticas relaciones personales y de compromisos estables.

En esto consiste el juego: activar la capacidad creadora para comprender la génesis misma de los acontecimientos básicos de la existencia humana, *desde dentro*, comprometidamente.[24] Tal es la finalidad del regalo de cumpleaños que recibe el protagonista de *The Game*. Una aventura que le lleve a conocerse mejor y rectificar. Sólo

---

[24] Cfr. LÓPEZ QUINTÁS, A.: *Estética de la creatividad. Juego. Arte. Literatura*. Ediciones Cátedra, S.A., Madrid, 1977, pp. 27-28.

un juego así puede lograr que Nicholas Van Orton cambie, y para ello deberá experimentar en su propia carne los efectos del vértigo del placer y del poder.

a) La seriedad de la experiencia lúdica

Con frecuencia se tiende a clasificar el juego como una consecuencia del impulso de imitación, expresión de una voluntad de poder o algo superfluo y separado de la seriedad de la vida corriente. Pero en sentido riguroso —afirma López Quintás— jugar es crear algo valioso bajo unas normas determinadas. Cuando se afirma que para ello hay que alejarse de lo cotidiano se pretende expresar esa distancia de la inmediatez, de las preocupaciones cotidianas, de los intereses utilitarios, que nos permite el encuentro fecundo con lo real. En modo alguno podemos considerar el juego como algo intrascendente y trivial[25]. Cuando nos movemos en un campo de realidad, este nos ofrece una serie de posibilidades que podemos asumir (como hace Guido en *La vida es bella*), ya sea de un modo estético, ético, metafísico o religioso. Estas posibilidades que a la persona como ámbito de realidad le ofrece el ámbito de lo real en el que se mueve, son *posibilidades lúdicas.*

Guido es capaz de ver estas posibilidades en el ámbito amoroso y familiar. Para conquistar a su mujer tuvo que estimular su creatividad para superar los obstáculos que le alejaban de ella. Y también el juego creador le lleva a transformar la horrible realidad del campo de concentración para hacer agradable y llevadera la existencia a sus seres queridos.

---

[25] Cfr. GADAMER, H.G.: *Verdad y Método*, o.c., p.144.

Para jugar hay que advertir, como venimos repitiendo, que tanto el juego como el jugador son ámbitos de realidad y no meros objetos. El mundo que nos rodea y los otros son un misterio que siempre nos sorprende, cuando lo contemplamos con una mirada libre de prejuicios reduccionistas. ¿Por qué podemos ejercitar nuestra creatividad de un modo lúdico? Una respuesta precipitada diría que gracias al dinamismo ingenioso de nuestra psicología. Pero no hay que olvidar que la fuente de la que se alimenta la creatividad es el carácter ambital y misterioso de lo real. No se puede reducir el campo de juego a una creación de la inteligencia, sin aludir a la dimensión metafísica del mismo. Jugar no es ser un iluso, ni un alucinado, como no lo es Guido Orefice, sino estar perfectamente instalado en lo real, con todas sus posibilidades. Si el bien no fuera posible, si la vida fuera algo absurdo, cerrado y caótico, nuestro personaje no hubiera podido crear ese gran juego, basado en el amor, para hacer bella la vida de Dora y Giosuè (y la suya propia).

En el juego de la vida el sujeto no es el dueño absoluto —como comprueba el protagonista de *The Game*—. Tampoco se puede decir que el sujeto de la actividad lúdica sea el propio juego, y no los jugadores. Tanto el jugador como el juego son ámbitos de realidad, ninguno domina al otro sino que se refuerzan mutuamente. Somos sólo co-autores de la narración de nuestra existencia. Decir que con nuestra vida podemos hacer *absolutamente* lo que queramos es utópico e irresponsable. Nuestra trama vital interfiere con los otros. Todas nuestras decisiones —lo queramos o no— les influyen en mayor o menor grado. La postura contraria tampoco es certera: dejarse llevar por los impulsos vitales, abdicar del control de nuestra historia. Nuestra libertad y nuestra capacidad de reflexionar no pueden desaparecer absorbidas por lo lúdico.

La teoría del juego también nos permite ampliar el alcance y profundidad de la experiencia, pues al ver la realidad como un ámbito que nos envuelve y nos apela a hacer juego con él, y no como un mero objeto dominable, controlable y delimitado, descubrimos el verdadero sentido y alcance de la vida. Esta llamada a nuestra libertad se percibe de un modo más nítido en *La vida es bella* que en *The Game*. En esta última película parece que el juego proviene de una fuerza impersonal y cruel que controla absolutamente al jugador. Van Orton es forzado a jugar, Guido, en cambio, inicia el juego como una respuesta libre a las situaciones (alegres o dramáticas) por las que se siente apelado.

Todo lo dicho anteriormente no implica una concepción de la vida como mera evasión lúdica, en el sentido de falta de compromiso con la realidad y desvinculación de ésta. Más bien al contrario, ya que el propósito del juego es mostrar el camino para llegar a una auténtica unidad con lo real. Al final de su peripecia, Nicholas Van Orton sufre una transformación al descubrir que su actitud vital solitaria, despótica y escéptica, le alejaba de la auténtica realidad.

b) El sentido de las acciones humanas

La teoría del juego también permite comprender la diferencia entre significado y sentido en nuestras acciones. El sentido viene a ser el significado especial que adquiere una acción (una jugada) en una trama de relaciones. La persona es un ser relacional y dialógico. Hay relaciones de filiación y paternidad, de amistad, amorosas, laborales, etc. El comportamiento variará según la relación. Por eso aunque un deseo signifique mucho para una persona, puede que no tenga sentido, porque no se puede confundir la relación de amistad con la laboral o la conyugal. Un sentimiento amoroso hacia una persona puede significar mucho, pero no tener sentido si esa persona tiene un compromiso de fidelidad hacia otra. No se debe deformar la realidad según el propio entendimiento, interés o gusto. Y el sentido se da en un nivel de realidad distinto y superior en posibilidades al que se da en el significado. Pero ambos deben integrarse, aunque el sentido siempre abarca más que el significado.

La persona que actúa sin atenerse a ninguna instancia que dé sentido a su comportamiento, no supera el nivel del mero agitarse frenético, la acción dispersa, inarticulada, sin unidad y finalidad y, consecuentemente, sin significado pleno.[26] Es lo que se muestra de un modo demasiado explícito en la desgarradora *Historias del Kronen* o en la también polémica *Pulp Fiction*. *American History X*, a pesar de su dureza, se aleja de estos dos últimos ejemplos por la redención final del protagonista, Derek (Edward Norton). Se trata de un muchacho inteligente y con madera de líder que se deja arrastrar por el vértigo de la violencia racista. Su estancia en la cárcel, la ayuda que allí recibe de un compañero negro y de un profesor también de color, lograrán que cambie su visión del mundo.

La fuente de sentido, por tanto, no es el sujeto aislado, ni el mero objeto, sino el encuentro que permite el juego creador, y que requiere esa distancia de perspectiva necesaria para evitar, tanto la fusión (provocada por las drogas, el sexo desenfrenado y el vértigo de la conducción temeraria) como el dominio despótico. Aunque de un modo traumático, así encuentra Derek el sentido de su vida. La cárcel le hace reflexionar y aprender el arte del autocontrol.

---

[26] Cfr. *Estética de la creatividad*, o.c., p. 35.

Las experiencias plenas de sentido son envolventes, y por eso son incompatibles con la voluntad de mero dominio de las cosas y las otras personas, que está por ejemplo en la base del racismo. El descubrimiento de los valores estéticos, éticos, religiosos, y de las raíces últimas del sentido, implica respetar y hacer juego con ese misterio en que consiste la realidad. La persona destemplada, sin autodominio, no respeta el misterio de la vida. Su acción se disuelve en el sinsentido y en el vacío existencial. Tal es la postura antropológica que está en la base de muchos comportamientos violentos y destructivos.

¿Cómo se descubren las raíces del sentido de las acciones humanas? Hay que tener en cuenta que los valores no son objetos o cosas que podamos controlar, sino ámbitos que sólo comparecen en el juego creador. Para conocerlos se requiere una actitud ética de respeto (Derek los descubre cuando abandona su actitud irascible). Además son relacionales, pero no relativos al sujeto, es decir, tiene que haber una persona para que se manifiesten, aunque ella no es la causa creadora de los mismos.

c) Juego, arte y compromiso vital

Sería erróneo desgajar el juego creador de la realidad aludiendo a su posible carácter ficticio. Afirma López Quintás que por ser «*artificial* no es el juego necesariamente *artificioso* en sentido de *arbitrario*, ficticio, meramente subjetivo y fantástico.» Pues a pesar de ser artificial en 'razón de su origen', no por eso es irreal, sino no-natural (hay que aprender a jugar, no nacemos sabiendo). Pero tampoco es anti-natural, sino cultural o manifestación de la naturaleza cultural del hombre, es decir, «fruto de un acto creador humano, acto libre y convencional (es decir, reglado conforme a normas prefijadas)».[27]

De todos modos sería imposible considerar lo lúdico como algo meramente ficticio e irreal, por varios motivos:

1) Lo irreal es un momento de lo real. La fantasía creadora plasma realidades en ficción. El contenido de las narraciones es ficticio pero no ajeno a la verdad. Todo el mundo advierte el contenido humano que se esconde en una novela como *El Señor de los Anillos*: los conflictos morales, el carácter redentor del sacrificio, el valor de la solidaridad, el hombre como animal religioso, etc.

2) La inteligencia nunca abandona lo real, tampoco en su dinamismo creador. Pero debe contrastar sus creaciones con la realidad, pues ésta nos da o nos quita la razón.

El juego, por otra parte, es de condición lujosa y extraordinaria porque otorga libertad y luz para comprender el sentido de nuestra existencia. Es una actividad lujosa porque sólo podemos jugar si tenemos resueltas las necesidades vitales básicas. Una persona que se esté muriendo de hambre difícilmente querrá jugar. Además, este lujo está promovido por el carácter abierto de la realidad, que siempre da más de sí (para el que es creativo, como Guido en *La vida es bella*). El ámbito de lo existente no es algo concluso y cerrado, por eso el dinamismo creador del hombre no tiene fin. Siempre hay una salida creativa y un sentido para los atolladeros de la vida humana.

---

[27] Ibíd, p. 51.

Lo lúdico no consiste, pues, en una evasión de la vida y de la responsabilidad. Tampoco en un desprenderse del poder de lo real, como parece advertir el pensamiento posmoderno. Bien es verdad que en el juego se da una superación del tiempo objetivo, que se vive como levedad y libertad desvinculada. Al jugar nos sentimos más libres y el tiempo vuela con ligereza. Lo mismo ocurre en las actividades creativas cuando se viven con intensidad y entusiasmo: arte, ética, religión, etc. El que las ejercita parece que se evade del mundo real y está en las nubes del ideal ético, o del éxtasis artístico o religioso.

Pero esa liberación que nos proporciona el juego nos ayuda a superar el utilitarismo y, por tanto, nos compromete con la verdad, la belleza y el bien. Estos valores siempre merecen la pena por sí mismos, por encima de la mera utilidad. El que se deja envolver por la verdad, la belleza y el bien advierte que lo fundamental en la vida no es utilizar lo que nos rodea para extraerle su jugo, sino enriquecerse personalmente con ello. Es más importante el *ser*, la lucha por adquirir la perfección personal, que el *tener* o el poseer. Guido no *tiene* tiempo, como lo demás, para descansar después de los extenuantes trabajos forzados a que le someten en el campo de concentración. Sólo piensa cómo lograr que la vida de su esposa y su hijo *sea* bella. Con la actividad lúdica conseguimos esta realización personal.

El juego no desvincula de lo real, más bien impide que nos fusionemos con el entorno. Hace falta una cierto despego de lo inmediato y de sí mismo para no dejarse arrollar por la avalancha deshumanizadora de una guerra. Precisamente, gracias a esta actitud, el protagonista de *La vida es bella* obtiene la fortaleza de ánimo necesaria para conseguir sus objetivos. Del mismo modo, las reglas del juego impiden que reduzcamos todo a mero objeto de dominio. Guido sabe que las normas de ese juego, del que es coautor por amor a los suyos, pueden exigirle la entrega de su vida.

Entender el juego como algo opuesto a la seriedad y a la responsabilidad es una manifestación de la voluntad de poder. Dicha actitud se mueve en un nivel de manipulación y dominio de meros objetos. Es el caso del médico alemán que sólo aprecia a Guido por su ingenio para resolver acertijos. Su objetivismo racionalista le impide ver el peligro que atenaza a su antiguo camarero, y elude todo compromiso para salvarle. Para este oficial nazi el juego es una evasión irresponsable.

Por el contrario, el juego artístico huye de la superficialidad y supera el plano de las realidades efímeras e intranscendentes. En ello radica el secreto del eterno atractivo del arte: su capacidad para unir las capas *superficiales* de lo real con el compromiso por sus niveles más *hondos.* Una mirada apresurada a *La vida es bella* podría hacernos creer que se trata sólo de una comedia superficial. Sin embargo, como hemos analizado, es más bien una película de gran calidad estética y narrativa, que muestra la profundidad que se encierra en el amor humano. Lo mismo ocurre con otras producciones como *E. T., el Extraterrestre* o *Toy Story*, entre otras muchas. No se trata sólo de meros entretenimientos fantásticos —que lo son— sino de agudas reflexiones, vertidas en imágenes, sobre la verdadera amistad, el sentido de la vida y la felicidad.

7. Cómo orientarse en el laberinto de los sentimientos
Inteligencia emocional y madurez personal
Sentido y sensibilidad y *Lo que queda del día*

> «Debido al hecho de que la mente racional invierte algo más de tiempo que la mente emocional en registrar y responder a una determinada situación, el *primer impulso*, ante cualquier situación emocional procede del corazón, no de la cabeza».
> (Daniel Goleman, *Inteligencia emocional*)

Intentar un estudio del complejo mundo de los sentimientos plantea una serie de cuestiones: ¿No se trata de un mundo subjetivo donde cada uno se las apaña a su manera? ¿Acaso no dependen los sentimientos de la cultura, la educación y de las épocas históricas? ¿Quién —aparte de mí— puede saber lo que siento?

Pero se puede advertir que los sentimientos no son sólo modificaciones de nuestra subjetividad, sino que implican alteraciones orgánicas, deseos, un modo de conducta, y por supuesto algo que los desencadene: La alegría, por ejemplo, no es una mera sensación, sino que alguien se alegra *por algo* o *por alguien*, se le acelera el corazón, desea cantar o saltar, sonríe, aplaude, etc.

Otro sentimiento como el odio está relacionado con: 1) determinadas circunstancias valoradas como odiosas, 2) síntomas externos del odio que se pueden describir y 3) determinadas conductas dirigidas a evitar o apartar el objeto odiado.[1] Para conocer este sentimiento, como dice Aristóteles, hay que saber: «cuál es el estado de la mente del iracundo, contra quién suele irritarse y en qué ocasiones suele hacerlo; pues de conocer sólo uno o dos aspectos, pero no todos ellos, no sería posible provocar la ira.»[2]

Es posible, por tanto, analizar los afectos: tal es el objetivo de algunos ensayos recientes. Daniel Goleman, como ya se dijo, se apoya en la más moderna investigación sobre el cerebro y la conducta para explicar por qué personas con un alto coeficiente intelectual fracasan en sus proyectos vitales, mientras que otras con un CI más modesto triunfan clamorosamente.

«En un sentido muy real todos nosotros tenemos dos mentes, una mente que piensa y otra mente que siente, y estas dos formas fundamentales de conocimiento interactúan para construir nuestra vida mental. Una de ellas es la mente racional, la modalidad de comprensión de la que solemos ser conscientes, más despierta, más pensativa, más capaz de ponderar y de reflexionar. El otro tipo de conocimiento, más impulsivo y más poderoso —aunque a veces ilógico—, es la mente emocional»[3].

La inteligencia emocional es una forma de interactuar con el mundo que tiene muy en cuenta los sentimientos. Y engloba habilidades tales como el control de los impulsos, la autoconciencia, la motivación, el entusiasmo, la perseverancia, la empatía y la agilidad mental.

El déficit de inteligencia emocional repercute en mil aspectos de la vida cotidiana, desde problemas matrimoniales, académicos, depresiones, delincuencia, hasta trastornos de salud (alimentarios por ejemplo).

---

[1] Cfr. J. VICENTE-J. CHOZA, *Filosofía del hombre*, o.c., pp. 229ss.
[2] *Retórica* II, 1: 1378 a 22-5. Cfr. *Sobre el alma* I, 1: 403 a 25-7.
[3] *Inteligencia emocional*, o.c., p. 30.

Sensaciones y afectos

La afectividad es un aspecto esencial de la psicología humana[4]. En ella se unen lo sensible y lo intelectual. Con la afectividad nos encontramos en el reino de los sentimientos, emociones y pasiones. Hay diferencias de matiz entre cada uno de estos fenómenos psíquicos: la emoción, por ejemplo, es más vehemente e incontrolable que el sentimiento. Pero no entraremos en estas distinciones pues en el lenguaje ordinario se admiten como sinónimos.

Los sentimientos se pueden definir como el modo de sentir las tendencias. Son la conciencia de la armonía o disarmonía entre la realidad y nuestras tendencias[5]: si una situación o una cosa me produce tristeza es porque la experimento como un obstáculo para mis fines. Los sentimientos informan del acuerdo o del enfrentamiento entre la realidad percibida y nosotros. No son ciegos, pues nos dan un conocimiento de la realidad que los provoca y del sujeto que los siente. Informan acerca de cómo le afectan los objetos y el mundo circundante.

No se debe confundir sensación y sentimiento. La sensación sólo nos hace conscientes de objetos externos o de nuestro cuerpo —«siento que me roza el zapato»—, de nuestra situación orgánica (cenestesia) o de nuestro movimiento (cinestesia). Sin embargo, el sentimiento implica una valoración de lo que nos rodea —«siento una gran alegría por la noticia»—. Algo diferente a sentir el roce de un objeto o un dolor de estómago. Los sentimientos no informan de un modo inmediato o aséptico del

---

[4] Cfr. R. YEPES-J.ARANGUREN: *Fundamentos de Antropología*, o.c., pp. 45-59.
[5] Cfr. CHOZA, J.: *Manual de antropología filosófica*. Rialp, Madrid, 1988, p. 221ss.

mundo circundante o de nuestro cuerpo, por eso las emociones no tienen una localización orgánica precisa (aunque sí tienen localización cerebral); no se siente con un órgano, como se oye con el oído. La vergüenza no se siente en las mejillas aunque estas se sonrojen[6]. Además, los sentimientos dan lugar a una acción, un comportamiento, mientras que la sensación termina en ella misma (en todo caso da lugar a un acto reflejo, como retirar la mano del fuego).

No es lo mismo *la sensación de vivir*, que es un placer corporal, una experiencia de salud biológica, que la riqueza de la vida *sentimental*. Basta con leer una buena poesía para ver la diferencia. En la película *Despertares* aparece Leonard Lowe, un encefalítico que desde joven educó sus sentimientos y cultivó su interioridad con la lectura. Cuando el doctor Sacks le pide que escriba su nombre le remite al título de una poesía: *La pantera*, del gran escritor checo en lengua alemana Rainer Maria Rilke (1875-1926). Con ella le muestra al neurólogo su profunda *vida sentimental*, que no se reduce a la *sensación de vivir* sometido a una enfermedad. La vida afectiva de Leonard está fundada en una voluntad luchadora, pero prisionera durante décadas en un cuerpo paralizado:

> Sus ojos, de tanto mirar entre las rejas,
> están tan cansados que ya no pueden ver
> otra cosa. Para él, es como si hubiera
> mil rejas; y tras estas mil rejas, no hubiera mundo.
>
> Camina en pequeños círculos, una y otra vez,
> y el movimiento de sus vigorosos pasos
> es como una danza ritual alrededor de un centro
> donde una voluntad gigantesca yace paralizada.

---

[6] Cfr. J. VICENTE-J. CHOZA, *Filosofía del hombre*, o.c., pp. 235-241.

De vez en cuando, el telón de los ojos
se levanta, en silencio: penetra una imagen,
se desliza por el silencio tenso de los hombros,
se zambulle en el corazón y muere.

Sentimientos de vértigo y de éxtasis

En la tradición aristotélico-tomista, los sentimientos o pasiones se definen como perturbaciones de la subjetividad resultantes de una valoración, en forma de deseo o rechazo, sobre la realidad. Si los sentimientos son el modo de sentir las tendencias, partiendo de ellas (deseo o voluntad de placer, impulso o voluntad de poder, y voluntad de sentido), del objeto al que se refieren y del tiempo, se pueden deducir los diversos tipos de sentimientos: La inclinación general al bien es el *amor*[7] (aceptación, cordialidad, confianza, afinidad, devoción, adoración, enamoramiento) y el *odio* su contraria. Respecto del bien todavía no alcanzado surge el *deseo* y al poseerlo el *gozo*[8] (alegría, tranquilidad, satisfacción, deleite, felicidad, éxtasis). El conocimiento de un mal posible da lugar al *rechazo o aversión* (desprecio, antipatía, disgusto, desdén, repugnancia). Y cuando se trata de un mal presente la voluntad de placer reacciona con el *dolor* o la *tristeza* (aflic-

---

[7] El amor como tal no es un sentimiento, sino un acto de la voluntad, pues forma parte del sentido de la vida, por lo que debe basarse en algo más estable que el mero afecto.

[8] El gozo es más duradero y estable que el deseo. El deseo termina cuando alcanzamos lo deseado, pero el amor y el gozo pueden continuar una vez lograda la posesión de lo anhelado. En esto radica el afán de permanencia que late en el amor y la felicidad: «Pero el gozo quiere eternidad /Quiere profunda, profunda, eternidad.» (Nietzsche, *Así habló Zaratustra*, III).

ción, pena, desconsuelo, melancolía, autocompasión, desaliento). Ante el bien futuro que se considera alcanzable —o el mal que se piensa que se puede superar— surge la *esperanza*; pero si se considera inalcanzable o el mal inevitable surge la *desesperación*. Los sentimientos que surgen ante un mal futuro son el *temor* (ansiedad, consternación, angustia), si se considera inevitable, y la *audacia* si se considera superable. Frente al mal presente la voluntad de poder reacciona con un impulso de *ira* (indignación, enojo, resentimiento, acritud, animosidad, rabia, furia).

No es tarea fácil esquematizar los afectos. De ahí que esta clasificación sea orientativa[9], pues, por ejemplo, un sentimiento relacionado con la ira, como son los celos, incluye tristeza y temor. Por eso veremos luego otro esquema sentimental que, desde una perspectiva propia de la filosofía contemporánea, engloba todo el actuar humano. Pero con el esquema clásico se pueden entender los sentimientos como la conciencia de la adecuación y armonía —o lo contrario— entre nuestras tendencias y la realidad.

De este modo queda claro que lo importante es el bien real y no nuestro estado subjetivo. El placer y la alegría son consecuencias de la posesión del bien, pero no el bien mismo. La persona que sólo atiende a sus estados subjetivos de placer, dolor o alegría, no puede abrirse a los demás o al mundo. Se vuelve incapaz de amar —reduce el amor a la complacencia que le produce su sentimiento amoroso— o de asombrarse y conocer lo que le rodea —sólo le interesa el aspecto placentero o útil de las cosas, no la riqueza de verdad, bien o belleza que poseen—. Es lo que le ocurre, como vimos, al protagonista de *Ciudadano Kane*,

---

[9] Cfr. GOLEMAN, D.: *Inteligencia emocional*, o.c., p. 442.

cuando su segunda mujer le comunica que va a dejarle: no le importa tanto el amor de ella, como el sufrimiento y el desprestigio social que le causará ese abandono.

Además, los sentimientos y pasiones forman un complejo laberinto en el que interviene toda la persona: inteligencia, la voluntad y tendencias. Resulta muy revelador observar cómo los sentimientos nos informan acerca de la índole —creativa y respetuosa o, por el contrario, dominadora e utilitarista— de nuestra relación con lo real. Es lo que en el capítulo anterior llamábamos —empleando terminología de López Quintás— experiencias de éxtasis y experiencias de vértigo. Se puede proponer una clasificación de los sentimientos relativos al tipo de actitud que una persona toma con su entorno o ámbito de realidad[10]:

SENTIMIENTOS DE VÉRTIGO	SENTIMIENTOS DE ÉXTASIS
Afán de poder, individualismo	Respeto
Euforia	Exultación, gozo
Decepción (conciencia de ser un iluso)	Satisfacción (conciencia de estar ilusionado)
Aburrimiento, tristeza, angustia	Vitalidad, Alegría, Entusiasmo
Resentimiento	Agradecimiento
Desesperación	Felicidad, sentido de la vida
Odio, destrucción	Amor, creatividad

---

[10] Cfr. LÓPEZ QUINTÁS, A.: *El arte de pensar con rigor y vivir de forma creativa*, p. 519.

La afectividad como fuente de conocimiento

Tras el intermedio de la Filosofía Moderna que, con algunas excepciones, negó el valor cognoscitivo de los sentimientos, la Filosofía Contemporánea ha vuelto a retomarlo. Se pensó durante la Modernidad que los sentimientos y la experiencia en general eran un conocimiento meramente subjetivo, confuso y opuesto la pensamiento. Pero la Fenomenología y la Hermenéutica contemporáneas han considerado la experiencia humana con más amplitud, teniendo en cuenta la riqueza del conocimiento sentimental plasmado en los símbolos y en el arte en general.

El racionalismo despreció los sentimientos por considerarlos una facultad no cognoscitiva. Pero desde la nueva perspectiva abierta por los métodos filosóficos actuales, la afectividad (unida a la intelección) se considera una facultad que expresa la riqueza de lo real. Tal es el origen de las afirmaciones —de varios autores— sobre la función metafísica de los sentimientos. Paul Ricoeur[11], por ejemplo, está situado, al igual que Heidegger y Gadamer, en esa tradición filosófica que rechaza el racionalismo cartesiano, es decir, la consideración del hombre como yo-puro, es decir una pura cosa pensante (*res cogitans*).

El yo humano, para Ricoeur, no puede conocerse a través de su sola actividad racional. Esta idea es herencia heideggeriana, ya que el sujeto que interroga debe ser considerado como perteneciente a la realidad sobre la que interroga. La sola razón no es *la* vía para comprender la vida. No se pueden tratar temas trascendentales para nues-

---

[11] RICOEUR, P.: *Finitud y culpabilidad. La simbólica del mal,* Taurus, Madrid, 1969, p. 712. Cfr. ZUBIRI, X.: *Sobre el sentimiento y la volición.* Alianza Editorial. Fundación Xavier Zubiri. Madrid, 1992, p. 376ss.

tra existencia con despego racionalista, como si no tuvieran que ver con nosotros. Igual que nadie hablaría de sus seres queridos con frialdad, nadie puede tratar del ser humano como si fuera un alienígena que estudia una especie desconocida. La especulación intelectual nos distancia, en cierto modo, de lo inmediato, pero los sentimientos nos vinculan con nuestra situación en la realidad.

Hay, pues, un peligro inserto en la pura racionalidad exacerbada: es el espíritu hipercrítico que desconfía de todo y no se compromete con nada. En *Despertares*, el doctor Sacks, movido por su amor y comprensión a los enfermos, busca un medicamento para librarlos del sopor cerebral que les ha convertido en estatuas humanas. Al descubrir una droga terapéutica que resulta eficaz para el tratamiento de la enfermedad de Parkinson, decide pedir asesoramiento a un químico. La única y tajante respuesta que recibe del escéptico investigador es: «No lo sé. Sólo soy un químico. Usted es el que causará el daño.»

Afirma Paul Ricoeur que no se puede separar el aspecto subjetivo y objetivo de los sentimientos. Hay que integrar los afectos con la inteligencia: el doctor Sacks no puede fiarse sólo de su intuición basada en el amor. Deberá probar con cautela el nuevo medicamento en un solo paciente, y con autorización familiar.

La inteligencia sentimental manifiesta nuestro modo de instalación en el mundo, nuestra perspectiva afectiva. La intuición, la corazonada, el presentimiento son conocimientos provocados por una vinculación afectiva a un ámbito de lo real. Pero este modo intuitivo debe ser explicitado por la razón. Una intuición es algo incompleto que pide ser desarrollado. Se puede intuir que alguien es una buena persona o que un libro parece interesante, pero sólo al entrar en juego creador con esa persona o ese libro (tratándola o leyéndolo) podremos matizar nuestra intuición.

Para lograr una comprensión de los sentimientos y de los sucesos de nuestra vida, Ricoeur dirá que es preciso analizar los signos, los símbolos y los textos. No podemos recluirnos en el sentimentalismo irracional e irreflexivo causado por el frenesí de las imágenes que nos inundan. En nuestra sociedad el mundo del lenguaje, de las imágenes, precede y engloba al hombre[12]. Este lenguaje y estas imágenes deben ser analizados para que no se conviertan en fuente de manipulación. Los símbolos y textos (novelas, poemas, dramas, películas, cuadros, textos filosóficos y religiosos, etc.) poseen una gran carga, no sólo de sentimientos, sino también de verdad, bien y belleza, implícita en unos casos y explícita en otros.

Con estas ideas que aporta la Filosofía actual, «se corrige el *imperialismo* de la objetividad científica, a la vez que se intenta descubrir en el arte, la moral, etc., su inteligibilidad específica.»[13] La ciencia no tiene la exclusiva de la racionalidad, también la ética, el arte, la religión, tienen su lógica. Hay muchos tipos de racionalidad y no tienen por qué ser excluyentes. Es insuficiente decir que la ciencia muestra hechos y que todo lo demás son valoraciones opinables (ética, estética, religión, etc.). Muchas teorías científicas son muy discutibles o meras hipótesis y, en cambio, hay grandes certezas o valores universales cuando hablamos de los derechos de la persona, de las grandes obras de arte o de la finalidad de la religión.

En definitiva, está claro que los sentimientos potencian el conocimiento a través del interés (amor, odio, esperanza), aunque también pueden impedirlo: la melancolía, la tristeza, el hastío o el terror paralizan el recto uso de la mente.

---

[12] Cfr. *Finitud y culpabilidad. La simbólica del mal*, o.c., p. 701.
[13] CHOZA, J.: *Manual de antropología filosófica*, o.c., p. 283.

La educación sentimental

No es malo ser un sentimental, lo pésimo es el mero sentimentalismo o la actitud sentimentaloide. Uno se puede emocionar con gestos generosos, buenas novelas o películas y con bellas composiciones musicales. Los sentimientos son un modo de conocer —ya lo decía Max Scheler—, pero por sí solos no llevan muy lejos. Proporcionan un conocimiento de la realidad *para mí*, no de la realidad *en sí misma*. Nos permiten vislumbrar la realidad, pero no sólo de intuiciones vive el hombre, también de razones. Las intuiciones hay que explicitarlas: eso es lo que hace la Filosofía, el Arte y la Ciencia, cada una a su modo. Resulta un tanto pueril decir que la literatura sólo expresa sentimientos, ¿y las ideas? ¿Se puede escribir con meros sentimientos? No es muy probable que haya algún gran escritor que suscriba esta opinión.

Tendemos a pensar que la ciencia tiene la exclusiva en el ámbito de lo racional. Todo lo demás es opinable y subjetivo. Pero, ¿no son una creación literaria, una teoría filosófica, una canción, o un cuadro muestras de nuestra razón? En efecto, una razón sentiente —como decía Zubiri—, es decir, creativa, unida a lo real, a la voluntad y a los afectos.

a) Un refuerzo para las tendencias

Los sentimientos refuerzan las tendencias, pero son medios y no fines. El sentimentalismo consiste en convertirlos en un fin y ser controlado por ellos («déjate llevar por tus sentimientos»). Éstos, aunque estén relacionados con la razón y la voluntad, tienen cierta autonomía. Esto lo expuso bellamente Platón en su Mito del Carro alado. Para llegar al fin de la vida —la felicidad— el auriga (la razón) debe llevar las riendas del carro tirado por dos caballos, uno negro: el deseo, y otro blanco: el impulso. Pero los caballos siempre pueden desbocarse, por lo que su dominio no está asegurado, no son siempre dóciles al auriga (inteligencia y voluntad). Los sentimientos, decía Platón, son como un gato doméstico que hay que amaestrar, pero que puede volverse contra nosotros. Aristóteles habla de un dominio político —no despótico— de la razón sobre los sentimientos. Éstos necesitan aprender a orientarse al fin último, pero a veces van a su aire.

En ocasiones se rompe la armonía entre el bien y la alegría o gozo. Se puede sentir tristeza al realizar un bien o placer al hacer el mal. Esta disarmonía de los sentimientos puede producir patologías psíquicas, morales o del comportamiento, como explica el psiquiatra Viktor Frankl. Ejemplos de esto son la inhibición causada por la intención paradójica (el desear obsesivamente algo hace que no lo consigamos), la anorexia, las faltas de autoestima, etc. El aumento actual de depresiones indica que la educación sentimental es una asignatura pendiente.

La educación sentimental es necesaria porque los sentimientos son como niños inmaduros o adolescentes alocados. La madurez afectiva se consigue con la virtud (*virtus*: fuerza, en latín; *areté*: excelencia, lo mejor de uno mismo, en griego), fuerza que armoniza razón y sentimientos y nos impide caer en el vértigo. Las virtudes refuerzan los sentimientos, por eso para Aristóteles son «disposiciones no sólo para actuar de maneras particulares, sino para sentir de maneras particulares. Actuar virtuosamente no es, como Kant pensaría más tarde, actuar contra la inclinación; es actuar desde una inclinación formada por el cultivo de las virtudes. La educación moral es una *éducation sentimentale*.»[14] El virtuoso disfruta haciendo el bien y lo hace por convicción, no por coacción o apariencia.

Las virtudes éticas fundamentales son la prudencia o sabiduría práctica (*frónesis*), templanza (*sofrosyne*: salvaguarda de la *frónesis*; sin ella no se puede ser prudente, sensato), la fortaleza y la justicia. Con ellas se logra que los sentimientos —aunque irracionales en su origen— se puedan armonizar con la razón. Pero se debe evitar caer en el envaramiento *cerebral* (como veremos al analizar la película *Lo que queda del día*), en el afán de controlarlo todo.

b) Síntomas de inmadurez

Sin esta educación se cae en la inmadurez. Sus síntomas, como indica Rojas, son la inestabilidad emocional[15], cuando no es causada por una depresión endógena; los cambios constantes de estado de ánimo, de un día para otro o en el mismo día; la poca capacidad para asumir responsabilidades o para ser fiel a las promesas. El caprichoso, sin principios ni normas de actuación, sólo se rige por su voluntad de placer o de poseer, por la novedad de los estímulos en definitiva. El inmaduro posee una deficiente captación de la realidad: propia y ajena, no sabe medir las distancias ni las proximidades. Para conocer una realidad (cosa o persona) no podemos fundirnos o pegarnos a ella, pero tampoco alejarnos en una profunda indiferencia, hay que conjugar la cercanía y la lejanía: es

---

[14] MACINTYRE, A.: *Tras la virtud*, o.c., p. 189.
[15] Cfr. ROJAS, E.: *La personalidad inmadura*, en el diario ABC, 25-6-95, p. 88.

lo que se llama distancia de perspectiva. El inmaduro, como no sabe alejarse lo suficiente, acaba teniendo dependencias patológicas (experiencias de vértigo). La inmadurez también ocasiona profundas decepciones al poner excesiva confianza en personas a las que apenas se conoce (es el caso de Marianne en *Sentido y sensibilidad*).

En el capítulo anterior se dijo que estar en la realidad implica un contexto, un sentido. El sentido viene a ser el significado especial que adquiere una acción en una trama de relaciones. Para que la conducta aquiera un sentido se deben integrar diversas perspectivas. De ahí que otro síntoma de inmadurez sea la ausencia de un proyecto vital. El inmaduro exalta el presente, el instante sin visión de futuro: es la postura del vértigo que hemos analizado, una visión reduccionista del *carpe diem*. Sin embargo, el proyecto vital implica superar el mero presente y debe incluir amor, trabajo y cultura.

Tal como se afirmó en el primer capítulo, la lectura, el Arte y las Humanidades en general son una fuente valiosísima de educación sentimental. Reducir las fuentes culturales a las revistas del corazón, los *reality shows* o la telebasura es síntoma de inmadurez intelectual. La inteligencia es la capacidad de captar toda la complejidad de lo real, no se reduce a tener muchos datos sino que implica saber distinguir lo esencial de lo accidental.

En *El Indomable Will Hunting*, el doctor McGuire advierte a su joven paciente que, en el fondo, es un inmaduro porque desconoce la realidad. Su aparente sabiduría y su dureza de carácter son tan sólo una máscara para su debilidad:

«Si te pregunto algo sobre arte, me responderás con datos de todos los libros que se han escrito: Miguel Angel. Lo sabes todo, vida y obra.(...) Pero tú no puedes decirme cómo huele la Capilla Sixtina. Nunca has estado allí y has contemplado ese hermoso techo. No lo has visto. Si te pregunto por las mujeres, supongo que me darás una lista de tus favoritas, puede que hayas tenido unas cuantas relaciones sexuales, pero no puedes decirme qué se siente cuando te despiertas junto a una mujer y te invade la felicidad. Eres duro. Si te pregunto por la guerra, probablemente me citarás algo de Shakespeare: '¡De nuevo en la brecha amigos míos!'. Pero no has estado en ninguna. Nunca has mantenido a tu mejor amigo entre tus brazos, esperando tu ayuda mientras exhala su último suspiro. Si te pregunto por el amor, me citarás un soneto, pero nunca has mirado a una mujer y te has sentido vulnerable, ni te has visto reflejado en sus ojos. No has pensado que Dios ha puesto un ángel en la tierra para ti, para que te rescate de los pozos del infierno. Ni que se siente al ser su ángel, al darle tu amor, darlo para siempre, y pasar por todo, por el cáncer. No sabes lo que es dormir en un hospital durante dos meses, cogiendo su mano, porque los médicos vieron en tus ojos que el término horario de visitas no iba contigo. No sabes lo que significa perder a alguien porque sólo lo sabrás cuando ames a alguien más que a ti mismo. Dudo que te hayas atrevido a amar de ese modo.»

El saber no se reduce a información. Se parace más al modelo clásico de sabiduría, un conocimiento que unifica ciencia y vida. Hay diferentes tipos de inteligencia: teórica, práctica, intuitiva, sintética, o también matemática, ética, artística, religiosa, etc. En cada persona predomina una diferente o varias, pero eso no es excusa para abdicar de ella. De todos modos, no basta, decía Camilo José Cela, con la inteligencia, el genio y la erudición para ser feliz. También, añadimos, se requiere una voluntad enamorada. La madurez implica asumir el amor como una tarea vital que implica sacrificio. Una labor diaria, que se cultiva con obras de entrega por los demás. No se reduce a dulces sentimientos, sino que es un darse en lo pequeño, comenzar y recomenzar cuando sea necesario. La fugacidad de algunas relaciones amorosas son un índice alarmante de inmadurez afectiva. Ha disminuido la capacidad de asumir las contrariedades inherentes a cualquier relación personal. La mínima discusión puede llegar a convertirse en una excusa válida para disolver la unión.

El logro de la madurez sentimental requiere un voluntad reforzada mediante virtudes éticas: autodominio, negarse a uno mismo, templanza, etc. Como se dijo, no se trata de visiones arcaicas sobre el hombre. La moderna psicología de las emociones confirma lo que proclamaron los viejos filósofos: sólo la virtud puede disponernos para lograr la felicidad. Al inmaduro, por el contrario, se le derrumban todos su objetivos ante el primer estímulo que le distrae o le dificulta la consecución de sus fines.

El juicio sobre las pasiones: *Sentido y sensibilidad*

Debe darse una cierta proporción entre los sentimientos y la realidad, entre la causa del sentimiento, éste y su expresión. Para evitar el sentimentalismo o el racionalismo cerebral es necesario un cabal y ajustado conocimiento de lo real. El desengaño es el origen de las frustraciones, depresiones y traumas: no reconocer las propias limitaciones, quedarse en la apariencia externa al conocer a una persona y no llegar a saber en realidad *quién* es, o poner excesiva esperanza en alguien que no lo merece.

Este es el tema de la genial adaptación de la novela «*Juicio y sentimiento*» de Jane Austen, realizada por el taiwanés Ang Lee y con guión de la propia Emma Thompson[16], que interpreta el papel de Elinor, la hermana juiciosa. Situada en la Inglaterra de finales del siglo XVIII, narra los avatares amorosos de las hermanas Dashwood que ven perder su posición social al pasar su herencia a manos de su hermanastro. El contraste entre las dos es patente: Elinor es reflexiva y no le gusta manifestar sus sentimientos, y Marianne (Kate Winslet) es sentimental y apasionada. Sus vaivenes afectivos desembocarán en el equilibrio de sus caracteres. La temática, que combina el drama con el humor, supera la propia época para retratar aspectos del ser humano de todos los tiempos.

La actitud sentimental genera diversos tipos de personalidad. El *apasionado* pone todo su afecto e intensidad en lo que hace, aunque a veces el objeto de su pasión no merezca la pena; el *sentimental* es voluble, se deja llevar por el viento de sus emociones; la persona de carácter *sereno*, como Elinor, es de sentimientos tardos pero coherentes y reflexivos. Los contrastes entre las dos hermanas quedan patentes ante sus relaciones amorosas con Edward y Willoughby:

Marianne: Edward es muy afable, pero... es demasiado sosegado.
Sra. Dashwood: Pero Elinor no tiene tus sentimientos. La reserva de él le gusta.

---

[16] Que recibió el Oscar '95 al Mejor guión adaptado. La reconstrucción de la época, el vestuario y los bailes es exquisita. La bella fotografía nos muestra unos paisajes naturales luminosos y unos decorados muy cuidados. La bella banda sonora (canciones incluidas) está perfectamente integrada en la trama. Y sobre todo cabe destacar los cuidados diálogos y la espléndida interpretación tanto de las dos actrices protagonistas como de sus *partenaires*: Hugh Grant (Edward) y Alan Rickman (coronel Brandon).

Marianne: ¿Puede amarla? ¿Puede el alma sentirse realmente satisfecha con un afecto tan cortés? ¡Amar es arder, estar en llamas! Como Julieta, Ginebra o Eloisa.
Sra. Dashwood: Tuvieron un final bastante patético.
Marianne: ¡Patético! ¡Morir por amor! ¡Cómo puedes decir eso! ¡Qué puede ser más glorioso!
Sra. Dashwood: Creo que estás llevando tus sentimientos románticos un poco lejos.

* * *

Elinor: Al señor Willoughby no puede caberle ninguna duda de tu entusiasmo por él.
Marianne: ¿Por qué debía dudarlo? ¿Por qué debo ocultar mi estimación?
Elinor: Por ninguna razón en particular. ¡Sólo que sabemos tan poco de él!

Es necesario estimar correctamente la realidad, para evitar que se desfonden los sentimientos al poner, por ejemplo, mucha ilusión en una persona que no es apta para nosotros. Una valoración precipitada puede producir efectos imprevistos. Del mismo modo que un fallo de autoestima provoca sentimientos de orgullo excesivo o de frustración existencial. Para evitar eso, el coronel Brandon advierte a la hermana mayor de los riesgos vinculados al frenesí de las pasiones:

Elinor: Marianne no es partidaria de ocultar sus emociones.
Coronel Brandon: Es absolutamente espontánea.
Elinor: Demasiado espontánea en mi opinión. Cuanto antes conozca las costumbres del mundo, mejor.
Coronel Brandon: Conocí a una dama muy parecida a su hermana —con el mismo talante dulce e impulsivo—, que fue

obligada, como usted ha dicho, a conocer mejor las costumbres del mundo. El resultado fue sólo la ruina y la desesperación. No lo desee, señorita Dashwood.

En el origen de muchas depresiones o sensaciones de vacío y frustración se encuentra esta actitud. La película muestra las consecuencias de este desengaño sentimental en Marianne. Pero el hombre supera infinitamente al hombre, decía Pascal en sus *Pensamientos*, es capaz de trascender los obstáculos que se interponen en su camino. Y aunque la persona tiene esa capacidad de saber relativizar sus fracasos, mostrarse sereno y reírse de sí mismo, puede ser conveniente —para evitar esas crisis sentimentales— tener en cuenta tres reglas básicas:

a) No todas las realidades merecen el elevado afecto se les dedica. (El señor Willoughby no es digno del afecto que le profesa Marianne).
b) No es conveniente dejarse llevar por las primeras impresiones. Se debe juzgar y reflexionar. (Como hace Elinor o también Lucy en *Mientras dormías*).
c) Corregir las valoraciones sentimentales y no subordinar la voluntad a lo que nos *pasa*. (Marianne modifica sus juicios sentimentales y reconoce donde está el verdadero amor).

Una prisión para los sentimientos:
Lo que queda del día

Por contraste, el *cerebral* es ajeno al sentimiento. El *apático* siente poco pero también conoce poco. No tiene proyectos ni ideales, no ama nada ni a nadie y por eso su actitud y sus comportamientos tienden a la pasividad, o al excesivo formalismo.

De este tema trata la adaptación cinematográfica de la novela *Los restos del día*, del japonés Kazuo Ishiguro, realizada por el perfeccionista James Ivory. En 1956, Stevens (Anthony Hopkins), un mayordomo inglés absorbido por su trabajo, recuerda durante un viaje en coche por Inglaterra sus treinta años de servicio a Lord Darlington, antes de la Segunda Guerra Mundial. El frío y cerebral Stevens no se percató de los acontecimientos que sucedían a su alrededor: la relación de su antiguo amo con los nazis o el amor que le profesaba el ama de llaves, Miss Kenton (Emma Thompson). Absorbido y cegado por su tarea, tampoco asiste a la muerte de su padre[17].

En la obra se hace una crítica a la sociedad británica tradicional que ahoga los sentimientos en un absurdo convencionalismo social. La frialdad de Stevens consigue frustrar su existencia y la de Miss Kenton. Se muestra incapaz de comprender las reacciones sentimentales del ama de llaves y el intento de ella por acceder a su intimidad. Es muy significativa la escena en la que Miss Kenton tiene casi que pelearse con el mayordomo para poder saber qué libro está leyendo. O cuando ella le anuncia su compromiso con otro hombre, tras lo cual se retira llo-

---

[17] No hace falta decir que la interpretación del dúo protagonista es insuperable. También es meritoria la fiel adaptación de la guionista india Ruth Prawer Jhabvala, pues no era fácil plasmar en imágenes la introspectiva y reflexiva novela de Ishiguro. Ivory consigue recrear perfectamente el clima inglés de los años treinta con su asfixiante formalismo: los rituales de colocación de los cubiertos, la gota de sudor que se le cae al padre de Stevens mientras sirve la mesa o la dramática escena de las criadas judías. Rodada en escenarios naturales bellamente fotografiados, con un elegante diseño de producción y una efectiva banda sonora que sabe resaltar la alegría, la nostalgia, el dramatismo, el amor, etc.

rando a su habitación al comprobar la indiferencia de Stevens. Instantes después, en un plano de especial dureza emocional, él entra en la habitación del ama de llaves, no para consolarla, sino para hacerle una advertencia sobre un jarrón mal colocado.

El plano final resume con gran expresividad el tema del filme: una paloma escapa de la antigua mansión de Lord Darlington, y mientras la cámara se eleva siguiendo el vuelo del ave, observamos como Stevens cierra la ventana quedando prisionero de su propio analfabetismo afectivo.

8. La corporalidad
Intimidad y relaciones interpersonales
El Show de Truman y *Cyrano de Bergerac*

> «**Christof:** Truman, te he observado toda tu vida. Vi cómo dabas el primer paso, cómo pronunciabas tu primera palabra, he visto tu primer beso.
> **Truman:** Nunca pusiste una cámara en mi cabeza.»

El cuerpo como manifestación de la persona: la intimidad

Ya se dijo que el hombre realiza operaciones inmanentes o interiores (pensar, querer, sentir, etc.). El ser humano representa el grado máximo de interioridad en la escala de los seres vivos, por eso puede crecer y crear. La intimidad es el ámbito de lo que el hombre posee y cuanto más intensa es esa posesión, más íntima es.

En primer lugar se encuentra la posesión intencional o cognoscitiva. Poseemos con la mirada y con la mente. Posteriormente con la voluntad. El cuerpo, la ropa, la vivienda, los problemas familiares, los apelativos, la agenda, etc., representan diversos grados de manifestación de nuestra intimidad personal. Un recinto que no se exhibe a cualquiera. De ahí que la vergüenza o pudor sea un sentimiento que protege la intimidad, el ámbito interior, ante los extraños.

El individuo humano es un cuerpo personalizado o una persona corpórea. En él son tan radicales la biología como la razón, y así lo revela la *morfología de su cuerpo*.[1] Su biología está en función de sus actividades intelectivas. Hay, por tanto, una correspondencia entre inteligencia y cuerpo. Por eso éste no es *un cuerpo especializado*, sino que manifiesta la apertura del hombre a una campo de posibilidades de actuación: no está limitado a un hábitat o nicho ecológico, ocupa todo la tierra para vivir; se viste, construye casas, etc. Humaniza el mundo con su mente y sus manos[2], que no son garras sino una realidad abierta, expresiva. Más expresiva todavía es su cara y su sonrisa: el rostro representa externamente a la persona, especialmente la mirada; cruzar la mirada es iniciar una comunicación. También anda erguido lo que le permite tener los brazos libres para otras actividades que no sean el desplazamiento. Todos estos rasgos son consecuencia de lo que los clásicos llamaban *psique* o espíritu.

Otro indicio que revela el carácter personal del cuerpo es su lenguaje. El cuerpo tiende de suyo a la comunicación: habla, usa instrumentos, hace gestos simbólicos, mira de frente al mundo, su unión sexual es frontal, cara a cara, etc. Todo el cuerpo está transido de significado. Gracias a ello se hace posible el amplio espectro del lenguaje corporal.

---

[1] Cfr. R. YEPES-JARANGUREN: Fundamentos de Antropología, oc., pp. 25ss, 61-71.

[2] La expresividad de las manos permite hacer anuncios publicitarios sólo con ellas. Es el caso de un *spot* sobre una marca de coches que muestra una serie de manos en diferentes posturas para afirmar: no tiene esposa, no tiene años, historias, paciencia... o no tiene el coche anunciado. Y otro, realizado en Brasil —premio de Plata en el Festival Internacional de Publicidad Iberoamericana 2001—, para anunciar comida canina muestra rostros superpuestos de personas y perros. Evidentemente, aparte de la originalidad del anuncio, es evidente la diferencia expresiva entre el rostro humano y el perruno.

Todos los aspectos del cuerpo están relacionados, forman un sistema. Hay una estrecha *unidad* entre el cuerpo y la psique. La persona es la unidad del cuerpo y la psique. El cuerpo del hombre es un cuerpo espiritualizado. El espíritu *es* en el cuerpo. Uno a otro se influyen: la salud mejora nuestro estado de ánimo, y la depresión apaga al cuerpo, la ilusión nos hace esforzarnos y el pesimismo nos paraliza. Ya vimos como el rostro de actores y actrices se transfigura y resplandece en sus interpretaciones. La expresividad del rostro humano brota del interior. Es un resplandor o belleza que se puede llamar *de dentro afuera*. Constituye una muestra palpable de la confluencia de la psique y el cuerpo. De este modo lo corpóreo se confirma como lugar de manifestación de una intimidad personal: el rostro y los ojos son el espejo del alma. Hay, por tanto, una estructura dual, no dualista, en el hombre, por lo que no se le puede reducir a mero cuerpo o a espíritu descarnado.

La intimidad se expresa o manifiesta, la persona saca de sí lo que hay en su interior. El cuerpo, el lenguaje y la acción son el lugar de esa revelación. Nuestra intimidad (el *yo*) no se reduce a nuestro cuerpo, es algo interior mientras que el cuerpo es exterior. Tenemos un cierto dominio sobre nuestro organismo, pero éste no se reduce a un añadido, a un envoltorio externo (no es lo mismo afirmar la dualidad de cuerpo y *psique* en el ser humano que reducir el hombre a su alma, como hace, por ejemplo, el dualismo platónico). Más que *tener* cuerpo lo *somos*.

El cuerpo no es un objeto más entre nuestras pertenencias. Ni un objeto para usar y tirar; es algo personal, el ámbito de expresión de la persona. Y ésta se constituye por vía de encuentro, y todo lo que acontece en el encuentro no es posesión absoluta de quienes se encuentran. Ningún ser humano es totalmente absoluto, sino relativo, su existencia es un don, por tanto no es dueño absoluto de su cuerpo. Éste es fruto de una relación, no un mero producto tecnológico. Por eso merece tanto respeto como la persona.

a) El lenguaje del vestido

Como la persona es también su cuerpo, su intimidad corporal debe ser protegida no sólo del frío, sino también de los extraños: por eso se viste y deja al descubierto su rostro (excepto que quiera ocultar su identidad o representar otra: policía, ladrón, actor, etc.). El maquillaje tiene una función similar al vestido: proteger el misterio de la intimidad personal. Los «cosméticos, afirma Goñi, guardan celosamente entre las sombras el misterio de *lo femenino*»[3]. Al igual que la ropa, el maquillaje desvela y protege a la vez. El vestido es un lenguaje que manifiesta a la persona: descubre, encubre, realza y embellece. ¿Por qué el vestido?

a) Si la ropa es un lenguaje, nos vestimos para salir del anonimato, para declarar quiénes somos, y así distinguirnos e identificarnos como personas. La ropa refleja la personalidad, manifiesta que no somos mero cuerpo[4]. Tam-

---

[3] Cfr. GOÑI, C.: *Lo femenino*, Eunsa, Pamplona 1996, p. 48.
[4] Algunas firmas de la prensa resaltan el sinsentido al que están llegando ciertos desfiles en las grandes pasarelas en las que a veces los modelos apenas llevan ropa: «La moda no fallecerá por la despedida de Saint-Laurent, sino que Saint-Laurent se despide porque ya no hay moda. (...) La decadencia de la moda principia cuando el vestido intenta imitar al desnudo: transparencias, zonas desabrigadas, etc. El modisto estaba luchando por defender un último escorzo de las mujeres en el que colgar un trapito, pero ellas acaban olvidando el trapito en casa y entregándose desnudas al sol o al mar.» (Francisco Umbral. El Mundo 9-01-2002).

bién la vivienda es muy importante para la vida del hombre, por eso se puede considerar como «una especie de piel o vestido colectivo». Se podría afirmar que la vivienda es el ámbito de la intimidad misma, en la cual el hombre se siente protegido y seguro. Por eso el hombre no sólo construye la casa para defenderse del clima, sino para proyectar espacialmente su intimidad. Y cuando varias personas viven en un mismo hogar, comparten esa intimidad e intentan cuidarla.

b) El pudor no es una mera costumbre, una imposición cultural o un condicionamiento social. Si el hombre se caracteriza por tener intimidad y ser dueño de sí, el nudismo no es natural pues implica renunciar a la intimidad, al lenguaje: el nudista no tiene nada que decir. Pero no existe el estado de pura naturaleza. El sujeto humano siempre vive en una cultura. Lo expresa con su peculiar sentido del humor Miguel Mihura:

«Pero tampoco aquí encontramos la verdadera felicidad, pues nadie sabe lo muchísimo que distrae tener puesto un trajecito —aunque sea un trajecito pobre, con migas de pan duro— hasta que uno se hace de una sociedad de nudistas. Sólo en este caso es cuando uno se da cuenta de que el motivo de pasarlo bien en la vida, riéndose uno tanto de todo, es porque uno lleva una americana, un chaleco y un cuello con su corbata, fea, pero graciosa.(...)

Al principio no lo pasábamos del todo mal, viéndonos toda la carne fuera, aunque claro está que nos fastidiaba no podernos criticar unos a otros y fijarnos en cómo tenían la carne los demás. Allí estaban prohibidos todos los comentarios y no se podía decir si aquella señorita, por ejemplo, llevaba una carne muy cursi, o si la otra llevaba siempre la misma carne, o si el de más allá llevaba una carne inglesa, o una carne que parecía inglesa pero que era una carne de Tarrasa.(...)

Apenas podíamos jugar a nada para entretenernos, pues el juego más indicado para aquellos señores tan cursis, que es el juego de las prendas, era completamente imposible....Empezamos a pasarnos todo el día llorando y soñábamos con que llegase la noche para encerrarnos en nuestro cuarto y allí ponernos el pijama, o una camisita, procurando que no nos viese nadie, porque era pecado.

—¡No podemos más! —comenzamos a decir.

—Hay que aguantar —nos aconsejaba el amo de la sociedad—. ¡Hay que aguantar, porque esto, a la larga, es bonito y sano!

—¡No podemos aguantar más! —exclamábamos los socios—. Déjenos usted poner aunque sea siquiera una corbata rameada.(...)

Con la corbata rameada ya empezamos a pasarlo mejor y nos entreteníamos muchísimo mirándonos los unos a los otros y haciéndonos el nudo y deshaciéndolo.(...)

Pero, como pasa siempre, algunos socios empezaron a abusar y más tarde se pusieron también el cuello.(...) Al poco tiempo, en aquella sociedad de nudistas ya íbamos todos con nuestros trajes puestos, y esto animó de tal modo la sociedad, que ingresaron muchos más socios y aquel campo empezó a estar simpatiquísimo.

Y cuando, al fin, decidimos dejar de reunirnos en un campo y formar nuestras tertulias en un café todo lleno de humo, es cuando aquella sociedad de nudistas encontró por fin la felicidad.»[5]

c) Por otra parte, en la pornografía el cuerpo se cosifica, se presenta de un modo anónimo, se reduce a mero objeto impersonal. Lo mismo ocurre con las modas que desvelan la desnudez. Sólo en un acto de entrega y donación tiene sentido el cuerpo desnudo, ya

---

[5] *Mis memorias*, Temas de hoy, Madrid 1998, pp. 270-274.

que en ese caso se entrega también la persona en un proyecto vital.

En nuestra época casi todo se fía a la eficacia de la técnica. Pero cuando la sexualidad se reduce exclusivamente a una destreza para obtener dominio o placer, se despersonaliza. Ante algo impersonal no se siente rubor. Esto facilita que se pierda el sentido del pudor y que el sexo salga de la intimidad más fácilmente, dando lugar al erotismo y a la pornografía. No se advierte la vinculación personal que se esconde en el sexo. Al desvincular el cuerpo de la persona se elimina todo misterio en la sexualidad. Se reduce la riqueza personal de lo sexuado (masculinidad y feminidad) a lo meramente sexual, insistiendo en los *mecanismos* y técnicas anatómico-fisiológicas que permiten obtener el placer sin riesgo ni compromiso vital. Al eliminarse los proyectos que puede crear el amor, se empobrecen la imaginación y los afectos (que son elementos esenciales en el argumento narrativo de la existencia). Reducidos los sentimientos a meras sensaciones, la trama amorosa se vulgariza, se convierte en un episodio fugaz o simplemente desaparece.

d) El lenguaje también es muy relevante en este tema porque el *yo* no se manifiesta sólo en el cuerpo, sino también en el complejo mundo de las emociones y los sentimientos. El pudor también abarca la vida sentimental. Se dice que la intimidad de una persona es de dominio público cuando no tiene pudor en contar aspectos privados de su vida afectiva[6]. Airear los propios vaivenes afectivos puede ser síntoma no sólo de frivolidad, sino también de soledad y falta de apoyo personal. Carecer de una auténtica

---

[6] Cfr. CHOZA, J.: *La supresión del pudor y otros ensayos*, o.c., pp. 19-28.

intimidad basada en el amor puede ser la causa que explique, en algunos casos, la tendencia al exhibicionismo.

b) La representación artística del cuerpo humano

Cubrir el propio cuerpo significa que se posee y se puede entregar a otra persona, o no entregarlo a nadie. Algunos motivos de salud, higiene o artísticos crean en torno al cuerpo desnudo como un velo sutil que impide reducirlo a mero objeto de placer. Es la experiencia de médicos o pintores. Ellos saben que —con la prudencia debida— pueden contemplar un cuerpo sin rebajar la dignidad que posee. También es posible una representación bella y elegante de la corporalidad humana en la pintura o la escultura. La transfiguración de la materia realizada por el artista idealiza el cuerpo humano permitiendo la experiencia estética.

En el cine, el recurso a la elipsis permite obtener una plasmación del cuerpo que no rebaje su dignidad. La elipsis permite no ser explícito en escenas de desnudos o de sexo. Como advierte André Bazin, «si queremos permanecer en el nivel del arte, debemos mantenernos en lo imaginario. Debo poder considerar lo que pasa sobre la pantalla como un simple relato, una evocación que no llega jamás al plano de la realidad, o en caso contrario me hago el cómplice diferido de un acto, o al menos de una emoción, cuya realización exige la intimidad. Lo que significa que el cine puede decir todo pero no puede mostrarlo todo.(...) [Hay que] recurrir a las posibilidades de abstracción del lenguaje cinematográfico de manera que la imagen no adquiera jamás un valor documental.»[7]

---

[7] *¿Qué es el cine?* Ed. Rialp, Madrid 1966, pp. 340-341.

Además se observa que el uso de este recurso exige más creatividad y da lugar a mejores resultados cinematográficos: *cuanto más se muestra menos creativo se es*. Muchas secuencias antológicas de la historia del cine han sido realizadas en épocas en que la censura regulaba este tipo de expresiones. Un ejemplo paradigmático es el asesinato en la ducha que aparece en *Psicosis*, de Alfred Hitchcock. También hay realizadores actuales, como el chino Zhang Yimou (*Sorgo Rojo, Semilla de crisantemo, La linterna roja, ¡Vivir!)*, que saben tratar con dignidad los argumentos sexuales. El artista necesita ingenio y calidad ética para lograr esa conjunción de belleza y humanidad.

Para representar con elegancia la corporalidad es necesario advertir que la intimidad es un ámbito de encuentro para las personas. En el ámbito sexual, lo que sucede resulta patente para los que realizan ese encuentro pero no para los extraños. Por tanto no tiene sentido exhibir esos actos íntimos. Toda acción humana tiene un *significado* y también puede tener *sentido*. Una relación sexual tiene significado para quienes la viven, es agradable para ellos. Pero si han creado un ámbito de amor con otras personas, y les han prometido fidelidad, ese acto sexual no tiene sentido porque significaría dar preferencia a un bien inferior sobre otro muy superior. Además, para los que están fuera de la realización de dicho acto, y lo contemplan por mera curiosidad o como algo excitante, no tiene sentido. Se trata a esas personas como simples medios.

Con el pudor se busca proteger la intimidad corpórea y espiritual de la persona. Se consideran partes íntimas del cuerpo las que desempeñan un papel expresivo singular en los actos de intimidad sexual. «Esa función es íntima, se halla integrada en actos que no tienen sentido en la esfera pública, sino sólo en la esfera privada de la *rela-*

ción dual a la que está confiada la creatividad biológica y buena parte de la creatividad amorosa.

El pudor no toma como meta ocultar un tanto por ciento de la superficie corpórea, sino salvaguardar al hombre del uso indiscriminado, manipulador, posesivo, de sus fuerzas creadoras.(...) Toda exhibición sugiere un acto de entrega, y, como la entrega personal no se puede realizar de modo colectivo, la exhibición pública constituye un mero juego con estímulos gratificantes. Este juego banal se halla años luz alejado de toda relación personal creadora. En la misma medida implica una *degradación.*»[8].

En definitiva, se puede definir el pudor como «el hábito y la tendencia a mantener la posesión de la propia intimidad desde la instancia más radical de la persona (el yo), y a mantener dicha intimidad en el estado de máxima perfección posible, con vistas a una entrega por la cual se trasciende la soledad y se autoperfecciona el sujeto.»[9]

c) *Corporalidad masculina y femenina*

El hombre y la mujer son dos modos diversos de ser persona y por eso viven de modo diverso su corporalidad. Una vez superados los prejuicios igualitaristas, que empobrecen la especie humana privándola de la riqueza de lo femenino, hay que proclamar una misma dignidad en ambos junto con la diferencia. Negar la diversidad existente entre masculinidad y feminidad podría ser tan nefasto como no reconocer su igualdad esencial. La diferencia es personal, es decir, de cuerpo y psique y del modo

---

[8] LÓPEZ QUINTÁS, A.: *El amor humano...*, o.c., pp. 237-238.
[9] CHOZA, J.: *La supresión del pudor y otros ensayos,*o.c., p. 28.

de vivir y sentir esa unión. La suavidad y curvatura del cuerpo femenino manifiesta un espíritu, una personeidad (término de Zubiri) más sensible, atenta a los detalles, que no disocia lo sensible de lo intelectual. La angulosidad y rudeza del cuerpo masculino manifiesta un espíritu más desarraigado, más atento a lo intelectual, al contenido, que a las formas. El cuerpo de la mujer manifiesta más su unión con la *psique* que el del hombre, y este nexo le otorga una especial dignidad[10].

El hombre se despega más fácilmente que la mujer de su cuerpo, vuelca menos en él su ser personal. Ahí radica la deficiente comprensión que a veces manifiesta el hombre hacia la corporalidad femenina: una pobre visión que la reduce a objeto y no advierte en ella un ámbito de manifestación de la feminidad. Por eso la pornografía es un invento machista que desconoce el modo personal que tiene la mujer de vivir su cuerpo. Supone una violenta reducción de la sexualidad femenina limitarla a mera genitalidad olvidando la comunicación y entrega interpersonales. Si no se puede separar cuerpo y psique en ningún ser humano, mucho menos en la mujer. La mujer donde pone el cuerpo pone la psique —y viceversa— por eso no es fácil que el sexo en ella se reduzca a mero poder, como puede serlo en algunos hombres[11]. Debido a todo esto, el abuso erótico afecta de un modo especial a las mujeres.

Hay testimonios significativos al respecto. María Schneider, protagonista de *El último tango en París* (1972)

---

[10] Precisamente este concepto de dignidad femenina es usado en un anuncio de tabaco español. En él se muestra como una mujer que visita un video club buscando filmes de James Ivory rechaza la vulgaridad ofensiva de la pornografía.

[11] Cfr. GOÑI, C.: *Lo femenino*, o.c., pp. 16, 17, 85. Cfr. ORTEGA Y GASSET, J.: *El hombre y la gente,* Revista de Occidente, Madrid 1972, tomo 1, pp.174-186.

declaraba en *L'Europeo* (1987): «Fui explotada: no era famosa, era sólo una mujer que además tenía sólo diecinueve años. Por aquello recibí en total cinco millones de liras. Mientras Marlon Brando y Bernardo Bertolucci continúan ganando dinero con aquella película, yo paso verdaderas dificultades para poder vivir.» «Me pusieron la etiqueta de la chica del tango. He sido aniquilada por esa película. Para mí fue una violencia moral. La desnudez no debería ser explotada de esa manera por el cine.»

También Glenda Jackson, actriz inglesa oscarizada, ministra de Trasportes con Tony Blair y candidata a la alcaldía de Londres, declaró en el *Daily Telegraph* (18-5-98) que las mujeres en el cine son sometidas a presiones para aparecer desnudas sin venir a cuento, para responder a un determinado estereotipo de mujer. Esto daña su imagen. Supuso un avance superar el estereotipo de mujer interesada sólo en el detergente y en la crema rejuvenecedora, pero ahora se da otra imagen tan unidimensional al convertirla en objeto sexual. Nos encontraríamos ante un nuevo conformismo. Es oportuna esta advertencia pues Glenda Jackson hizo lo mismo cuando era actriz.

Incluso Sharon Stone afirmó en el *Daily Mirror* (Mayo '95) que estaba arrepentida de unas escenas que había realizado para un *western* y las ha hecho retirar. «He comprendido de pronto que no tenían nada que ver con la trama y que sólo eran pretextos para provocar los instintos más bajos del público. Los directores me hacían creer que esas escenas tan escabrosas eran expresiones artísticas, esenciales en el desarrollo de la historia. Pero, madurando, he comprendido que la mayor parte de las veces no era verdad. Sólo querían vender sexo a un público de *voyeurs*.»

Pero no se trata sólo de actrices maduras, también la jovencísima Natalie Portman advierte el papel manipulador de ciertas escenas cinematográficas: «No persigo papeles ni pido que me manden guiones ni hago desnudos. Cuando me mandaron el guión de esta película (*A cualquier otro lugar*) había una escena de desnudo, así que rechacé el papel, porque tampoco quería obligarlos a cambiar el guión. Probaron otras chicas y a las tres semanas volvieron, con una nueva versión sin desnudo. Pero fue una excepción. Es muy injusto de parte de la industria tener una pila de productores pidiéndole a chicas jóvenes que se desnuden, porque saben que muchas harían casi cualquier cosa con tal de conseguir un papel. Todos sabemos que, con un desnudo, después va a haber muchos tipos comprando el video y poniendo pausa. Si algún psicópata se obsesiona conmigo, por lo menos sé que no hice nada para provocarlo. Es todo lo que puedo hacer.»[12]

La supresión del pudor indica, no una liberación, sino que la persona no mantiene una actitud de posesión cuidadosa de la propia intimidad y que el sujeto en cuestión no se entrega, se abandona. La persona se despoja de su dignidad personal de un modo indiscriminado a cambio de fama. De ahí que los *reality shows* conlleven una degradación del ser humano, convirtiéndolo en mero objeto de curiosidad o de lucro.

Los descendientes de Truman

Nos enfrentamos a una situación en la que los mencionados *reality shows* y programas similares se están ha-

---

[12] Citado por Juan Ignacio Boido en la web de *Página 12*, Argentina, 9-01-2000.

ciendo con el control de la audiencia televisiva. Los famosos acuden a estos programas para exponer su intimidad y discutir sobre ella.

¿Qué es lo que tiene la vida de esos personajes para que resulte interesante? Quizá el hecho de que se les vea a menudo en la pequeña pantalla y que todo el mundo los conozca, los convierta en una especie de «héroes» o «dioses». Como hacían los antiguos griegos, nos gusta «antropomorfizarlos» sacando a relucir sus desvaríos y su vida personal.

El deseo de ser famoso se une al de ganar dinero. Sin embargo, algunos apetecen más la popularidad que la riqueza. Parece que lo importante para ellos es la fama en sí, ya sea buena o mala, como se podía observar en un antiguo anuncio de pantalones vaqueros que decía algo así: «por favor, hablen de mí; hablen mal si quieren, pero por favor, hablen de mí».

La realidad es que este hecho va extendiéndose y está repercutiendo seriamente en nuestra sociedad. Como decía Ellen Goodman en *The Boston Globe* el 9 de julio de 2000: «el conocimiento de intimidades ajenas a través de la televisión puede ser un sucedáneo de comunidad, familia o amistad verdadera».

La película *El Show de Truman* (*Una vida en directo*), dirigida por Peter Weir en 1998 a partir del guión de Andrew Niccol, muestra con claridad y sutileza el tema que estamos tratando. Un poderoso productor de TV convierte una isla cercana a Florida en un plató viviente, plagado de actores y cámaras ocultas. Desde allí y durante treinta años se retransmite la vida de Truman (Jim Carrey), un joven de clase media, casado y sin hijos. El no es consciente de la grabación que ven con auténtica fruición millones de personas todos los días. La pregunta es: ¿por qué El Show de Truman tiene tanto éxito?, según palabras de Christof (Ed Harris), el director y creador del programa, esto se debe a que: «Nos aburren los actores que expresan emociones falsas, nos cansa la pirotecnia y los efectos especiales. Si bien todo lo que rodea a Truman es falsedad, Truman no tiene nada de falso, sin guión, sin apuntador. No es siempre Shakespeare, pero es genuino».

Para la gran mayoría de los seguidores, Truman es más que un personaje de televisión que desarrolla una vida normal (aunque interesante); es un amigo, una compañía, y por ello sienten con él, sufren con él, saben toda su vida, comentan entre ellos qué es lo que hará o qué dejará de hacer, etc. Algunos seguidores del *show* no sólo están interesados en cómo se desarrolla su vida, lo que realmente buscan es que ocurra algo relacionado con el sexo. El trabajador de un aparcamiento, al advertir que cuando va a salir una escena de este tipo los encargados del programa utilizan la elipsis, le dice a su compañero: «Nunca se ve nada, apartan las cámaras, suena una música, sopla la brisa, las cortinas se mueven y nunca se ve nada».

A pesar de esto, lo que el público quiere es observar todos los movimientos de Truman a través de minúsculas cámaras, contemplar su cotidianidad, su intimidad. Pero el misterio de la intimidad siempre escapa a la cámara:

Christof: Escúchame, Truman... Puedes irte si quieres. No intentaré detenerte. Pero no sobrevivirás ahí afuera. No sabes qué hacer, ni adónde ir.
Truman: Tengo un mapa.
Christof: Truman, te he observado toda tu vida. Vi cómo dabas el primer paso, cómo pronunciabas tu primera palabra,

he visto tu primer beso. Te conozco mejor que tú a ti mismo. No vas a cruzar esa puerta...

Truman: Nunca pusiste una cámara en mi cabeza.

Resulta pueril considerar que un *reality show* pueda ofrecernos un auténtico conocimiento sobre la persona. A pesar de esta evidencia antropológica, son muchos los programas que, basándose en la misma o semejante idea, han alcanzado éxito. Como por ejemplo *Supervivientes, El Bus* y *Gran Hermano*, basado en la novela de George Orwell *1984*, que fue el pionero en este género y el que más éxito ha experimentado. De este último programa, Peter Weir, el director de *El Show de Truman*, ha afirmado: «estoy desconcertado de que el planteamiento corrosivo y satírico del largometraje haya servido como modelo para programas televisivos centrados en la cotidianidad de quien acepta vivir bajo el ojo de la cámara.»

Tal como pasa en *El Show de Truman*, en *Edtv* se plantea de una manera homóloga, pero con menos ingenio y sutileza, este tema. La película trata sobre Ed Pekurny, una persona anónima y vacía, protagonista de un programa de televisión donde se retransmite su vida, aunque, a diferencia de Truman, él lo sabe y gana un sueldo por ello. El programa tiene un éxito arrollador, y es que hoy en día la intimidad vende mucho y parece que nadie quiere quedarse sin subir a este tren del éxito seguro. El realizador Ron Howard desaprovecha en este filme una excelente oportunidad para criticar el comercio televisivo de la intimidad.

A pesar de vivir en un mundo globalizado la soledad parece ser uno de los motivos que mueven a algunas personas a buscar la fama a toda costa. Uno de los participantes de *Supervivientes* afirma: «Si al salir de casa viera a los del *National Enquirer* hurgando en mi basura, eso sería para mí la realización de un sueño.»

La persona como ser dialógico y relacional

El tema de la corporalidad y de la intimidad nos conduce a tratar más a fondo el núcleo esencial de la persona. Pero para alcanzar su plenitud, el ser humano necesita el encuentro con los demás. No hay *yo* sin *tú*. Es más, una persona sola es un imposible metafísico, no podría conocerse a sí misma ya que la conciencia se logra mediante la intersubjetividad: el niño conoce primero a los demás antes de tener autoconciencia. Muchas veces son los otros los que permiten que lleguemos a conocer el sentido de nuestra vida. Los solitarios personajes representados por Bruce Willis en el *Sexto sentido* y *El protegido,* del realizador indio afincado en USA M. Night Shyamalan, consiguen reconocer su identidad gracias a los otros: Cole, su joven paciente y el siniestro *don Cristal*. Pero también Malcolm Crowe advierte que la curación del pequeño Cole pasa por su relación con los otros (aunque sean de ultratumba):

Malcolm: ¿Qué desean los fantasmas cuando se dirigen a ti? Piensa con cuidado ahora, Cole...
Cole: Sólo ayuda.
Malcolm: ¡Sí! ¡Pienso que sí...! Pienso que eso es todo cuanto quieren. Incluso los más terroríficos.
Cole: ¿Me cree ahora?
Malcolm: Ahora os creo a los dos. Y creo que sé cómo hacer para que se vayan.
Cole: ¿De veras?
Malcolm: Creo que saben que tú eres uno de esos tipos raros que pueden verlos. Necesitas ayudarles. A cada uno de ellos. Todos desean ser escuchados. Todos.

Cole: ¿Y si no quieren ayuda? ¿Y si sólo están furiosos y quieren hacer daño a alguien?
Malcolm: No creo que funcione así, Cole.

Algo similar le sucede al padre Graham (Mel Gibson) en *Señales*. Recupera la fe gracias a las últimas palabras de su esposa y al apoyo de su hermano y sus hijos.

Gracias a la índole relacional de la persona se modula el carácter, se asimila un idioma, unas costumbres e instituciones, unos valores, etc. El hombre es un ser que se configura como persona, se desarrolla y perfecciona fundando encuentros. No significa esto que primero exista plenamente y luego se relacione. Más bien quiere decir que para alcanzar la plenitud que todo ser humano anhela, es necesario el encuentro con los demás y con lo valioso.

Una de las causas principales del desajuste ético de nuestra época radica en la ausencia de verdadero encuentro en la vida de las personas. Desde hace unas décadas el hombre occidental manifiesta una atracción hacia los modos de vida infrapersonales y pretende con ello llegar a fundirse con el entorno pensando que en esa *fusión* hallará la felicidad. Es un tópico de la publicidad y de algunas obras literarias y musicales contemporáneas la búsqueda de la fusión con lo que se 'ama', perderse en lo otro y en el otro, buscar una unión de empastamiento y yuxtaposición. Se observa la tendencia a la mera unión física como sucedáneo del verdadero encuentro amoroso: pegarse a la piel de otro o fundirse dos cuerpos en un intenso abrazo no implica necesariamente una estrecha unión personal.

El amor no se obtiene de un modo rápido, como si fuera un producto expedido por una máquina. Por el contrario, se colabora para que se manifieste poco a poco como fruto de un encuentro progresivo, de una voluntad de crear una relación estable, valiosa. La ausencia de esta actitud podría ser la causa del fracaso en las relaciones amorosas y matrimoniales de muchas personas. En este contexto se sitúa la afirmación de Ortega y Gasset, en una obra póstuma, que sostiene que el amor es un «canje de dos soledades»[13]. Pero este canje está muy lejos de ser amor. Ortega tiene presente la idea de fusión entre personas, pero al ser ésta imposible niega el verdadero encuentro: «A la soledad que somos pertenecen —y forman parte esencial de ella— todas las cosas y seres del universo que está ahí en nuestro derredor, formando nuestro contorno, articulando nuestra circunstancia, pero que jamás se funden con el cada cuál que uno es —sino que, al revés, son siempre *lo otro*, lo absolutamente otro.»[14]

El fallo de esta postura consiste en no advertir que el encuentro permite superar esa lejanía para que lo otro se convierta en íntimo y personal. Pues aunque el aspecto físico de una persona es medible y podemos fijar su localización, no ocurre lo mismo con el alcance de su vida y sus relaciones. Así lo muestra la experiencia del amor. Dos personas no pueden estar en el mismo lugar o espacio físico, una no puede meterse en la piel de la otra, pero si están compenetradas, unidas, están presentes la una a la otra. El amor identifica de un modo superior a la mera unión física al superar, en cierto modo, los límites de la materia y fomentar la creatividad.

El encuentro en la filosofía personalista

La filosofía personalista y dialógica del siglo XX es un movimiento intelectual que intenta devolver el protago-

---

[13] Cfr. *El hombre y la gente*, o.c., p. 75.
[14] Ibíd, p.75.

nismo a la persona, tanto en el pensamiento como en la vida. Acosados por el positivismo que reduce todo saber a la ciencia, y las ideologías que reducen al hombre a un mero elemento de la maquinaria social, estos pensadores situaron a la persona en el centro de su especulación filosófica. Martin Buber, por ejemplo, distingue entre la relación con las cosas y la relación *yo-tú*. La relación con el otro se caracteriza por la inmediatez: el otro está inmediatamente presente. En otras palabras, no hay intermediarios en el encuentro (razonamientos o analogías, sino una intuición intelectual). Nos encontramos de un modo inmediato con los demás; ellos, antes de que lo hayamos decidido, forman parte del argumento de nuestra vida. En el encuentro el hombre se hace auténticamente *yo* y el otro auténticamente *tú*.[15]

a) El rostro como revelación

Todo hombre es esencialmente, constitutivamente, un yo frente a un tú. Esta experiencia irreductible, que ilumina la unidad de cada persona, no encuentra sus raíces en la objetividad de la experiencia corpórea. Somos una unidad que permanece a través de los cambios de la vida. Los enfermos de *Despertares* han permanecido durante décadas como estatuas vivientes, sin percibir apenas nada del mundo exterior. Cuando recobran el estado de vigilia y la lucidez por efecto de la L-DOPA se reconocen, tienen autoconciencia a pesar de los cambios experimentados en su cuerpo durante años de enfermedad. Y se reconocen primeramente gracias a los otros:

---

[15] Cfr. BUBER, M.: *¿Qué es el hombre?* F.C.E., México 1964.

Dr. Sayer: ¿Cuándo te diste cuenta de que no estabas dormido?
Leonard: Cuando te hable y tú me respondiste.

Sólo en un segundo momento, cuando ven su cara en el espejo o el color blanco de su pelo, se muestran perplejos. Esto muestra que el conocimiento de la persona es secundariamente corporal. Lo primero que nos revela el cuerpo es una persona, no un mero cuerpo. De ahí que el hecho de la respectividad interpersonal sea el lugar donde con mayor claridad se manifiesta la naturaleza del espíritu, y con mayor certeza se revela la irreductibilidad de la intimidad a la materia corpórea. El otro se me da inmediatamente —y no como consecuencia de un razonamiento filosófico—, de un modo absolutamente inconfundible con la experiencia de las cosas y objetos.

De hecho nos fijamos antes en el rostro, la voz, o los gestos de la persona que en otros detalles, pues ellos son los más personal del cuerpo. En la antropología dialógica de Lévinas se da una primacía clara del otro, indicada generalmente como «*epifanía del rostro*»[16]. Esto implica que la certeza del *otro* como otro se impone con su propia fuerza, e introduce así al hombre en una verdadera experiencia ética. El reconocimiento y el respeto del otro se dan solamente si lo conozco como un tú irreductible a un objeto o a algo que yo pueda dominar. Que el otro tenga un rostro manifiesta su carácter personal e irrepetible, que me apela a respetarlo. Su trostro me está diciendo: ¡No me mates! ¡No me manipules! El asesino o el violador no quieren ver el rostro de su víctima, o quizás no lo ven como rostro.

---

[16] Cfr. *Totalidad e infinito. Ensayo sobre la exterioridad.* Sígueme, Salamanca 1977, pp. 201-261.

En primer lugar hay que decir que el otro, al no ser un mero objeto, *se manifiesta* (*epifanía*) *o revela*. Su presencia es totalmente distinta de la de las cosas objetivas, que toman su forma específica y ceden sus secretos en la medida en que quedan desveladas, esto es, iluminadas por mi razón. Es el esquema *acción-pasión*: yo actúo, fuerzo a una cosa para que me revele sus secretos.

El conocimiento de las cosas es un *desvelamiento* que depende de la iniciativa y de la inventiva del hombre, el cual interroga a los objetos para sacarlos de su escondrijo. Completamente distinto es el encuentro con los otros. El otro no está allí porque yo haya pensado en él o porque yo haya formulado una teoría que confirme su existencia[17].

La razón científica no es el único modo de conocimiento; tampoco la experiencia se reduce a forzar que la realidad conteste según nuestros esquemas. Hay otros modos de racionalidad y de experiencia como la experiencia por compenetración[18], que nos lleva a asistir al despliegue de la propia interioridad de alguien. El rostro es lugar de manifestación de *toda la persona*, aunque no de *la persona toda*, por lo que el conocimiento de alguien exige tiempo, paciencia, creatividad. No basta con intuir lo que es una persona, hay que madurar ese conocimiento con el razonamiento, el trato, el encuentro creador. No tiene sentido intentar forzar ese proceso y adelantar acontecimientos: está en juego el éxito del argumento de nuestra vida. Un desenlace precipitado o forzado, por impaciencia o curiosidad, arruina una historia.

---

[17] Cfr. GEVAERT, J.: *El problema del hombre. Introducción a la antropología filosófica*. Ed. Sígueme, Salamanca, 1983, pp. 44, 51, 65, 87-88.
[18] Cfr. ZUBIRI, X.: *Inteligencia y razón*. Alianza Editorial, Madrid, 1983, pp. 249-251.

También el lenguaje, entendido en toda su riqueza expresiva, permite el encuentro interpersonal. El lenguaje no sólo 'desvela' el mundo y las cosas; también 'revela' a la persona. En la palabra es el otro personalmente el que se anuncia y se expresa, manifestando y comunicando su propio misterio, sus gozos y esperanzas, la inconfundible novedad de su existencia. La palabra es el lugar mismo de la 'revelación' (cuando se respeta la *distancia de perspectiva* y se rechaza la mera fusión), en donde la realidad metafísica y trascendente del otro se anuncia a sí misma. Muchos problemas de convivencia son problemas de falta de comunicación, pues no basta estar físicamente cerca del otro, junto a él para conocer su intimidad. La condición misteriosa del lenguaje le convierte en vehículo del encuentro interpersonal. La distancia de perspectiva que permite el encuentro resulta de combinar la adecuada inmediatez con la distancia. Trataremos este tema al analizar *Cyrano de Bergerac*.

Algunas formas de palabra, como la poesía, el arte, el lenguaje de la amistad, la filosofía o el discurso religioso expresan, por otro lado, más específicamente la dimensión de 'revelación' propia de la persona. Esto es así porque en ellos toman cuerpo experiencias que crean ámbitos de interacción dialógica y, por tanto, juego creador como fuente de luz para la trama de la vida.

b) Carácter narrativo del encuentro

El encuentro interpersonal responde al esquema *apelación-respuesta* (no al esquema *acción-pasión*, apropiado para conocer cosas), por tratarse de una experiencia fruto de un juego creador que incluye la intuición y el discurso racional. Acabamos de decir que no basta con intuir lo que es una persona, sino que también hay que madurar ese conocimiento con el razonamiento y el trato:

«La persona es el ser que interpela o al que tengo que responder. La llamada y la invocación pertenecen estructuralmente a la persona. Podría hablarse de una estructura 'dialogal' o 'responsorial' del hombre, o bien de una característica de 'apelabilidad' o de 'vocabilidad': orientación ontológica que no sólo hace posible la palabra y el amor, sino que requiere también necesariamente la expresión de sí en el amor y en la palabra.»[19]

Con este texto se nos muestra que el carácter dialogal de la persona y el encuentro no son sólo situaciones apetecibles o recomendables para nuestro bienestar, sino que constituyen la estructura real o metafísica de la persona. La estructura narrativa de la vida humana —de la que llevamos hablando desde el inicio de este libro— no es un esquema o idea regulativa que nos hayamos ingeniado para comprendernos, sino que hace referencia a algo real, a nuestra propia identidad personal. Nuestra índole personal se realiza a base de proyectos, diálogos, encuentros. No hablamos para huir del aburrimiento o convivimos con los otros para huir del hastío, sino porque *somos realmente* diálogo y relación. Por eso nuestra vida es narrativa. Y la corporalidad forma parte, pero no como un objeto, de ese argumento.

El cuerpo, repetimos, tampoco es algo meramente objetivo, mero instrumento de posesión, ya que lo propio del tener es la exterioridad respecto a la persona humana, la posibilidad de disponer[20] y de deshacerse de algo. En cambio, el cuerpo puede indicar también el conjunto de

---

[19] GEVAERT, J.: o.c., p. 65.
[20] MARCEL, G.: *Ser y tener*. Caparrós Editores. Colección Esprit, Madrid 1996, pp. 225-226.

relaciones y realizaciones que una persona ha elaborado en su existencia. Nuestra dimensión somática, en este sentido, no es solamente una posibilidad abstracta de comunicar y de realizar, sino que es la existencia realizada, lo que es proyectado y realizado, las relaciones o tramas establecidas. Esto se aprecia de un modo especial en el rostro, en el que aparecen esculpidos, en cierto modo, los avatares de la vida. El carácter corpóreo del ser humano, pues, consiste más en un ámbito de expresión de la persona que en un objeto delimitado.

El encuentro intersubjetivo, la presencia del otro, es, pues, integrante del ser del hombre, constituyente suyo, y no un mero añadido. El hombre sólo es en respectividad interpersonal. Así lo explica Zubiri: «Cada hombre tiene en sí mismo, en su propio 'sí mismo', y por *razón de sí mismo*, algo que concierne a los demás hombres. Y este 'algo' es un momento estructural de *mí mismo*. Aquí *los demás* no funcionan como algo con que hago mi vida, sino *como algo que en alguna medida soy yo mismo*. Y sólo porque esto es así *a radice*, sólo por esto puede el hombre después hacer su vida 'con' los demás hombres. El mí mismo 'desde' el cual hago mi vida es estructural y formalmente un mí mismo respecto de los demás»[21].

Como dijimos, la respectividad, la referencia a los otros, el carácter argumental y la narratividad de nuestra vida, pertenecen a la esencia del hombre, a su más profunda realidad personal. No podríamos contar historias si la vida humana no fuera *narrable de suyo*, si no tuviera una estructura básica que se pudiera dramatizar. Las ficciones

---

[21] *Estructura dinámica de la realidad*, Alianza editorial. Fundación Xavier Zubiri, Madrid 1989, p. 251.

nos fascinan y emocionan porque las vemos verosímiles, aunque nunca lleguen a ocurrir como tales en nuestra vida. Es una incongruencia afirmar que la vida es un caos informe y a renglón seguido ponerse a escribir historias. Contamos cuentos, representamos dramas y hacemos guiones cinematográficos porque la vida tiene un sentido gracias a que *sabemos que no estamos solos*. En el fondo de su ser el hombre encuentra un misterio que remite más allá de sí mismo.

c) Creatividad y voluntad de dominio

El encuentro no se reduce a mera cercanía física sino que constituye un entrelazamiento de dos o más ámbitos de realidad que se ofrecen mutuamente posibilidades de acción. Para poder entender el encuentro y disponernos a realizarlo necesitamos recordar la distinción que hicimos anteriormente entre ámbitos y objetos. Un ámbito no es un objeto, sino una realidad que abarca cierto campo (una persona, un valor ético o una obra de arte), dispone de una serie de posibilidades y tiene cierto poder de iniciativa. Para la mentalidad objetivista, cargada de prejuicios positivistas y racionalistas, que presenta como paradigma de saber el conocimiento de objetos, le es muy difícil trascender de éstos a los ámbitos. Reduce el hombre a sus genes, un cuadro a sus materiales o a los efectos neurofisiológicos que produce en nuestra psicología. Pero los ámbitos no se dejan cuantificar ni delimitar y son fuente de posibilidades creativas.

Esta ambigüedad de los ámbitos y del misterio es el mayor obstáculo para la *voluntad de dominio o de poder*, que es la instancia de la que se parte para elaborar la ética en muchos ambientes sociales y políticos. Así por ejemplo, cuando se trata de estudiar los límites de la biotécnica (manipulación genética, fecundación in vitro, clonación, etc.), parece que el único principio regulador de la conducta es la capacidad que da el dominio técnico dentro de unos amplísimos márgenes, dentro de los cuales es válido *casi* todo. Se confunde el poder tecnológico con la creatividad, cuando lo ético sería lograr que la ciencia estuviera al servicio de la persona, respetando su misterio, su carácter irrepetible e inviolable y no reduciéndolo a un mero problema genético.

Los métodos de manipulación de la procreación humana sustituyen el encuentro personal por la eficacia técnica y oscurecen el carácter relacional y dialógico de la persona. Es lo que profetizaba Huxley en *Un mundo feliz*. En esa hipotética civilización futura en la que nadie nace de un modo natural, sino por fecundación in vitro, no está permitido, por obsceno, pronunciar palabras relacionales como padre, madre o hijo.

Pero toda persona es originada por un encuentro creador. Éste permite el entrelazamiento de ámbitos y es una forma de juego creativo. La palabra juego, como se explicó en el capítulo seis, se emplea mucho en la actualidad, no sólo en el ámbito filosófico sino también a nivel ordinario. No hace falta más que añadir el calificativo de lúdico a una actividad para que quede inmediatamente prestigiada. Una actividad se puede calificar como lúdica, en el sentido que le estamos dando en este libro, cuando posee unas normas o reglas que encauzan la actividad del hombre hacia unos fines, que se obtienen ejerciendo la creatividad: creando 'jugadas', belleza o acciones bellas (y por tanto buenas). Para jugar hay que fundar relaciones de encuentro entre diversas realidades.

Un acceso poético a la intimidad del otro: *Cyrano de Bergerac*

Entre las actividades lúdicas destaca el juego dialógico. El lenguaje no tendría sentido si no fuera para el diálogo y la apertura a los demás. Sin comunicación no hay verdadera vida humana y social, sólo discordias y fracasos, prepotencia y apariencia de equilibrio. Sin verdad tampoco hay diálogo. El diálogo es un juego creador que exige el cumplimiento de unas normas y persigue una finalidad propia: crear un campo en el que resplandezcan las ideas, se compartan sentimientos y se acreciente la amistad. Para ello se necesita capacidad de asombro, respeto mutuo, apertura de mente, saber escuchar y aceptar cuanto nos pueda enriquecer aunque modifique nuestros prejuicios reduccionistas.

Se puede decir que una de las causas de la incapacidad para el diálogo es la ausencia del hábito de lectura, sobre todo de obras de calidad. Se dijo, al comienzo de este libro, que la lectura de obras clásicas permite conocer los resortes del comportamiento humano y sus implicaciones éticas. Esto se debe a que los buenos autores literarios no proceden arbitrariamente en la elaboración de sus obras, escriben con coherencia, fieles a la lógica interna de cuanto van narrando. Así por ejemplo en la obra teatral del escritor francés Edmond Rostand, *Cyrano de Bergerac*[22] (1897), se muestra la contraposición entre la volun-

---

[22] Edición castellana en Espasa-Calpe, Madrid 1998. El drama ha sido llevado en varias ocasiones a la gran pantalla. En 1950 por Michael Gordon, con José Ferrer en el papel del poeta-espadachín, y en 1990 por el francés Jean-Paul Rappeneau y genialmente interpretada por Gérard Depardieu (Cyrano), Anne Brochet (Roxana) y Vincent Pérez (Christian). El guión es del mismo Rappeneau y de Jean-Claude Carrière. Esta última versión tiene el gran acierto de combinar perfectamente el género

tad de dominio y la entrega desinteresada que está en el origen del verdadero encuentro.

La acción se desarrolla en la Francia del siglo XVII. El protagonista de éste drama romántico es un personaje real: Héctor Savinien Cyrano de Bergerac (1619-1655), amigo de Molière y Descartes, soldado, poeta y precursor de la literatura de ciencia-ficción. A este personaje, Rostand le convierte en gascón, resalta su fuerte carácter y su exuberante ingenio, y le añade una nariz desmesurada. Este defecto físico le atormenta y le impide mostrar su amor a la bella Roxana, una mujer cultivada, prendada, como él, de las palabras elocuentes. Ella está enamorada de Christian —compañero de armas de Cyrano—, apuesto pero superficial. El alma que le falta se la prestará el narigudo poeta[23], que así, a través de las cartas de amor que escribe como si fuese Christian, hace llegar a Roxana todo su amor. Esta actitud provocará la evolución amorosa de la joven, que superará la atracción inicial por la belleza sensible del joven mosquetero hasta llegar al amor por su alma —que es Cyrano—.

Desde los versos del primer acto se muestra el carácter desinteresado y magnánimo del protagonista, condición fundamental para el encuentro. Después de haber interrumpido una deplorable representación teatral y haber calmado la furia del vulgo con la bolsa que contenía su paga mensual, le interpela intrigado su fiel amigo:

---

teatral y el cinematográfico. La declamación, como en el original, totalmente en versos alejandrinos la convierte en una opera verbal. El filme se abre con una secuencia antológica que muestra el ambiente típico de un teatro barroco francés. El ritmo narrativo y la movilidad visual son extraordinarios durante las declamaciones, incluso en escenas de masas, superando en esto a la estática versión de Gordon. El diseño de producción consigue un ambiente barroco preciosista, real y sugestivo. Obtuvo cinco nominaciones a los Oscar.

[23] Así en el acto II dice Cyrano: «Yo seré tu espíritu, tú mi belleza».

Lebret:	Y encima tiras el dinero.
Cyrano:	¿Cien escudos?
	Han hablado muy poco. En una noche mudos.
Lebret:	¿Y ahora cómo vivirás?
Cyrano:	Tengo lo puesto.
Lebret:	Tirar la bolsa. Qué memez.
Cyrano:	Pero... qué gesto.
Lebret:	¿Por qué actúas así?
Cyrano:	Erré por el camino.
	Busqué el sendero apropiado a mi destino y lo encontré.
Lebret:	¿Cuál?
Cyrano:	Pues de todos el más sencillo.
	Decidí ser un hombre admirable, no un pillo.

En este drama se refleja la contraposición entre la búsqueda de lo inmediato y el rechazo de lo vulgar. La primera actitud la representa Christian y la segunda está simboliza en la figura de Cyrano. Sólo éste conseguirá un auténtico encuentro con Roxana, los de aquel serán aparentes o frustrados. En el acto III se muestra uno de ellos. El encuentro entre la pareja fracasa por el rechazo de ella al mero contacto físico como sucedáneo del amor:

Roxana:	¡Christian! ¿Estáis ahí? Soy yo...
	(*Quiere besarla*)
	No, esperad. ¡El aire es suave!...Es de noche Estamos solos. Venid, sentaos. Hablad: os escucho.
Christian:	(*Se sienta en el banco junto a ella. Pausa*)
	Os amo.
Roxana:	*Cerrando los ojos*)
	Sí, habladme de amor.
Christian:	Te amo.
Roxana:	Es el tema. Adornadlo...¡Adornadlo! (...)
Christian:	...¡Te quiero tanto!
Roxana:	Os creo: ¿Qué más?

Christian:	¿Qué más?...¡Sería muy feliz si tú me amaras! (...)
Roxana:	Desenredad vuestros sentimientos.
Christian:	Quisiera...¡Besar tu cuello!
Roxana:	¡Christian! (...)
Christian:	Perdón...¡Me volvéis tonto!
Roxana:	(*Secamente*)

                                      Eso no lo deseo
Como no desearía que os volviérais feo.

Christian:	Pero...Roxana.
Roxana:	Id a buscar la elocuencia precisa.
Christian:	¡Escuchad!
Roxana:	Me amáis, ya lo sé.
	Adiós.
	(*Se va a su casa*)
Christian:	¡No tan deprisa!
	Quiero deciros que...
Roxana:	Que me adoráis, sí ya lo sé.
	¡No! ¡No! ¡Marchaos!
Christian:	Pero yo...
	(*Le cierra la puerta en las narices*)
Cyrano:	(*Aplaudiendo*)
	¡Menudo éxito!

En este fragmento hay que evitar confundir el lenguaje de Roxana con un afán de pedantería, ya que en el teatro el alma de los personajes se expresa fundamentalmente a través de sus diálogos. En este caso, el texto expresa el deseo que tiene Roxana de no reducir el amor a un impulso vulgar y pragmático. Ella advierte que el encuentro no se puede precipitar, tiene que basarse en cierta riqueza interior.

En el acto III se llega al clímax en la escena del balcón. Esta escena, situada en el jardín de la joven, recoge de modo magistral cómo se produce el encuentro interhumano a través del lenguaje cuando hay una actitud de respeto al otro y de desinterés. Roxana queda prendada de las palabras de Cyrano creyendo que son de Christian. La escena transcurre de noche, pero en ella se hace la luz. La oscuridad nocturna —un símbolo recurrente en otras obras literarias— expresa el esfuerzo y la paciencia necesarios para lograr el encuentro con el otro. En la *noche oscura* se ocultan las apariencias sensibles y sólo queda al descubierto la intimidad de la persona. Es el alma de Cyrano la que trepa por las enredaderas y sube hasta el balcón de Roxana, aunque su cuerpo se quede en el jardín. Esta escena no se reduce a un mero juego de palabras, sino que manifiesta una comunicación amorosa entre dos personas:

Cyrano: ¿Comprendéis al fin? ¿Vuestra alma se alumbra?
¿No veis la mía subiendo en la penumbra?
¡Oh, realmente, esta noche es dulce, demasiado bella!
¡Escucháis a mi alma! ¡Somos yo y ella!
¡Es demasiado! Ni mi esperanza más modesta
habría deseado tanto. Sólo me resta
morir ahora mismo. A causa de mis versos
siento que se está desplomando el universo.(...)

Roxana: Sí, tiemblo y lloro y te amo. Aunque soy fuerte
me has embriagado.

El encuentro otorga a la vida del hombre pleno sentido y por tanto alegría y felicidad. El ser humano, como ya se advirtió, se configura como persona, se desarrolla y perfecciona fundando encuentros. En el encuentro surge la luz, aunque en la obra que nos ocupa no sea total debido al orgullo de Cyrano, que le impide darse a conocer. Atormentado por su fealdad física, evita confesar su amor a Roxana por temor a sufrir un desplante. Se trata de un temor infundado pues ella ha madurado y comprendido que sólo la belleza interior puede crear un amor duradero:

Roxana:	No puedes imaginar, ¡Dios mío!
	Aquella noche te empecé a amar,
	cuando con una voz cálida en mi ventana,
	tu alma se transformó en porcelana.
	Aunque ya en tus cartas, desde hacía un mes
	tu voz escuchaba con ardiente interés.
	Sí, leía, releía, me desmayaba
	era tuya Christián; tu amor me abrasaba.
	Perdona que haya cometido la torpeza
	de amarte únicamente por tu belleza.
Christian:	No, Roxana
Roxana:	Y desde entonces mi alma os adora
	a los dos: al poeta y al hombre.
Christian:	¿Y ahora?
Roxana:	Estar lejos de ti ha sido un reclamo
	y tan sólo es tu alma lo que amo.
Christian:	¡No!
Roxana:	La belleza por la que al principio te amé
	ahora que veo más claro, ya la olvidé.
Christian:	¡No!
Roxana:	¿Aún dudas de tu gran victoria?
Christian:	¡Roxana!
Roxana:	Comprendo, no crees que en la gloria
	esté el amor.
Christian:	No quiero este amor,
	prefiero ser amado simplemente...
Roxana:	¿Por lo que amé en ti hasta este momento?
	Deja que te ame por tu talento.
Christian:	No, era mejor antes.
Roxana:	¿No comprendes nada?
	Ahora es cuando estoy realmente enamorada.
	Es tu gran ingenio lo que adoro, incluso...
Christian:	¡Cállate!
Roxana:	aunque tu belleza se acabase
	y fueras...
Christian:	No digas eso

Roxana: Sí, lo digo
Christian: ¿Qué? ¿Feo?
Roxana: Así es, aunque fueras feo.

El encuentro implica riesgo. La inquietud y angustia de la libertad sólo desaparecen cuando se asume la aventura a la que llama el encuentro personal. Una hazaña cotidiana que exige entrega y generosidad. Pero Cyrano no quiere afrontar ese riesgo por miedo al fracaso, cuando no tendría que ser así pues sabe que Roxana ha superado lo inmediato. Sólo al final se dará a conocer, hasta entonces permanece en el anonimato.

El poeta de Gascuña no tiene en cuenta que, como dice Viktor Frankl, la «atención excesiva o hiperreflexión»[24] sobre uno mismo es causa de infelicidad. Cyrano presta una «atención excesiva o hiperreflexión»[25] a «la nariz que el rostro de su dueño/ privaba de armonía...» (Acto I). Le falta la sencillez suficiente para reírse de ella —aunque lo hace en algún momento—, con las ventajas psicológicas que ello le hubiera reportado. «No es el ensimismamiento (...) ya sea de conmiseración o de desprecio, lo que puede romper la formación del círculo; la clave para curarse está en la trascendencia de uno mismo.»[26]

La persona, en definitiva, se desarrolla y perfecciona en la medida en que se trasciende al servicio de una causa o en el amor a otra persona. Es decir, el hombre sólo se humaniza plenamente cuando se pasa por alto y se olvida de sí mismo: esta es la finalidad de las experiencias de encuentro.

---

[24] *El hombre en busca de sentido*, o.c., p. 110.
[25] Ibíd, p. 118.
[26] Ibíd, p. 124.

9. ¿En qué se basan los derechos humanos?
Libertad y dignidad del hombre y la mujer
Náufrago, Solas y *La Linterna Roja*

> «En realidad, ¿qué somos las que vivimos aquí? Somos menos que nada. Somos como los perros. Como los gatos. O como las ratas. Desde luego no somos personas.» (*La linterna roja*)

Las diversas formas de libertad: *Náufrago*

El hombre posmoderno es un ser solitario, aunque esté rodeado de multitudes. Debido a su carácter relacional y dialógico, la persona no soporta la absoluta soledad. No hay nada más inhumano que no tener alguien con quien compartir nuestra intimidad. Encontrarse en una pequeña isla desierta, cara a cara con la naturaleza, puede ser una gran metáfora del hombre posmoderno. Es el tema central de *Náufrago*, dirigido por Robert Zemeckis, que narra las peripecias de Chuck Noland (Tom Hanks), un eficaz ejecutivo de una empresa de mensajería obsesionado por el tiempo. Esa aceleración existencial le impide formalizar su compromiso matrimonial con Kelly. En uno de sus viajes de trabajo, el avión que le traslada sufre un accidente y se hunde en el océano Pacífico. Sólo él sobrevive. La lucha por subsistir y escapar de la locura causada por la soledad constituyen el eje narrativo de la película.

El filme revela que en nuestra sociedad tecnificada no apreciamos el don que suponen las cosas que usamos en la vida corriente. También se alude en la película a la intersubjetividad y a su referencia trascendente: aparecen representadas en una pelota de vóleibol a la que Chuck bautiza como Wilson. Con ella entabla un diálogo imaginario para escapar de su soledad. Pero si puede dialogar es porque no es un ser radicalmente solitario, sino relacional, surgido a partir del encuentro entre otros seres humanos. Si la última palabra de nuestra vida la tuviera la soledad, nunca saldríamos de ella. Chuck puede superarla porque —como toda persona— es esencialmente diálogo. En el principio era el diálogo, la relación, no el aislamiento.

La persona sólo se realiza en referencia a los otros. Chuck recuerda con frecuencia el amor de Kelly. También mira varias veces un paquete de su empresa que ha escapado al naufragio y espera ser entregado a su destinatario. Con ello se comprueba como el hecho de tener un sentido en la vida, un *para qué*, da las fuerzas necesarias para sobrevivir, hace soportable cualquier *cómo*.

Cuando el hombre realiza experiencias de encuentro advierte con claridad que lo importante en la vida no es realizar acciones que sólo aporten utilidad inmediata, o placeres fáciles y pasajeros, sino las que establecen vínculos creativos, aunque exijan sacrificio. Tal es la lección aprendida por Chuck tras su naufragio. La persona adquiere libertad interior al elegir lo que *debe* para cumplir su sentido más profundo. Actualmente se tiene un concepto muy pobre de libertad, se reducen sus múltiples niveles a uno solo y se empobrece su riqueza de matices. Si reducimos nuestra posibilidad de elegir a la simple capacidad de dominar objetos —incluido el hombre como un objeto más— perdemos la libertad interior y la libertad moral, que son las modalidades superiores de nuestro libre albedrío.

La *libertad* se ha convertido en un objeto de culto, algo intocable y que prestigia todo lo que toca. Pero no pocas veces se manipula este concepto al utilizarlo sin matizar sus múltiples significados. En cambio el término *deber* está desprestigiado, se suele entender como algo externo que se me impone y merma mi libertad. Ya vimos que esto no es cierto. De ahí la importancia del encuentro creador que nos permite alcanzar libertad interior, pues el sentido de la vida humana consiste en *ob-ligarse* libremente a lo valioso: asumir libremente una norma, cauce o institución que nos orienta hacia la realización o plenitud personal.

El hedonista, al considerar la libertad como un absoluto, convierte a las personas en medio para sus propios fines. Juega con ellas, es decir: no respeta su modo de ser sino las propias apetencias de cada momento. En cambio, el que aspira al encuentro personal hace *juego creador*, se esfuerza en colaborar con la realidad y respeta las reglas que se derivan de la índole propia de cada ser y acontecimiento. Esa colaboración respetuosa equivale a un trato creador con las demás personas y con todas las realidades *ambitales*, que lleva a crear formas valiosas de unidad: en esto consiste la forma más alta de libertad.

Por tanto jugar no es algo opuesto a la seriedad; esta es una confusión frecuente. La seriedad creativa del juego es una de sus principales cualidades. A veces se piensa en lo lúdico como en algo frívolo e intrascendente, con el consiguiente empobrecimiento de la vida humana (el amor como mero pasatiempo frívolo y fugaz, etc.). Pero esto es radicalmente falso pues el juego crea ámbitos llenos de sentido y de valor. El *hombre serio* es respetuoso y desinteresado, porque intuye que su perfección depende del encuentro con lo valioso. A su vez la falta de libertad creativa del *hombre frívolo* le desvincula de lo valioso, desintegra sus energías personales, aíslándolo y sumiéndolo en el aburrimiento, o el vacío existencial.

Los beneficios del encuentro

El panorama desolador del hombre frívolo debe llevar a ver los frutos del encuentro como la mejor solución para el desajuste ético. El encuentro produce una serie de beneficios valiosísimos para la persona:

El agradecimiento, el acoger de buen grado todo lo valioso, lo que enriquece; es la base del amor: «agradezco que existas», «¡qué bueno que existas!». El resentimiento es lo contrario, es la principal causa del odio; consiste en no soportar que existan valores que me superan.

La paciencia, pues todo lo auténticamente humano es consecuencia de un lento proceso de maduración. En *Cyrano de Bergerac*, Christian representa la falta de paciencia en las relaciones amorosas, y por tanto el fracaso del amor. La voluntad de dominio asfixia la amistad: «Los hombres —leemos en *El principito*— ya no tienen tiempo de conocer nada; compran las cosas ya hechas a los comerciantes; pero como no existe ningún comerciante de amigos, los hombres ya no tienen amigos.»[1]

Se suele ver la paciencia como mero aguante, cuando lo que implica en realidad es un ajustarse a los ritmos propios de cada ser o acontecimiento. Es lo que Chuck llegará a comprender después de varios años de estancia en

---

[1] SAINT-EXUPÉRY, A. de.: *El principito*. Editores Mexicanos Unidos, S.A. México 1979, p. 73.

una isla desierta. A diferencia de lo que ocurría en su trabajo, en su condición de náufrago no es él quien marca el ritmo de las cosas sino que debe adaptarse y esperar lo que —como los objetos que la marea deja en la playa— la vida le vaya ofreciendo.

La capacidad de asombro ante el misterio de lo real se anula cuando se elimina lo valioso. Una sociedad mediocre es aquella que elimina el valor del esfuerzo, el aprecio por lo grande o sublime, y sólo aspira a lo que se obtiene de modo inmediato. Se pierde la paciencia necesaria para la creatividad. Sin ella, como les ocurría a los personajes de *Fahrenheit 451*, resulta imposible apreciar la belleza de un paisaje o de un amanecer.

Comprensión y *simpatía* entendida como el hábito de sintonizar con los demás, que no tiene por qué ser innato, sino adquirido como fruto del encuentro.

Fidelidad es el poder o *virtus* de dar cumplimiento a las promesas. El horror al compromiso es causado por el afán de dominio y de control que ha sembrado en nosotros el racionalismo positivista. En el fondo esa voluntad de dominio es pura debilidad, falta de virtud (fuerza) y, por tanto, de creatividad.

La virtud facilita y capacita para el encuentro. Teniendo en cuenta esta definición no se la puede menospreciar diciendo que es algo rutinario, propio de gente miedosa o que constriñe la vida. Más bien al contrario, las virtudes son condición de la creatividad pues logran la integración de todas las energías humanas.

La alegría —dice Bergson— anuncia el triunfo de la vida. Se suele confundir alegría y *entusiasmo* con la mera euforia, lo cual es una banalización de la felicidad. La dicha no se alcanza cuando se persigue con obsesión y de modo individualista, como fruto de una mera complacencia o de instintos satisfechos, sino que brota del interior de quien se preocupa por buscar el sentido de su vida entregándose a los demás.

Libertad y donación personal: *Solas*

Cuando el hombre realiza experiencias de encuentro comprende que lo decisivo en la vida es establecer vínculos creativos, aunque exijan sacrificio. De este modo adquiere libertad interior y advierte que es un ser libre, dueño de sí, principio de sus actos y con capacidad de autodominio. Lo voluntario es aquello cuyo origen está en uno mismo. Pero la persona también es efusiva, tiene capacidad de crear, de dar, de sacar de sí lo que tiene para entregarlo o regalarlo. Que el hombre es *capaz de dar* implica que sólo se realiza como persona en el encuentro interpersonal y dialógico. Sólo cuando entrega algo valioso de su intimidad a otro alcanza su plenitud como persona. El amor «es el regalo esencial»[2], el darse total de una persona a otra; quien se guarda, quien no se da, se frustra, cae en el vacío existencial.

En *Solas*, opera prima del realizador sevillano Benito Zambrano, se muestra con gran realismo la capacidad de entrega de las personas y el duro contraste de su negación. Rosa (María Galiana), una anciana analfabeta y silenciosa, acompaña a su arisco esposo enfermo en un hospital de Sevilla. Allí vive con su hija María (Ana Fernández), una mujer de treinta y cinco años, depresiva, sin empleo fijo, alcohólica y con una vulgar relación sentimental con un camionero.

Con cierto aire de Neorrrealismo, esta película se aleja de la agotadora y frívola gente guapa que inunda nuestras

---

[2] TOMÁS DE AQUINO, *Suma Teológica*, I, q. 38, a. 2.

pantallas para mostrarnos el duro mundo de las grandes bolsas de marginación.[3]

Los temas de *Solas* son la mujer y de la madre, las relaciones de pareja en dos generaciones diversas, el sexo y el amor y la tragedia del aborto. También la angustia de la miseria moral cuando va unida a la pobreza, la incultura y la humillación. En último término, este filme es un canto a las mujeres que se entregan totalmente a su marido y a sus hijos sin esperar nada a cambio.

Son asuntos de validez universal, así se comprende el éxito de la película en países como Japón o Alemania. El hecho de que una historia situada en un arrabal de Sevilla tenga tanta repercusión muestra que es posible alcanzar la trascendencia metacultural. La identidad o el ser de la persona, como base y fundamento de las narraciones, permite ese alcance global.

El carácter efusivo de la libertad —y su negación— es el elemento argumental básico de esta realización. En la secuencia en que María le dice a Juan el camionero que la ha dejado embarazada y que está decidida a tener el hijo, se manifiesta el egoísmo y la libertad sin donación ni entrega de su zafio compañero. Éste, tras insultarla y humillarla, le dice que no quiere saber nada del niño, que con él no cuente ni para casarse ni para mantener a la criatura. El guión de Zambrano, con una cruda expresión del

---

[3] Cfr. MARTÍN, J.J., ARESTÉ, J.M, GIL-DELGADO, F. y otros: *Cine fórum 2000*. Dossat, Madrid 2000, pp. 287-288. *Solas* obtuvo gran éxito de público y crítica y varios premios: Festival de Berlín '99, Cinco Premios Goya, Premios del Círculo de Escritores Cinematográficos y proyectada en más de treinta festivales internacionales. El filme logra una sólida y realista puesta en escena de gran dramatismo visual y una espléndida interpretación que otorga autenticidad al relato: los silencios, las miradas y los estallidos de emoción.

camionero, muestra a lo que se reduce la sexualidad desvinculada del amor y la entrega. Con ello, María advierte en que ha consistido su relación: mero consumo de sexo. El camionero ni siquiera está dispuesto a acompañarla en su cita para el aborto. No ha habido ningún encuentro personal, sólo el deseo de dominio y el desprecio. *Eros* se transforma en *thanatos*: poco después, en una secuencia magistral que recuerda a la trágica protagonista de la novela de Tolstoi *Ana Karenina*, María decide suicidarse.

Pero el encuentro tiene que ser recíproco, tiene que darse un recibir, para que esa efusión no sea sólo dejar, sino también entregar. De todos modos, toda donación acaba teniendo su fruto. La madre de *Solas*, a pesar de sus silencios y humillaciones, consigue crear vida y alegría a su alrededor. Por eso la persona es un ser relacional y dialógico. Si no está el otro, se frustra. El dar implica un intercambio inteligente y libre de la riqueza interior de la persona, de la intimidad profunda de cada uno de los que se entregan. Precisamente gracias al encuentro consigue María superar su angustia vital. En uno de los mejores diálogos de la película, la joven cuenta a un anciano vecino asturiano que está embarazada:

Vecino: ¿Lo sabe tu madre?
María: No lo sabe nadie.
Vecino: Bueno, ahora lo sé yo.
María: Pero tú no importas. Tú sólo eres un vecino.
Vecino: Un vecino no es cualquier cosa. Estamos para ayudarnos.
María: ¿Ayudarnos a qué?
Vecino: No sé, oírte.
María: ¿Y eso de qué me sirve?
Vecino: De lo que tú decías antes. Pa' que no te salga un callo en el estómago.

Es muy significativo que este diálogo —del que sólo ofrecemos un breve extracto— ocurra de noche y finalice con el amanecer. La noche de la desesperación de la protagonista desaparece con el encuentro creador que da luz y vida a las personas. Este intercambio dialógico (apelación-respuesta), este dar y recibir, permitirá la creatividad y, por tanto, el triunfo de la vida.

La persona como fin en sí misma: *La Linterna roja*

La persona es un ser relativamente absoluto, irreductible a algo inferior y por eso debe ser respetada y tratada con dignidad. Que es un absoluto indica que es libre, que no está atada a su entorno, que supera la mera biología, que aspira al infinito (el hombre supera infinitamente la hombre; nada finito nos sacia). Y que es relativo manifiesta su carácter dependiente de lo real (el mundo, los valores, las normas, etc.), de los demás y del fundamento absoluto del mundo. No nos hemos dado el ser a nosotros mismos, nuestra vida es un don.

Estas cualidades que fundamentan la dignidad humana deben llevar a la siguiente actitud: «Obra de tal modo que trates a la humanidad, sea en tu propia persona o en la persona de otro, siempre como un fin, nunca como un medio.»[4] En esta formulación del imperativo categórico kantiano se encierran gran parte de los cimientos de la ética. El sujeto no debe ser manipulado ni instrumentalizado, como le ocurre al protagonista del *Show de Truman* o a los concursantes de *Gran Hermano* (aunque éstos lo acepten libremente).

---

[4] KANT, I.: *Fundamentación para una metafísica de las costumbres*, 429.

La negación del imperativo kantiano es el tema de *La linterna roja* (1991). En 1920 Songlian (Gong Li), una universitaria de 19 años que debe dejar los estudios al morir su padre, acepta ser la cuarta esposa de un poderoso señor del norte de China. Allí tendrá que competir con las otras concubinas para obtener el favor de su amo. El título hace referencia a la lámpara roja depositada frente a la casa de la mujer elegida para acompañar esa noche al esposo.

El realizador Zhang Yimou, que ha tenido problemas con sus películas por las críticas veladas que hacen a la política del gobierno chino, consigue una bella recreación de la utilización del ser humano como un medio de placer y de poder. Este cineasta oriental, pero bien conocido y apreciado en occidente, utiliza prodigiosamente el color (el rojo sobre todo) y con una narrativa solemne, una gran interpretación y una bella banda sonora (coros incluidos) muestra, con el transfondo de antiguas costumbres de la civilización china, una historia de amor, odio, sexo, opresión, humillación y venganza.[5]

Todo ello se nos muestra en el ambiente opresivo de un palacio oriental —no hay apenas planos de exteriores— que representa el ahogo producido por el vértigo de la falta de respeto a la dignidad de la persona. Allí las mujeres son meros trofeos que manifiestan el dominio del impersonal amo. «Para el amo soy como una túnica...se la pone y se la quita cuando quiere», dice Songlian. Este esposo es un ser deshumanizado (es significativo que nunca se le vea el rostro con claridad) que castiga cruelmente la traición de sus concubinas.

---

[5] Cfr. SESÉ, J.M.: *El cine en 111 películas*, o.c., p. 207.

El fundamento de la dignidad humana

La base de la ética es el respeto a la persona. Pero el hombre remite más allá de sí mismo. Y aunque la experiencia ética se sitúa en el ámbito de la finitud —en el mundo cotidiano del hombre—, la inquietud radical de las tendencias humanas (el anhelo de felicidad), y el carácter absoluto de la exigencia moral y del amor interpersonal, llevan al hombre allende el campo de lo real y le hacen entrever la posibilidad del infinito. En efecto, ¿por qué se debe respetar en último término a los demás? ¿Sólo para ser yo tratado del mismo modo? Este fundamento convertiría el imperativo en hipotético: «Respeta a los demás si quieres que te traten del mismo modo».

Pero las exigencias éticas son absolutas: debo respetar a la persona por lo que es (un fin en sí misma), no sólo porque me conviene. ¿Por qué existen la convivencia social, los derechos humanos? Sería una simplificación decir que la base de los mismos es sólo un pacto social o una declaración de la ONU. Todas estas fundamentaciones son insuficientes al ser relativas. Dependen de una decisión humana, pero ninguna persona recibe sus derechos de otro hombre. Si podemos condenar a un criminal de guerra o a un genocida, es gracias a la existencia de principios éticos o leyes que son anteriores a la decisión de un parlamento o un tribunal. La solidaridad humana, la moral o los derechos de la persona necesitan una base más honda, un fundamento absoluto.

a) Los derechos humanos y la 'muerte de Dios'

Si el ser humano es alguien relativamente absoluto, su respeto debe basarse en principios morales incondicionales, ya sea en la formulación del imperativo categórico o en otras similares. Dijimos que el rostro del otro, su carácter personal, nos apela e impone como absoluto el respeto a su condición de fin en sí mismo: ¡No me mates! ¡No me utilices como un objeto! El problema aparece cuando se intenta dar razón de este absoluto, cuando la razón busca el fundamento del respeto moral inalienable al ser humano. En esta tesitura, el recurso a un fundamento absolutamente absoluto del ser humano se impone como inevitable. El intento de eludir esta búsqueda provoca innumerables aporías o paradojas.

Esquivar este origen absoluto implica privar a la ética de su radical exigencia. Así lo han advertido diversos autores a lo largo de la historia del pensamiento y la literatura. «Si Dios no existiera, todo estaría permitido», se afima en la novela de Dostoievski *Los hermanos Karamazov*. La negación del Absoluto hace que todo se vuelva relativo. A la misma conclusión llegan Nietzsche y Sartre. Estos autores aparecen como lúcidos denunciantes de las aporías a las que lleva una ética absoluta basada en una filosofía que no reconoce la existencia de Dios[6]. La única

---

[6] Cfr. Por ejemplo, en el caso de NIETZSCHE, el fragmento 125 de *El Gay saber*, Espasa-Calpe, Madrid 1980: «El insensato saltó en medio de ellos y les atravesó con su mirada. ¿Dónde está Dios? Yo os lo voy a decir. ¡Nosotros lo hemos matado, vosotros y yo! ¡Todos nosotros somos sus asesinos! Pero ¿cómo hemos hecho esto? ¿cómo hemos podido vaciar el mar? ¿quién nos dio la esponja para borrar el horizonte? ¿Qué hemos hecho al soltar esta tierra de su sol? ¿Hacia dónde se mueve ahora? ¿Hacia dónde nos movemos? ¿Lejos de todos los soles? ¿No caemos sin cesar? ¿Hacia adelante, hacia atrás, de lado, de todos lados? ¿Hay todavía un arriba y un abajo? ¿No erramos como a través de una nada infinita? ¿no nos sopla de frente el espacio vacío? ¿No hace más frío? ¿No nos viene encima la noche, siempre más noche? ¿No es preciso encender linternas en pleno mediodía?»; y en SARTRE la conferencia *El existencialismo es un humanismo*, Edhasa, Barcelona 1992: «El existencialismo se

norma que regiría las conductas sería la voluntad del más fuerte: llámese ciencia, opinión pública o política. Por eso la muerte de Dios anunciada por Nietzsche, dio lugar a la muerte del hombre anunciada por los filósofos estructuralistas y llevada a cabo en los genocidios nazis y soviéticos. El siglo XX tal vez pase a la historia como uno de los más crueles que haya habido nunca. Y los inicios del XXI no están siendo muy halagadores al respecto.

Si Dios no existe, nuestros derechos son muy precarios, por no decir inexistentes. El ser humano más débil (no nacido, anciano o enfermo terminal) depende de la decisión de los demás para obtener el derecho a existir. Parece como si la sociedad y los parlamentos hubieran asumido el papel de la divinidad. Nuestro mundo no tendrá la suficiente fuerza moral para salir del infierno iniciado en el siglo pasado mientras no se reconozca que el fundamento último de la vida humana es un ser personal absoluto y trascendente. La persona es relación, sólo otra persona puede ser su fundamento absoluto. Decía Kierkegaard que somos un *yo* en referencia a un *Tú* absoluto.

Una ética de valores absolutos, por tanto, no resulta coherente sin un fundamento metafísico (más o menos consciente) en el ser Absoluto. Además, la advertencia de este fundamento absoluto del ser humano, permite ver la experiencia ética no como un dilema entre autonomía y heteronomía, sino como un contraste enriquecedor. Somos autónomos al ser heterónomos. Cuando asumo algo

---

opone decididamente a cierto tipo de moral laica que quisiera suprimir a Dios con el menor gasto posible.(...)El existencialista, por el contrario, piensa que es muy incómodo que Dios no exista, porque con él desaparece toda posibilidad de encontrar valores en un cielo inteligible; ya no se puede tener el bien *a priori*, porque no hay más conciencia infinita y perfecta para pensarlo; no está escrito en ninguna parte que el bien exista, que haya que ser honrado, que no haya que mentir».

valioso, lo hago mío y soy plenamente libre. La pura autonomía no existe, el hombre es absoluto pero relativo a la vez. Una libertad totalmente independiente, desvinculada de todo, se anula a sí misma.

Una de las consecuencias de la negación de Dios es la afirmación de una voluntad absoluta, con todos los problemas que esa tesis conlleva. Si todos tenemos una libertad sin límites, buscaremos a toda costa ser los protagonistas exclusivos de nuestra narración, sin admitir el papel de los demás o las exigencias de la realidad. El mundo de los demás será, parafraseando a Sartre y Hobbes, un infierno plagado de lobos.

Afortunadamente una absoluta voluntad de poder o de placer no tienen la última palabra. Nuestra libertad no es absoluta, tiene un sentido, una orientación. Es la misma realidad la que lanza a la inteligencia y a la voluntad más allá de lo inmediato de cada día, y crea en la persona la actitud que Zubiri denomina *voluntad de verdad y voluntad de fundamentalidad*[7]. La voluntad de sentido, que nos lleva a encontrar nuestra misión en la vida, remite a la verdad y al fundamento de todo.

b) *Símbolos artísticos, amor y religión*

La Filosofía del siglo XX nos ha traído la posibilidad de mirar con nuevos ojos el fenómeno religioso. La vuelta a las cosas mismas propugnada por la fenomenología ha dado sus frutos en la comprensión de la experiencia religiosa, librándola de la reducción a sustratos ocultos del

---

[7] *El hombre y Dios.* Alianza Editorial, Madrid, ²1985, pp. 105ss, 255ss.

ser humano. En efecto, parece que está superada actualmente la crítica de la religión efectuada por los filósofos de la sospecha[8] (Marx, Nietzsche y Freud). Estos pensadores pretendían reducir la religión a meras estructuras de poder, una creación de los débiles o un engaño del inconsciente. Observaban la religión desde fuera, sin comprender su auténtica génesis y valor. Así lo reconocen diversos autores contemporáneos. La tarea del filósofo como desenmascarador de eficaces trucos y engaños alienantes ha terminado. En la experiencia religiosa se manifiesta y hace presente una realidad que no se puede interpretar con un modelo reducido de razón.

Precisamente, lo que ha propiciado la negación de Dios es un mundo como mera volunad de poder. El arte, la filosofía y la religión funcionan como amortiguadores de ese dispositivo despótico. Nos recuerdan que lo más importante es el *ser* y no el *tener*: el sentido, la verdad, el bien y la belleza. El principio de la religión es la superación del utilitarismo por el amor. También, aunque de modo diverso, la experiencia estética y la vivencia ética tienden a crear una mentalidad desinteresada, más pro-

---

[8] «Es innegable la fuerza explicativa de todas estas variantes reseñadas de la *filosofía de la sospecha*, en las cuales el fenómeno y la experiencia religiosa pasan por el juicio y el veredicto de un determinado concepto de razón (idealista, materialista, genealógico o psicoanalítico). Pero no puede pasarse por alto en esas aproximaciones un proceder harto discutible: en todas ellas la religión es explicada *desde fuera de ella misma*. Se parte de la premisa, racionalista e ilustrada, de que la religión, por ella misma, es ilusión, ideología, concepto inadecuado, enfermedad, falsa conciencia (...). Se supone que su verdad y su sentido se hallan detrás, siempre detrás, en un sustrato inconsciente o subyacente que el filósofo, el científico o el analista deben desbrozar (y también desenmascarar).» (TRÍAS, E.: *La religión*. Jacques Derrida, Gianni Vattimo (eds.) PPC, Madrid 1996, pp. 137-138.)

clive al ser, a lo que enriquece a la persona que a lo que da fama o poder. Sin esas experiencias fundamentales triunfaría ese dispositivo general de desarraigo destructivo que ocasionaría la muerte efectiva del hombre, al negar el pensamiento, la ética y cualquier forma de religación (o de referencia al misterio y a lo sagrado).[9]

La creación artística, como expresión de nuestros anhelos, no se puede entender sin la referencia al misterio de la trascendencia. En ella comparece lo simbólico, y el símbolo, decía Ricoeur, da que pensar. La etimología de esta palabra hace referencia a una tablilla que en los pueblos antiguos el anfitrión ofrecía a su huésped. Al separarse, cada uno conservaba una parte la misma que les permitiría reconocerse en un futuro.

Aplicado al caso del arte podemos decir que el símbolo representa la unión de dos partes diferenciadas: una de ellas, perceptible, remite a otra que está más allá, misteriosa y que no se puede dominar. Esta segunda faceta del símbolo, sin embargo, se deja entrever a través de la parte que puede ser percibida por los sentidos o a través de palabras. El símbolo, por tanto, es el medio en el cual se puede exponer, de un modo sensible, la dimensión sagrada y religiosa del ser humano. Mediante lo símbólico puede llevarse a cabo una creación artística que manifieste lo sagrado. Por eso Eugenio Trías afirma que el arte, «sin ese referente (sin la compleja presencia/ausencia de lo sagrado), no puede desplegar su vocación y su designio: el de bañar con una aureola de resplandor aquello en lo cual interviene: un espacio urbano o monumental, o un argumento musical o narrativo, o una instantánea

---

[9] Cfr. R. ARGULLOL-E. TRÍAS: *El cansancio de Occidente*. Destino, Barcelona 1992, p. 84.

poética, o un poema visual capaz de plasmarse en una imagen pictórica.(...) El gran arte moderno resiste siempre en relación al flujo y reflujo de esa marea (nihilismo). Se aviene mal con el grito de guerra del profeta nietzscheano («Dios ha muerto»). El referente sagrado existe, insiste y resiste (...). El arte es, de hecho, una protesta de sentido en relación a la muerte. Postula una vida nueva resucitada, recreada.»[10]

Estos deseos expresados a través de símbolos, imágenes o narraciones, como los inexpresados u ocultos, remiten más allá de lo concretamente deseado hacia un horizonte de fundamentalidad y de infinitud. Participamos en una carrera imparable de obstáculos impulsados por nuestros deseos. No cesamos de anhelar nuevos objetos y nuevas personas que una vez obtenidos nos dejan de nuevo insatisfechos. Aquí radica el misterio de la felicidad. Un enigma que no se puede anular a no ser que se quiera reducir al hombre a una pasión inútil. Si tenemos una capacidad infinita de querer y advertimos que tras esa voluntad inextinguible late una verdadera apertura a la trascendencia, el absurdo se transforma en misterio: un Bien infinito nos atrae. Todo esto sería imposible dentro del ámbito de la finitud. Ese bien ilimitado no se sustituye con una infinitud de bienes caducos y pasajeros

En el encuentro dialógico en que consiste el amor personal también se vislumbra una vía al absoluto. El amor personal no es un mero intercambio de bienes, sino un acontecimiento de participación en un Bien mayor. La persona, como ser relacional, se constituye en el encuentro interpersonal: la existencia de una única persona, aislada, sería un absurdo metafísico. El amor y la entrega to-

---

[10] *Pensar la religión*, Destino, Barcelona 1997, p.118,120.

tales realizan a la persona, de ahí que todo amor verdadero anhele la eternidad, y no conciba su final como algo lógico.

La trascendencia se hace presente en este encuentro interpersonal, como han manifestado diversos autores contemporáneos: Marcel, Buber o Lévinas. Marcel lo expresó diciendo que amar a una persona es manifestarle que no morirá jamás[11]. Sólo se puede amar a una persona, es decir, a un fin en sí mismo. No tendría sentido querer a alguien como un medio («mientras me interese»). Por eso el amor pide *de suyo* eternidad. Pero los amantes no son eternos. Aspiran a realizar algo que sólo es posible para una subjetividad infinita. Por tanto, en el amor se hace presente un absoluto, pero sometido a la condición de finitud, y al hacerse presente en el acto personal de afirmación del otro (amor), esa realidad infinita se presencializa como personal y personalizadora. En la experiencia amorosa se hace presente, de un modo implícito o inconsciente, el infinito, la eternidad y, por tanto, la divinidad. Lo expresa Bécquer[12], de un modo sencillo y bello, en una de sus *Rimas*:

> Hoy la tierra y los cielos me sonríen,
> hoy llega al fondo de mi alma el sol,
> hoy la he visto..., la he visto y me ha mirado...
> ¡hoy creo en Dios!

La supervivencia del amor más allá de la muerte es un tema recurrente también en el cine, como se puede observar en *Always*, *Más allá de los sueños* o *El sexto sentido*, por

---

[11] Un excelente resumen de este tema en K.T. GALLAGHER: *La filosofía de Gabriel Marcel*, Ed. Razón y fe, Madrid, 1968, pp. 55-56, 141-146.
[12] Rima XVII. Ediciones Cátedra, Madrid 1975, p. 59.

citar unos pocos ejemplos. Esta apertura dialógica a los otros permite el acceso al absoluto y la conexión entre ética (derechos humanos, amor, felicidad) y religión.

Si se niega la trascendencia toda narración vital, y en concreto el argumento amoroso, queda reducida a una farsa, a una pasión inútil. Todo se resumiría en una representación que esconde la nada y el absurdo tras sus artificios. La vida no merecería la pena ser vivida. Cualquier realización valiosa de la persona estaría sometida a la fugacidad de las apariencias y destinada a ser aniquilada. Si la persona se reduce a un puñado de átomos reunidos al azar, en el fondo no existe nadie, nunca existió ningún sujeto. La muerte revelaría un vacío que siempre estuvo ahí.

Pero desde el instante en que decidimos vivir, reconocemos implícitamente el valor de nuestra existencia (que no proviene de nosotros) y la apertura a la trascendencia. El misterio del hombre siempre remite más allá de sí mismo (eso significa trascender). Con estas nociones nos adentramos en el tema del último capítulo de este libro.

10. El sentido del dolor
Felicidad y trascendencia
Tierras de penumbra y *La habitación de Marvin*

> «El dolor de entonces es parte de la felicidad de ahora» .«El dolor de ahora es parte de la felicidad de entonces. Ese es el trato.» (*Tierras de penumbra*)

La adversidad como argumento narrativo

La felicidad y el sufrimiento son elementos insoslayables en el argumento de la vida humana. No hay misión, ideal o proyecto que se alcance sin esfuerzo o sin contradicciones. Tal afirmación, que resulta obvia si observamos el devenir de nuestra vida, también se ve proyectada en los argumentos cinematográficos. Muchos filmes nos muestran que la felicidad implica el paso por la negación de uno mismo, el dolor o el sacrificio: *La vida es bella*, *El aceite de la vida*, etc. Éste último está basado en el caso verídico de Lorenzo Odone, hijo de un matrimonio católico italoamericano, al que diagnostican en 1984 una enfermedad incurable y degenerativa. Los padres de Lorenzo no se conformaron con lo inevitable y lucharon con la esperanza de poder sanar al niño. Gracias a esa voluntad de superación consiguieron un aceite natural que logró, no sólo evitar la muerte del chico, sino también la curación de otros. Nick Nolte y Susan Sarandon recrean con éxito la fortaleza de ese matrimonio ante el dolor y su denodado combate por superarlo.

Otras películas, como *La delgada línea roja*, producen perplejidad y no ofrecen respuestas ante el dolor absurdo causado por la guerra, aunque implícitamente muestran el valor y sentido de la entrega sacrificada a los demás. En *Camino al paraíso* se muestra, de un modo más explícito, como la trascendencia puede ser la base que otorgue sentido al sufrimiento. En 1942, debido a la entrada de Estados Unidos en la II Guerra Mundial, un grupo de mujeres y niños de origen europeo y americano debe huir de Singapur. El barco que las lleva de regreso al hogar es hundido por la aviación japonesa, y las supervivientes internadas en un campo de concentración en Sumatra. Allí vivirán tres años en penosas condiciones que lograrán superar gracias a su fe y a un coro polifónico organizado por una aristócrata inglesa (Glenn Close), una misionera protestante (Pauline Collins) y una monja católica holandesa (Johanna Ter Steege).

Viendo *A propósito de Henry*, *La ciudad de la alegría* o *Estación Central de Brasil*, experimentamos, como los protagonistas, una catarsis, una transformación interior, al enfrentarnos con el dolor y la tribulación. En la primera vemos como un accidente hace cambiar a un abogado arrogante y egoísta (Harrison Ford); en la segunda un médico (Patrick Swayze), que huye de sí mismo después de un fracaso profesional, encuentra el sentido de su vida al ver el sufrimiento de los habitantes de Calcuta; y en la tercera, Dora (Fernanda Montenegro), una maestra jubilada de Río de Janeiro que engaña a gente analfabeta escribiéndoles cartas que luego no envía, se transforma al recoger a un niño de nueve años que ha perdido a su madre.

El tema del dolor, por tanto, está relacionado con el sentido de la vida y la felicidad[1]. La primera reacción ante él es el rechazo, pues lo consideramos un mal. Pero no es un mal absoluto ya que puede tener efectos positivos. En primer lugar, como dijimos al analizar los sentimientos, el dolor nos avisa de la presencia de un mal, sin él nos volveríamos insensibles ante el daño ajeno o propio. También las adversidades pueden colaborar a nuestra realización siempre que las demos un sentido. El dolor gracias al amor, a un ideal ético, humanitario o religioso, se hace más llevadero y enriquecedor para el hombre. En caso contrario sume a la persona en la noche de la angustia y la desesperación.

Agnes Browne[2] (1999) muestra como llevar con sentido y alegría (gracias al amor a Dios, a sus hijos y a sus amigas) las dificultades de una joven madre irlandesa, viuda y con varios hijos. A las dificultades económicas se añade la enfermedad de su amiga Marion, a la que Agnes ayudará con suma delicadeza. No faltan en este drama entrañable toques de humor, de ternura y fortaleza, e incluso un desenlace con un final mágico.

El club de la buena estrella[3] (1993) muestra el valor humanizador de un sufrimiento que no ahoga la esperanza. El título hace referencia a un grupo de mujeres chinas que, después de sufrir duros avatares en su país, emigraron a Estados Unidos. Allí han nacido sus hijas, plenamente americanas de mentalidad pero con una gran admiración por sus madres. En el filme se muestra el con-

---

[1] Cfr. FRANKL, V.: *El hombre en busca de sentido*, o.c., p. 110. Cfr. AYLLÓN, J.R.: *La buena vida*, o.c., pp. 79-93.

[2] Se trata de la segunda película dirigida por la hija del famoso director John Huston, Anjelica.

[3] Realizada por Wayne Wang, director originario de Hong Kong y afincado en USA, y basada en el *best-seller* homónimo de la novelista Amy Tan, que ha colaborado en la redacción del guión.

traste entre las dos culturas, con sus virtudes y defectos. Al comienzo de la película una de las mujeres ha muerto, y su hija June tiene que ocupar el puesto de su madre. En esas reuniones las tres mujeres cuentan la historia de su vida que se entrelaza con la de sus hijas.[4]

Se tratan temas como el sacrificio, el amor y la muerte, la reconciliación, el dolor, la esperanza y las relaciones familiares entre diversas generaciones. El guión intenta universalizar la historia, aunque no siempre es del todo crítico con las actitudes mostradas. De todos modos, se muestra el horror de ciertas tradiciones milenarias chinas, la inestabilidad de las relaciones amorosas en la cultura americana, y el intento de buscar un sentido a la vida en medio de la tragedia. Se advierte cómo los personajes que más han sufrido son los más maduros. Pero ese dolor no ha sumido a esas mujeres en la desesperación. Más bien siguen abiertas a la esperanza, simbolizada en la pluma de cisne que Suyuan lega a su hija June.

Dos años después, el mismo realizador repetiría suerte con *Smoke*, basada en el *Cuento de Navidad de Auggie Wren* publicado en *The New York Times* por el novelista Paul Auster. Éste original escritor neoyorkino elaboró el guión a partir de su breve cuento. Auggie Wren (Harvey Keitel) es el dueño de un estanco de Brooklyn que cada día a la misma hora, y sin variar la posición del objetivo de su cámara, fotografía las pequeñas incidencias de la ca-

---

[4] Esto da lugar a una compleja estructura narrativa, llena de *flashbacks* y cambios continuos de narrador, pues cada personaje relata en primera persona su historia. A pesar de esta complejidad, constituye un gran mérito del realizador haber conseguido que el espectador no se pierda en ese laberinto de líneas argumentales. Resulta magistral la combinación de la majestuosidad y lentitud propias del cine oriental con el ambiente moderno de USA. Todo ello reforzado por la bella fotografía y una hermosa banda sonora.

lle que hace esquina con su establecimiento. Esta curiosa actitud ofrecerá a Paul Benjamin (William Hurt), un novelista en crisis tras la pérdida de su mujer en un tiroteo, un argumento para su novela. El escritor a su vez ayudará a Rashid (Harold Perrineaud Jr.), un desorientado adolescente afroamericano, en la búsqueda de su padre. Estas relaciones y encuentros hacen ver a Auggie que debe responsabilizarse de Ruby (Stockard Channing), una antigua novia a la que dejó embarazada, y de la hija de ambos, ahora adolescente, que pasa por un mal momento.[5]

«Las cosas más preciosas son más ligeras que el aire», como el humo y en ellas va el alma. Esta frase, que resume la película, hace referencia al lenguaje, al diálogo interhumano y solidario que hace soportables las tristezas y dificultades de la vida. Ese encuentro, a veces casual, como el de Auggie con la anciana ciega que le confunde con su hijo, logra que resurja y se mantenga viva la esperanza y el anhelo de felicidad.

Se podrían citar muchos más ejemplos, pero nos centraremos en dos películas que abordan de modo más explícito como el amor da sentido al misterio del dolor.

El misterio del dolor: *Tierras de penumbra*

Tierras de penumbra fue dirigida por el actor y realizador inglés Richard Attenborough. Cuenta con una inter-

---

[5] Las elaboradas interpretaciones del dúo protagonista, la premiosidad oriental y la estructura no lineal, sino en rompecabezas, hacen de esta narración fílmica una obra maestra, como resaltaron los numerosos premios que recibió (entre ellos el Premio especial del Jurado, del público y de crítica del Festival de Berlín).

pretación sobria y perfecta[6] de Anthony Hopkins en el papel del escritor C.S. Lewis, y la excelente actuación de una jovial y profunda Debra Winger como Helen Joy, su esposa. Se trata de una magnífica producción, aunque no profundice, como es obvio, en todos los aspectos del autor. Con escenas de gran dramatismo y sensibilidad, sin caer en el sentimentalismo, nos introduce en la vida universitaria del Oxford de los años cincuenta, llena de orden y formalismos. En esta vida idílica irrumpirán para el protagonista el amor y el dolor.

La acción se centra sólo en ocho años de la vida del protagonista, Clive Staples Lewis[7], que nació en Belfast en 1898. Cuando Jack, como le llamaban sus íntimos, tenía nueve años perdió a su madre. El sufrimiento que le produjo esta repentina muerte, unido a una deficiente concepción de la divinidad —entendida como un mago que debe intervenir en la vida del hombre cuando éste quiera—, le llevaron a abandonar la fe en Dios. Con el paso del tiempo, las lecturas y la ayuda de amigos como J.R.R. Tolkien, le permitieron superar los prejuicios empiristas y materialistas. Libre de ellos, pudo comprender cómo la experiencia de la Alegría es un signo del anhelo por el ser Absoluto: Dios.

Su vuelta al cristianismo se produjo en 1931. Ya en 1925 había obtenido el puesto de tutor de Lengua y Literatura Inglesa en Oxford. Desarrolla durante muchos

---

[6] Cfr. GÓMEZ PÉREZ, R.: *La cultura a través del cine*, o.c., p.175. El guión de William Nicholson fue escrito primero para la pequeña pantalla y llevado al teatro en 1989. La película, que obtuvo en 1993 varias nominaciones al Oscar, tiene una primorosa puesta en escena de ritmo apacible, sin estridencias. Los encuadres y movimientos de cámara son muy sugestivos, de gran perfección técnica y hondura artística.

[7] Cfr. M y J.M. ODERO: *C.S. Lewis y la imagen del hombre*, Eunsa, Pamplona 1993, pp. 44-67, 222-223.

años una gran actividad literaria publicando ensayos: *El problema del dolor, Los cuatro amores, Cartas del diablo a su sobrino*, etc.; y novelas: *Crónicas de Narnia, Mientras no tengamos rostro, Más allá del planeta silencioso*, etc. Gracias al apoyo de Tolkien obtiene el puesto de profesor de Literatura Medieval y Renacentista en el Magdalene College de la Universidad de Cambridge. Poco después le conceden en Oxford un *fellowship* honorario.

Durante su estancia en esa ciudad conoció a una poetisa americana atea de origen judío: Helen Joy Davidman. Se había convertido al cristianismo por influencia de los escritos de Lewis y hasta 1952, año de su primer viaje a Oxford, sólo tenía un conocimiento epistolar del ensayista. Joy se divorció de su marido William Gresham —alcohólico y compulsivamente infiel—, y se instaló en Inglaterra con sus dos hijos en 1953. La llegada de una persona tan vital como Joy supuso una conmoción para el sosegado Jack. Su vida es muy ordenada y nada le perturba, pues posee respuestas para todos los problemas. La impulsiva Joy irrumpe con fuerza en este rigor vital y académico. Gracias a Joy, Lewis conocerá el amor y el dolor («El dolor nos lanza al mundo de los demás», dirá más delante) y madurará.

Al principio de la película se muestra a Lewis como docente, escritor y conferenciante. En una de sus múltiples charlas, ante un gran auditorio, aparece formulado lo que escribió en su ensayo *El problema del dolor*: «Dios nos susurra en nuestros placeres, nos habla en nuestra conciencia, pero nos grita en nuestros dolores.» Refiriéndose a un trágico accidente ocurrido hace poco, dice: «¿Dónde estaba Dios aquella negra noche? ¿Por qué no lo impidió? ¿No se supone que Dios es bueno y que nos ama? ¿Quiere Dios que suframos? ¿Y si la respuesta a esa pregunta fuera sí? No creo que Dios quiera exactamente que seamos felices. Quiere que seamos capaces de amar y ser amados. ¡Quiere que maduremos! Y yo sugiero que precisamente, porque Dios nos ama, nos concede el don de sufrir. O, por decirlo de otro modo: ¡el dolor es el megáfono que Dios utiliza para despertar a un mundo de sordos! Porque somos como bloques de piedra a partir de los cuales el escultor, poco a poco, va formando la figura de un hombre. Los golpes de su cincel, que tanto daño nos hacen, también nos hacen perfectos.»

En 1955, Joy se traslada a Oxford y se encuentra con frecuencia con el escritor. El encuentro con Helen Joy, como dijimos, supondrá el descubrimiento del amor y del dolor para Jack Lewis. Experimentará lo que antes para él era un asunto teórico, un problema, pero no un misterio. En 1956, poco después de que diagnostiquen a Joy un cáncer de hueso, se casa «técnicamente» con ella para que pueda adquirir la nacionalidad inglesa. Ambos admiten que sólo es un matrimonio jurídico, por lo que no conviven. De hecho casi nadie sabe que están casados civilmente. Pero es el mismo dolor el que descubre a Jack su amor por Joy. El sufrimiento de la amada es el aldabonazo que le hace despertar. Más tarde, estando Joy ingresada en la clínica, celebran el matrimonio religioso y se casan ante Dios y ante el mundo. Algunos biógrafos del escritor afirman que esta ceremonia era válida pues Joy estaba casada con un divorciado, por lo que su matrimonio con William Gresham era inválido.

Después de la boda, Joy experimenta una mejoría y los recién casados viajan a Grecia en la primavera de 1960. Durante estos pocos meses Lewis alcanzó un estado de felicidad nunca experimentado por él. El filme traslada el viaje a Inglaterra. En una excursión, durante esa luna de miel, llegan a un idílico valle que el escritor añoraba visitar desde que era un niño:

Jack: Ya no quiero estar en ningún otro sitio. Ya no espero que ocurra nada nuevo. Ni tampoco querré seguir hasta la siguiente colina. Estoy aquí, es suficiente.
Joy: ¿Esto es la felicidad para ti, verdad?
Jack: Sí, sí, sí.
Joy: No va a durar mucho, Jack.
Jack: No nos amarguemos el tiempo que aún podemos estar juntos.
Joy: Eso no lo amarga. Hace que sea real. Déjame que te lo diga antes de que pare la lluvia y volvamos a casa.
Jack: ¿Qué hay que decir?
Joy: Que voy a morir. Y también que quiero estar contigo entonces. Y sólo podré hacerlo si puedo hablarte de ello ahora.
Jack: Me las arreglaré. No te preocupes por mí.
Joy: ¡No! Creo que puede haber algo mejor. Algo que tiene que ser mucho mejor que eso. Bueno, lo que intento decir es que el dolor de entonces es parte de la felicidad de ahora. Ese es el trato.

Será la misma Joy, incluso citando frases de su esposo, la que le descubra el sentido del dolor. Precisamente con la *voz en off* de Lewis citando estas frases, mientras pasea por un magnífico paisaje, termina la película.

El matrimonio durante esos meses trató a muchas personas Y Helen Joy, con su rápida perspicacia, ayudaba a Jack en su trabajo creador. Pero ella empeoró, falleciendo pocos meses después del viaje. Lewis sufrió un duro golpe que plasmó en un breve libro con forma de diario espiritual: *Una pena en observación*. Las ideas de este libro no aparecen explícitamente en el filme, aunque sí algo de su espíritu. Este ensayo autobiográfico arranca con el dolor desesperado e inconsolable para concluir en un gozo sereno y maduro. Es la historia de un hombre que se enfrenta a sus miedos y se abre a la posibilidad del amor y del dolor desde su experiencia de fe. Al ser un diario, Lewis piensa que podrá ayudar a otros trasmitiendo su experiencia y su admiración ante el misterio del sufrimiento.

El escritor inglés señala que el dolor nos amarga cuando pensamos más en nosotros que en la persona que ha sufrido: «Mis apuntes han tratado de mí, de H. y de Dios. Por ese orden. Exactamente el orden y las proporciones que no debieren haberse dado»[8]. El hombre se angustia al no advertir que la pena tiene un sentido que sobrepasa su capacidad. Este sentido envuelve el misterio de la felicidad, del hombre y de la bondad de Dios. La angustia y la desesperación impiden afrontar con serenidad el enigma del sufrimiento.

Cuando el individuo se encierra en la propia subjetividad, o desarrolla de un modo morboso el afán por recrearse en la propia tristeza, le es imposible vislumbrar el sentido de la vida y del dolor: «No somos propiamente capaces de ver nada cuando tenemos los ojos enturbiados por las lágrimas. No podemos, en la mayoría de los casos, alcanzar lo que deseamos si lo deseamos de una forma demasiado compulsiva, o por lo menos no seremos capaces de sacar de ello lo mejor que tiene. Decir '¡Venga, vamos a tener una conversación buena de verdad' al más pintado lo condena al silencio, y decir: 'Tengo que dormir a pierna suelta esta noche' desemboca en horas de insomnio.(...) Y quién sabe si con Dios no pasará lo mismo. (...) Los momentos en que el alma no encierra más que un puro grito de auxilio deben ser precisamente aquellos en que Dios no la puede socorrer. Igual que un hombre a punto de ahogarse al que nadie puede socorrer porque se aferra a quien lo intenta y le aprieta sin dejarle respiro. Es muy posible que nuestros propios gritos reiterados ensordezcan la voz que esperába-

---

[8] *Una pena en observación*. Traducción de Carmen Martín Gaite, Anagrama, Barcelona 1994, p. 86.

mos oír.»[9] Es la atención excesiva o hiperreflexión de la que hablábamos y que también atenazaba a Neil Perry, Cyrano o Hamlet, impidiéndoles afrontar las adversidades que aparecían en el escenario de sus vidas.

Continuidad de la identidad personal y sufrimiento

Otro elemento importante para afrontar con sentido el misterio del dolor es el carácter relacional y dialógico de la persona. Es decir, advertir que la soledad no tiene la última palabra en nuestra vida («leemos para saber que no estamos solos», le dice un alumno a Lewis). Una persona sola es un imposible metafísico, como ya se advirtió. El ser humano, desde su misma esencia e identidad, hace referencia a los otros, no es una partícula aislada y perdida en el cosmos. Nuestra vida es una novela inserta en un mundo narrativo en el que los otros desempeñan un papel que nos concierne inevitablemente. También se dijo que el cosmos es el prólogo de la historia humana. Aunque el universo no es el narrador ni el actor consciente de su propia representación. Él no tiene conocimiento de lo que hace. La lógica de las leyes físicas, químicas o biológicas no proviene del mismo universo; hablar de la sabia Naturaleza es un tópico metafórico pero irreal. El universo posee un orden, una inteligibilidad y una armonía que él no se ha dado. También el cosmos es un misterio que remite *más allá de sí mismo.*

En esa historia cósmica y en las sucesivas tramas que constituyen la historia de la humanidad, con sus diferentes culturas, se inserta nuestra vida. Si somos narración nuestra vida tiene un sentido, no es un cuento absurdo contado por

---
[9] Ibíd, pp. 66-67.

un idiota. Ya que si podemos hablar de casualidad y absurdo es porque existe la armonía como base de la existencia. Azar y orden se contraponen. El puro azar consistiría en un puro desorden, la nada más absoluta, un imposible, pues para existir se necesita una mínima configuración, una estructura (una cosa o una persona descompuestas desaparecen). Para construir algo primero elaboramos un diseño o unos planos. Por eso el caos no tiene la última palabra ya que se apoya en lo organizado (si se pueden hacer ecuaciones del caos es que éste no es tan caótico como parece).

Por tanto, somos algo más que una mera danza cuántica o genética. Tenemos una identidad que permanece a través de los cambios de nuestro organismo y de nuestra psicología —nuestro *yo* es esencialmente el mismo a los cinco, veinte, cuarenta y ochenta años— otorgando unidad a nuestras narraciones vitales e históricas (del mismo modo que el universo tiene un orden que da sentido a su historia, aunque la unidad de la persona sea superior a la del cosmos, pues ésta es consciente de su existencia).

Esta digresión no nos aleja del tema del dolor pues, como ya se ha dicho, si la persona es un ser relacional que supera la mera dispersión del caos material, tiene que tener una identidad. De todo ello se deduce que nuestra narración no puede tener un final absoluto. Ya que si el drama de nuestra vida acabara definitivamente con la muerte y si nuestro ser se redujera a un puñado de átomos unidos al azar, podríamos concluir que en el fondo nunca hemos existido. Nuestra vida fue una auténtica farsa aun más engañosa que una realidad virtual. Si existimos y morimos por azar, por mera casualidad ciega, la vida no merece la pena ser vivida. Esta cuestión se la planteaba Frankl cuando pensaba en el sentido de sus sufrimientos en un campo de concentración nazi. Si el único sentido que tienen es que por azar vaya a sobrevivir a ellos, no merecen la pena. También lo expresa Lewis en su diario contestando a los colegas que le decían que no tenía que sufrir por Helen Joy, porque para ella ya no había ni vida ni sufrimiento: «Si H. *no existe*, entonces es que nunca existió. Confundí una nube de átomos con una persona. No existe nadie, nunca existió nadie. Solamente la muerte revela una vacuidad que siempre estuvo ahí.»[10]

La alternativa nihilista, como vimos en el capítulo anterior, anula el misterio ahogándolo en el absurdo. Si no existimos realmente, si la muerte sólo manifiesta el triunfo de la nada, la vida y el sufrimiento carecen de valor, no merece la pena haber nacido. Pero el absurdo sólo se entiende desde la vivencia de lo que tiene sentido y orden; y la nada se explica a partir de la experiencia del ser. Por eso el nihilismo es una postura difícilmente sostenible en la práctica, pues contradice la experiencia del deseo de vivir y niega la aspiración al amor, el bien y la felicidad. Si estos anhelos fueran absurdos no existirían el desengaño, el mal o la infelicidad. Además, al negar todo valor al ser humano, el materialismo nihilista legitimaría, en la teoría y en la práctica, cualquier genocidio: un puñado de átomos y de genes no merece tanto respeto.

Si la muerte acabara totalmente con la persona eso significaría que nunca hubo *personaje*, ni por tanto historia. Los átomos y los genes no son narrativos y dialógicos. No se puede hacer una historia con ellos a no ser que los *personifiquemos*. Si podemos contar historias (y parece que lo hacemos) es porque hay una mismidad personal que unifica y da sentido a nuestro organismo. De una identidad o mismidad llamada Joy (con sus átomos, claro está) se enamoró Lewis. La continuidad de esa identidad

---

[10] Ibíd, p. 43.

personal después de la muerte es la que fundamenta antropológicamente las creencias religiosas en un más allá libre de dolor y sufrimiento. Y hace realidad el afán de todo enamorado: ¡Tú no morirás nunca!

Hasta 1963, poco antes de su fallecimiento, C.S. Lewis permaneció en su cátedra de Cambridge. La experiencia gozosa y penosa del amor le hizo comprender y adentrarse de un modo nuevo en el misterio del dolor.

El amor desinteresado como sentido de la vida: *La habitación de Marvin*

La habitación de Marvin se sitúa en la Florida de los años noventa. Bessie (Diane Keaton) es una mujer soltera que ha gastado la vida cuidando a su padre enfermo y a su tía Ruth. Cuando la diagnostican una leucemia llama a su hermana Lee (Meryl Streep), una mujer inmadura separada de su marido y con dos hijos, a la que hace años que no ve. El hijo mayor, Hank (Leonardo DiCaprio), un muchacho problemático que anhela a su padre, al que apenas conoció, es encerrado en un psiquiátrico por quemar la casa materna. El difícil reencuentro entre las dos hermanas producirá la catarsis.[11]

Combinando el drama con la comedia, y sin perder del todo el aire teatral de la pieza original, este largome-

---

[11] Se trata de una versión para la gran pantalla de una pieza teatral escrita por Scott McPherson, adaptada por él mismo poco antes de morir, y realizada como su *opera prima* cinematográfica por Jerry Zaks, quien ya lo había hecho en los escenarios de Chicago y Broadway. Co-producida por Robert De Niro, que realiza un pequeño papel como médico, cuenta con un genial duelo interpretativo a cargo de las dos actrices protagonistas. También destaca la figura del joven rebelde, e incomprendido por su madre, que realiza DiCaprio.

traje ofrece un profundo tratamiento del argumento del amor y del sufrimiento en la vida familiar: el sacrificio por los seres queridos y el sentido del dolor basado en la entrega amorosa a los demás. Bessie parece, sobre todo a los ojos de Hank, una solterona fracasada que nunca ha querido saber nada de su hermana y sus sobrinos. Ahora que necesita su ayuda para realizar un trasplante de médula acude a ellos. Pero la realidad es muy distinta. Fue la hermana pequeña —Lee— la que huyó del hogar para no cargar con un padre —Marvin— incapacitado por una grave enfermedad. Es Bessie la única que sabe amar y posee una vida plena de sentido.

Bessie: ¡Oh Lee! ¡He tenido tanta suerte! He tenido tanta suerte de tener a papá y a Ruth. He tenido tanto amor en mi vida. Ahora miro atrás y veo que he tenido tanto amor.
Lee: Ellos te quieren mucho.
Bessie: No quiero decir eso. No, no. Me refiero al amor que yo he sentido por ellos. He tenido tanta suerte de haber podido sentir tanto amor por alguien.

El poder del amor permite superar todas las crisis, evitar el sentimentalismo y dar pleno sentido a una vida en apariencia anodina. Por eso la tía Bessie se ganará la amistad del arisco Hank, consiguiendo aquello que no ha logrado su madre a base de imposiciones. El amor comprensivo, pero no ingenuo, de la tía soltera sabrá extraer del muchacho su mejor yo. El encuentro interpersonal entre los dos es fluido, como se muestra en la escena de la carrera en coche por la playa. Bessie, a diferencia de su hermana Lee, consigue entablar un fecundo diálogo con su sobrino. Gracias a este ámbito de confianza, Hank le manifiesta aquello que le gustaría hacer en la vida.

En *La habitación de Marvin* también se critica indirectamente la eutanasia. Hablando sobre Marvin, dice el joven a su tía:

> Hank: ¿Nunca has deseado que se muera?
> Bessie: ¡Eh, no digas eso!
> Hank: ¿Por qué no?
> Bessie: Porque... es ofensivo.

El tratamiento que los medios de comunicación suelen dar al sufrimiento extremo no refleja la alternativa de sentido que supone el amor a la persona enferma. Una persona querida y cuidada con esmero difícilmente pedirá la muerte. Pero la sociedad del bienestar ha situado muy alto el listón del nivel y la calidad de vida. Nos parece que cualquier merma de ésta torna insoportable la existencia. Para una sociedad hedonista basada en el culto al cuerpo cualquier defecto produce una crisis de identidad. El aumento de anorexias, bulimias y depresiones de todo tipo tiene su origen en esta idea.

Pero el amor y la belleza reales están unidos al sacrificio. La armonía y el esplendor de una persona provienen de su madurez interior lograda a base de espíritu de superación. Viktor Frankl manifiesta que el dolor puede ser fuente de enriquecimiento para el ser humano. Esta aseveración está avalada por la gran experiencia adquirida en los campos de concentración nazis en los que estuvo recluido, y por su asistencia clínica en diferentes hospitales psiquiátricos. Dicha experiencia le ha mostrado que la finalidad del hombre no consiste en «encontrar el placer, o evitar el dolor, sino en encontrarle un sentido a la vida, razón por la cual el hombre está dispuesto incluso a sufrir a condición de que ese sufrimiento tenga un sentido.»[12]

---

[12] *El hombre en busca de sentido*, o.c., p.111.

Al analizar la película *Despertares,* vimos cómo el dolor no justifica la eutanasia. Cualquier situación límite puede adquirir un sentido que la haga llevadera y soportable. Por eso afirma el doctor Sacks que «después de dedicar quince años de mi vida a trabajar en estrecho contacto con estos pacientes, los considero las personas más atribuladas pero más nobles que he conocido. Por muchos 'despertares' que haya podido brindarles, sus vidas aún siguen quebrantadas, irremisiblemente rotas. Pero, curiosamente, he visto muy poca amargura en todos estos años de relación con ellos; he visto, en realidad, aunque no le encuentre explicación, una firmeza inmensa. Hay un valor básico, que se acerca a lo heroico, en estos pacientes, pues han sido probados hasta lo increíble y sin embargo han sobrevivido. Y no han sobrevivido como tullidos, con una mentalidad de tullidos, sino como personajes engrandecidos por su firmeza en la aflicción, por aguantar sin queja, impávidos, risueños en último término; por no sucumbir a la desesperación o al nihilismo, y seguir afirmando la vida inexplicablemente.»

El carácter relacional de la persona, su capacidad de trascendencia y el amor sacrificado por los otros dan sentido a la vida humana. Sólo así se puede huir del caos, la angustia y la desesperación. Las cualidades positivas mencionadas son como el espejo que Bessie utiliza para entretener y alegrar a su padre enfermo. En la sencilla y profunda secuencia final, dicho cristal refleja la luz e ilumina la habitación del anciano Marvin, uniendo a toda la familia en torno a él.

Bibliografía

R. ARGULLOL-E. TRÍAS: *El cansancio de Occidente*. Destino, Barcelona 1992.
ARISTÓTELES: *Ética a Nicómaco*. Centro de Estudios Constitucionales, Madrid, 1989.
—*Acerca del alma*, Editorial Gredos, Madrid, 1994.
AYLLÓN, J.R.: *En torno al hombre*, Rialp, Madrid 1993.
—*La buena vida*, Martínez Roca, Barcelona 2000.
J. BALLÓ y X. PÉREZ: *La semilla inmortal. Los argumentos universales en el cine*. Anagrama, Barcelona 1997.
BAZIN, A.: *¿Qué es el cine?* Ed.Rialp, Madrid 1966.
BÉCQUER, G.A.: *Rimas*. Ediciones Cátedra, Madrid 1975.
BRADBURY, R.: *Fahrenheit 451*. Editorial Minotauro. Madrid 1996.
BUBER, M.: *¿Qué es el hombre?* F.C.E., México 1964.
CAPARRÓS, J.M.: *Persona y sociedad en el cine de los 90*, Eunsa, Pamplona 1994.
—*El cine de nuestros días (1994-1998)*, Rialp, Madrid 1999.
CHOZA, J.: *La supresión del pudor y otros ensayos*, Eunsa, Pamplona, 1980.
—*Manual de antropología filosófica*. Rialp, Madrid, 1988.
CODINA, M (editora): *De la ética desprotegida. Ensayos sobre deontología de la comunicación*. Eunsa, Pamplona 2001.

Dostoievski, F.: *El jugador*, Alianza editorial, Madrid 1980.
Frankl, V.: *El hombre doliente*, Herder, Barcelona 1987.
—*El hombre en busca de sentido*, Herder, Barcelona 1991.
Gadamer, H.G.: *Verdad y Método. Fundamentos de una hermenéutica filosófica.* Ed. Sígueme, Salamanca 1977.
Gallagher, K.T.: *La filosofía de Gabriel Marcel*, Ed. Razón y fe, Madrid, 1968.
Gevaert, J.: *El problema del hombre. Introducción a la antropología filosófica.* Ed. Sígueme, Salamanca, 1983.
Goleman, D.: *Inteligencia emocional*, Editorial Kairós, Barcelona 1996.
Gómez Pérez, R.: *La cultura a través del cine.* Ediciones el Drac, Madrid 1996.
Goñi, C.: *Lo femenino*, Eunsa, Pamplona 1996.
Gudín, M.: *Cerebro y afectividad*, Eunsa, 2001.
Hölderlin, Friedrich:*Hiperión*, Ed. Hiperión, Madrid 1990.
Kant, I.: *Fundamentación de la metafísica de las costumbres.* Real Sociedad Económica Matritense de Amigos del País. Madrid, 1992.
Lévinas, E.: *Totalidad e infinito. Ensayo sobre la exterioridad.* Sígueme, Salamanca 1977.
Lewis, C.S.: *Una pena en observación.* Traducción de Carmen Martín Gaite, Anagrama, Barcelona 1994.
Llano, A.: «Interacciones de la biología y la antropología» en VV.AA.: *Deontología biológica*, Pamplona 1987.
López Quintás, A.: *Estética de la creatividad. Juego. Arte. Literatura.* Ediciones Cátedra, S.A., Madrid, 1977.
—*Para comprender la experiencia estética y su poder formativo.* Ed. Verbo Divino, Navarra, 1991.
—*El amor humano. Su sentido y su alcance.* Edibesa, Madrid, 1992.
—*El arte de pensar con rigor y vivir de forma creativa*, Asociación para el progreso de las ciencias humanas, Madrid 1993.
—*Cómo formarse en ética a través de la literatura.* Rialp, Madrid 1994.
Machado, A.: *Poesías completas*, Espasa Calpe, Madrid, 2001.

MACINTYRE, A.: *Tras la virtud.* Editorial Crítica, Barcelona 1987.
MARCEL, G.: *El misterio del ser.* Editorial Sudamericana, Buenos Aires 1953.
—*Ser y tener.* Caparrós Editores. Colección Esprit, Madrid 1996.
MARÍAS, J.: *Breve tratado de la ilusión,* Alianza editorial, Madrid, 1985.
—*La educación sentimental,* Alianza, Madrid 1992.
—*Razón de la Filosofía.* Alianza editorial, Madrid 1993.
MARINA, J.A.: *Teoría de la inteligencia creadora,* Anagrama, Barcelona 1993.
—*Ética para náufragos,* Anagrama, Barcelona 1995.
—*El laberinto sentimental,* Anagrama, Barcelona 1996.
—*El misterio de la voluntad perdida.* Anagrama, Barcelona 1997.
MARINOFF, L.: *Más Platón y menos Prozac.* Ediciones B, Barcelona 2000.
MARTÍN, J.J., ARESTÉ, J.M, GIL-DELGADO, F. y otros: *Cine fórum 2000.* Dossat, Madrid 2000.
MIHURA, M.: *Mis memorias,* Temas de hoy, Madrid 1998.
NIETZSCHE, F.: *El Gay saber,* Espasa-Calpe, Madrid 1980.
—*Así habló Zaratustra.* Alianza editorial, Madrid 1994.
M y J.M. ODERO: *C.S. Lewis y la imagen del hombre,* Eunsa, Pamplona 1993.
ORTEGA Y GASSET, J.: *El hombre y la gente,* Revista de Occidente, Madrid, 1972.
PLATÓN: *Diálogos.* Ed. Gredos, Madrid,1982.
POLO, L.: *Introducción a la Filosofía,* Eunsa, Pamplona, 1995.
RICOEUR, P.: *Finitud y culpabilidad. La simbólica del mal,* Taurus, Madrid, 1969.
ROJAS, E.: *La personalidad inmadura,* en el diario ABC, 25-6-95.
ROSTAND, E.: *Cyrano de Bergerac.* Espasa-Calpe, Madrid 1998.
SACKS, O.: *Despertares,* Muchnik, Barcelona 1988.
—*Un antropólogo en Marte,* Anagrama, 1997.

SAINT-EXUPÉRY, A. de.: *El principito*. Editores Mexicanos Unidos, S.A. México 1979.
SÁNCHEZ-ESCALONILLA, A.: *Steven Spielberg*, Royal Books, Barcelona 1995.
—*Estrategias de guión cinematográfico*, Ariel. Barcelona 2001.
—*Guión de aventura y forja del héroe*. Ariel, Barcelona 2002.
SARTRE, J.P.: *El existencialismo es un humanismo*, Edhasa, Barcelona 1992.
SCHULMAN, T.: *El club de los poetas muertos*. Touchstone Pictures, 1989.
SESÉ, J.M.: *El cine en 111 películas*. Ediciones Internacionales Universitarias, Madrid 1998.
SHAKESPEARE, W.: *Hamlet. Macbeth.* Trad. de J.M. Valverde. Planeta, Barcelona, 1995.
SPAEMANN, R.: *Felicidad y benevolencia*, Rialp, Madrid 1991.
TOLSTOI, L.: *Ana Karenina*. Ediciones Cátedra, Madrid 1991.
TOMÁS DE AQUINO, *Suma Teológica*. BAC, Madrid, 1994.
TRÍAS, E.: *La religión*. Jacques Derrida, Gianni Vattimo (eds.) PPC, Madrid 1996.
—*Pensar la religión*, Destino, Barcelona 1997.
J. VICENTE-J. CHOZA, *Filosofía del hombre*, Rialp, Madrid 1991.
G. VILLAPALOS–A. LÓPEZ QUINTÁS: *El libro de los valores*, Planeta, Barcelona, 1997.
R. YEPES-J. ARANGUREN: *Fundamentos de Antropología*, Eunsa, Pamplona 1999,
ZUBIRI, X.: *Inteligencia y razón*. Alianza editorial, Madrid, 1983.
—*Inteligencia y realidad*, Alianza editorial, Madrid 1984.
—*El hombre y Dios*. Alianza editorial, Madrid, ²1985.
—*Sobre el hombre*, Alianza editorial, Madrid 1986.
—*Estructura dinámica de la realidad*, Alianza editorial. Fundación Xavier Zubiri, Madrid 1989.
—*Sobre el sentimiento y la volición*. Alianza editorial. Fundación Xavier Zubiri. Madrid, 1992.

Índice de películas

A propósito de Henry, 31, 260
Abuelo, El, 47
Acción civil, 170
Aceite de la vida, El, 259
Agnes Browne, 261
A.I. Inteligencia Artificial, 37, 83, 85-88. 105
Al cruzar el límite, 37
Alien, 109
Alien Resurrección, 164
Always, 256
Amenaza fantasma, La, 151
American History X, 177
Atrapado en el tiempo, 146, 152

Beautiful Girls, 139, 162
Bella y la Bestia, La, 25
Billy Elliot, 130
Blade Runner, 85, 88-91, 109

Caballero sin espada, 126
Camino al paraíso, 260
Canción de cuna, 168
Cartero (y Pablo Neruda), El, 46, 130
Casablanca, 26
Caso Winslow, El, 126
Ciudad de la alegría, La, 29, 260
Ciudadano Kane, 147-149
Club de la buena estrella, El, 36, 261
Club de los Poetas Muertos, El, 39, 47-54, 133
Cyrano de Bergerac, 31, 63, 133, 232-238

Delgada línea roja, La, 260
Despertares, 29, 55, 60-62, 130, 186, 187, 191, 224, 225
2001, una odisea del espacio, 37, 82, 83, 109

E.T., el Extraterrestre, 181
Ed Wood, 78
Edad de la inocencia, La, 169
Edtv, 220
Eduardo Manostijeras, 25
En busca de Bobby Fischer, 80
En el nombre del padre, 168
Esencia de mujer, 146, 160
Estación central de Brasil, 260
Eva al desnudo, 150

Fahrenheit 451, 44
Filadelfia, 29
Forrest Gump, 122
Frankenstein, 150

Game, The, 170-176
Gladiator, 32
Godzilla, 123
Guerra de las galaxias, La, 121, 130, 168

Habitación de Marvin, La, 272-275
Halcón maltés, El, 25
Hamlet, 156, 157
Harry Potter y la piedra filosofal, 30
Héroe por accidente, 29
Hombre para la eternidad, Un, 30, 32
Hombre sin rostro, El, 47
Hook, 113

Indomable Will Hunting, El, 27, 67-70, 196, 197
Isla del doctor Moreau, La, 164

JFK, 107, 122, 125-128

Linterna roja, La, 58, 213, 248
Lista de Schindler, La, 31, 166, 167
Lo que queda del día, 201-203

Mad City, 29
Mars Attacks!, 78
Matrix, 22, 37, 107-118, 136
Milagro de Anna Sullivan, El, 130
Milla verde, La, 26
Mientras dormías, 31, 201
Mis dobles, mi mujer y yo, 123
Miserables, Los, 29, 169, 170

Náufrago, 239, 240
No sin mi hija, 36

O Brother!, 25
Otros, Los, 137

Padrino, El, 31, 149
Paper, The (Detrás de la noticia), 29
Parque Jurásico, 70-72, 123
Pena de muerte, 121, 122, 130
Planeta de los simios, El, 78
Protegido, El, 137, 221

Proyecto de la bruja de Blair, El, 134, 135, 137
Primary Colors, 29
Psicosis, 213
Pulp Fiction, 177

¡Qué bello es vivir!, 130, 167
Quiz Show, 29

Reality bites (Bocados de realidad), 162, 163
Rojo, 58

Salvar al soldado Ryan, 130
Scream, 31
Sentido y sensibilidad, 32, 196 198-201
Señales, 222
Señor de los Anillos, El, 30, 122, 179
Seven, 153
Sexto sentido, El, 137, 221, 256

Show de Truman, El, 109, 218-220
Shrek, 25
Sleepy Hollow, 78
Smoke, 262
Solas, 123, 244-247
Sudor de los ruiseñores, El, 168

Tesis, 161,162
Tierras de penumbra, 263-271
Toy Story, 36, 181

Un día de furia, 152, 153

Vida es bella, La, 26, 122, 164, 174-176, 179-181, 259

Yerma, 149
Yo soy Sam, 61

Índice onomástico

Adler, Alfred, 45
Aristóteles, 73, 76, 104, 184, 194
Ayllón, José R., 33, 80

Balló, Jordi y Pérez, Xavier, 25, 89
Bazin, André, 212
Bécquer, Gustavo A., 256
Beethoven, Ludwig Van, 165
Bradbury, Ray, 44
Buber, Martin, 224, 256

Calderón de la Barca, Pedro, 47, 109
Campbell, Joseph, 68
Caparrós, José María, 21, 71, 126, 150
Cela, Camilo José, 197
Choza, Jacinto, 36, 77, 118, 144, 184, 185, 192, 211, 214

De Prada, Juan Manuel, 41, 161
Descartes, René, 109, 110
Dostoievski, Fiodor, 165, 166, 250

Einstein, Albert, 44, 79
Eliot, Thomas S., 22
Ende, Michael, 17, 79

Frankl, Viktor, 28, 45, 51, 55, 156, 160, 194, 238, 261, 270, 274
Freud, Sigmund, 45, 68, 253
Fromm, Erich, 117

Gadamer, Hans G., 16, 171-172, 174
García Lorca, Federico, 132, 149
Goleman, Daniel, 28, 144, 183, 184, 188, 190

Gómez Pérez, Rafael, 89, 264
Goñi, Carlos, 208, 215

Heidegger, Martin, 16, 190
Hölderlin, Friedrich, 40, 130
Husserl, Edmund, 59, 60
Huxley, Aldous, 44, 231

Jackson, Glenda, 216
Jaspers, Karl, 16
Jung, Carl, 68

Kant, Immanuel, 73, 194, 247
Kubrick, Stanley, 82

Lejeune, Jérôme, 80
Lévinas, Emmanuel, 225, 256
Lewis, Clive Staples, 264ss
Llano, Alejandro, 81
López Quintás, Alfonso, 16, 42, 129, 134, 142, 145, 174, 178, 189, 214

Machado, Antonio, 115
MacIntyre, Alasdair, 24, 140. 195
Marcel, Gabriel, 24, 62, 67, 256
Marías, Julián, 13, 14, 43, 64-66, 131
Marina, José Antonio, 52-54, 132, 142-144
Marinoff, Lou, 28, 41, 57, 65
Mihura, Miguel, 209, 210

Nietzsche, Friedrich, 52, 74, 187, 250, 263

Odero, José Miguel, 264
Odero, María Dolores, 264
Ortega y Gasset, José, 215, 223
Orwell, George, 158, 220

Pascal, Blaise, 74
Pavlov, Iván, 75
Penrose, Robert, 103
Platón, 109, 110, 129, 153, 193
Polo, Leonardo, 128
Portman, Natalie, 216
Puttnam, David, 30

Ramón y Cajal, Santiago, 55
Ricoeur, Paul, 69, 190, 191, 192
Rilke, Rainer Maria, 186
Rojas, Enrique, 28, 41, 195
Rostand, Edmond, 232

Sacks, Oliver, 28, 41, 60, 186, 275
Saint-Exupéry, Antoine de, 133, 242
Sánchez-Escalonilla, Antonio, 25, 31, 72, 113
Sartre, Jean Paul, 59, 250
Scheler, Max, 35, 193
Schneider, María, 216
Searle, John, 101, 102
Sesé, José María, 82, 89, 248
Sócrates, 110

Sófocles, 24
Stangerup, Henrik, 27
Steiner, George, 124
Stone, Sharon, 216

Tolkien, John, 70, 264
Tolstoi, León, 158
Tomás de Aquino, 73, 244
Trías, Eugenio, 253, 254
Turing, Alan, 95

Umbral, Francisco, 208

Van Gogh, Vincent, 63, 132

Vicente, Jorge, 36, 77, 144, 184, 186

Wenders, Wim, 21
Whitman, Walt, 48

Yepes, Ricardo y Aranguren, Javier, 74, 78, 119, 144, 185, 206

Zubiri, Xavier, 74, 75, 98-100, 104, 127, 142, 190, 193, 229, 252